完胜股市

——股票、黄金与期货炒作套路及操作流程

吴 迪 著

地 震 出 版 社

图书在版编目(CIP)数据

完胜股市：股票、黄金与期货炒作套路及操作流程 / 吴迪著.

-- 北京：地震出版社，2011.5

ISBN 978-7-5028-3843-0

Ⅰ. ①完… Ⅱ. ①吴… Ⅲ. ①股票-证券投资-基本知识 ②黄金市场-期货交易-基本知识 Ⅳ. ①F830.91 ②F830.94

中国版本图书馆 CIP 数据核字(2011)第 024934 号

地震版 XM2198

完胜股市

——股票、黄金与期货炒作套路及操作流程

吴 迪 著

责任编辑：朱 叶

责任校对：庞亚萍

出版发行：地震出版社

北京民族学院南路 9 号　　邮编：100081

发行部：68423031 68467993　　传真：88421706

门市部：68467991　　传真：68467991

总编室：68462709 68423029　　传真：68455221

证券图书事业部:68426052 68470332

E-mail:zqbj68426052@163.com

经销：全国各地新华书店

印刷：三河市鑫利来印装有限公司

版(印)次：2011 年 5 月第一版　2011 年 5 月第一次印刷

开本：787×1092　1/16

字数：238 千字

印张：16

印数：0001～8000

书号：ISBN 978-7-5028-3843-0/F(4483)

定价：50.00 元

目　录

导 语

继《赢家绝技》之后，我陆续出版了《英雄无敌》、《大炒家》和《大师秘笈》。考虑到读者啃书本难，我又制作了一套授课光盘，以期通过直面传授的方式收到更好的效果。我觉得到此已经把股票走势的谜团揭示得很清楚了，把对付炒股这“玩意儿”的招数也抖落得很干净了，相信这些应该足够大家学习和运用的。炒股不就是怎么买怎么卖嘛，从上到下从里到外从粗到细，被我十年寻了个遍,也抠了个底儿朝上，几近到了再无挖掘的地步。

同时，为了使我的理念方法实现电脑智能机械化，更便捷规范地服务于广大投资者，又研制出“大炒家软件”推向市场，一次次不断地优化升级，最终使其指标功能达到了选买、持有、卖出准确率都相当高。

似乎我也再没有什么可向百万“迪迷”奉献的了，挺长一段时期搁笔专注于软件升级优化及其他项目，但回收读者和软件用户反馈意见的日常工作没有停，通过交流逐渐地由责怪别人操作不当转为自我思考，冥冥之中觉得这个“活儿”我是不是没最后干完？特别是一个共性的问题引发我不得不正视起来，就是一个字：“乱”，操作应用起来有点乱。的确由于理念方法与指标功能之多，有人实际操作应用时不免乱了套，谁也没认为是书和软件的错，因对应股价走势各个关键点位，故理念方法与指标功能不能一一能动匹配，不过这倒令我像发现一条光明之路似的联想到了套路。

大家知道干什么都得讲个路子，自始至终得有路子可照着走，没头引、没路循、没法依、没目标奔，那能干出什么名堂来？干什么不都得乱了套。干事要有头有央有尾才成，虎头蛇尾不行、不开好头也不行、有头接下去乱来也不会有好结果。

扯到炒股就不应该有套路吗？没套路，实际操作中就可能会盲目无序、乱中出错，而不规范的操作行为也易于引起人性弱点的频发，选股就可能东一笤帚西一扫把，利用软件选股也可能会张冠李戴效果不佳；没套路，持股就可能被随意性左右，没有定性什么长中短策略因震仓的出现，一下子就慌得弃筹而逃；没套路，卖票就可能早卖怕踏空晚卖恐被套而摇摆不定，终究落了个没卖到好处还得要吃后悔药。

看来，一个终极解决方案有谱了，针对大家共性的问题，我反复琢磨研究对策，终按着自己平时操作的思路结合使用软件指标功能，归纳整理出“炒作套路及操作流程”，看看能否起到改乱为套、以套取胜的规范效用，以使广大的读者和用户达到我所期望实现的目的。

围绕股票操作众家多是在探讨方法，是否有了对头的方法就能保赢包赢吗？显然不足矣，股票走势有许多环节，一个方法只能对应解决一个环节的问题，而且各环节除本身需解决的问题外，还连带引发投资者心神不定的情绪变化，这些无不影响股票操作朝顺利向好的方向进行，也许后者不亚于前者所起的实质作用，可以说这就肯定了方法与套路是两个概念，方法不能取代套路的作用。除此还有一个兴奋点，将股票炒作全过程形成操作套路是一个新的尝试，古今中外没见过有谁对此方法的论述，别说是无人问津想都想不到的套路，我的几部书中方法涉及的已够全面的了，难道还非得把环节、人为等因素都纳入进来考虑形成套路？究竟有没有如此必要？独创新篇是否有哗众取宠之嫌？以上自问暂先搁置，实践是检验真理的唯一标准，不妨弄出几个套路来实验证明一下。

从书中“股票走势架构”理论的“几大趋势”之论述中，让大家理解和认识到：炒作上升趋势中的个股是无可争议的正道之举，确定选择方向性的大主题之后，如何参与其中的炒作就成了接着要考虑的问题，而在这个问题之下，跟着就涉及的是长线、中线抑或短线炒作？因长期的炒作经历让我体会到，如不事先决定炒作“线”度，那就什么“线”都炒不好，各“线”有各线走势的规律，各“线”有各线的操作讲究，不能混淆不能遇之随意而为，“线”乱则策略乱、手法乱，后果必然乱得一塌糊涂。

那么，我们就先从确立炒作“线”度为始，即长线还是中线抑或短线炒作，然后再顺次进入各“线”度中的具体操作。

进行各“线”度的操作之前，还有一个非常重要的前提不能忽视，这就是个股行情四个层次的超强意识，在这个不可脱离的意识指引下，才能适时跟上热点轮换，把握市场炒作节奏，有目标地主动选择个股炒作，获取当期市场收益最大化，以免盲目介入或死抱不该当期“层次”表现的个股，不赚或少赚，错失市场当期给予赢利的宝贵机会。

第一章 股票炒作套路一

——放眼趋势长线炒作

长线炒作指的是趋势炒作，是对个股走势上升趋势的炒作，不以时间为限。

个股上升趋势的形成，主要以底部图形如双底、头肩底、多底的大箱体(5日均线波动或日线阴阳上下)为基础而完成下降趋势逆转的；不可不视的还有横向趋势转向上升趋势的，这样形成上升趋势的基础是中继底部图形。

通常从原理上讲：底部图形支撑上升一个趋势，蓄势形态支撑上升一个波段，整理形态支撑上升一日或几日K线。

华立科技(图1-1)上升趋势的形成，显示是由双底图形完成的基础建筑。

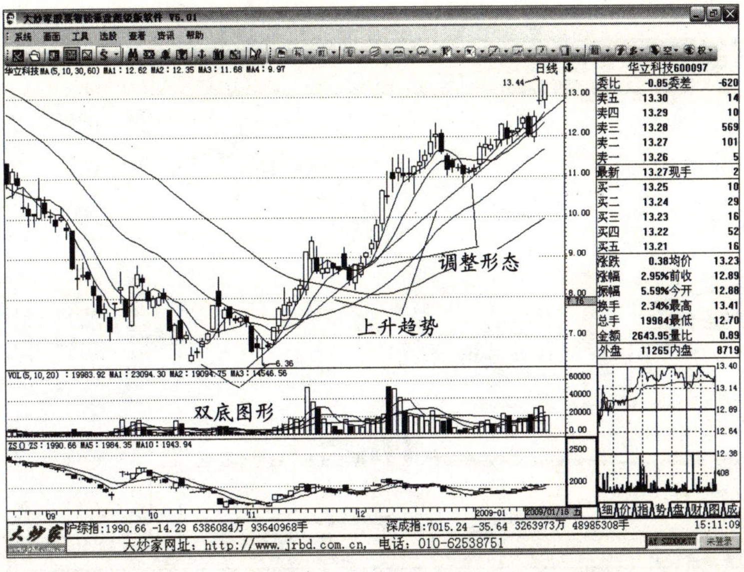

图1-1 双底图形

鲁信高新(图 1-2)的上升趋势显示，是由头肩底图形完成下降趋势逆转的。

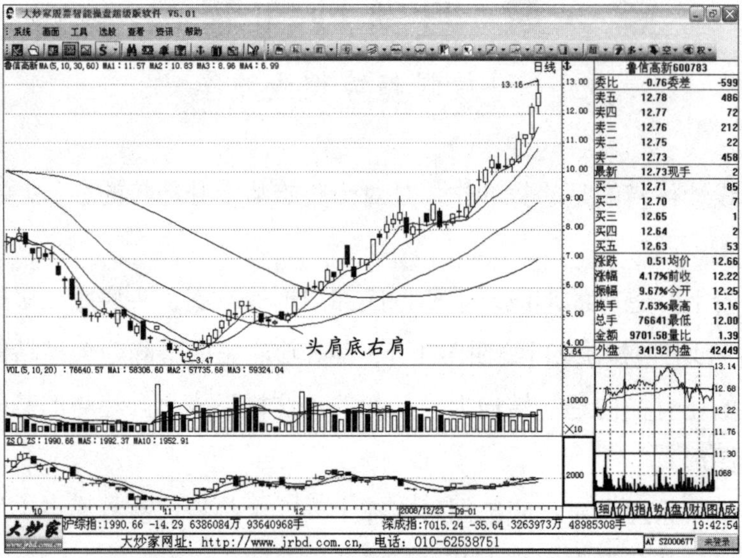

图 1-2　头肩底图形

赛马实业(图 1-3)形成上升趋势的底部图形，是更长周期三个底形成的 5 日均线大箱体。

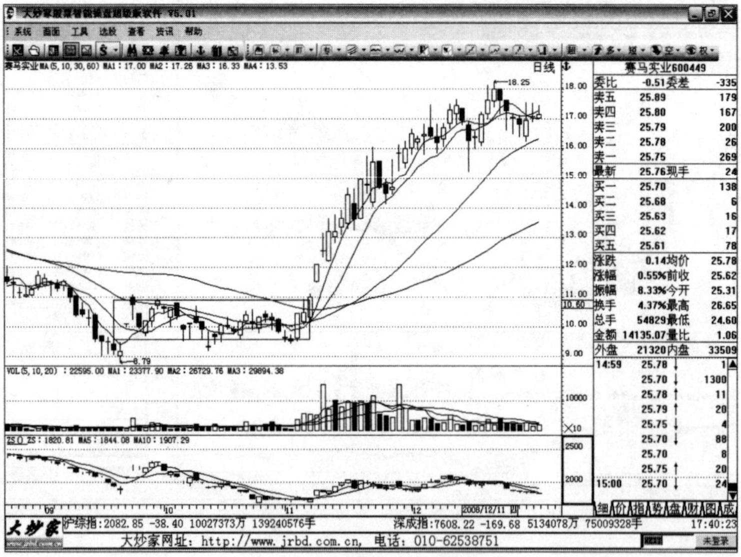

图 1-3　5 日均线大箱体

东华合创(图 1-4)以日 K 线为上下交错形成了一个大箱体，自突破箱顶上涨就此展开了多波形成的上升趋势。

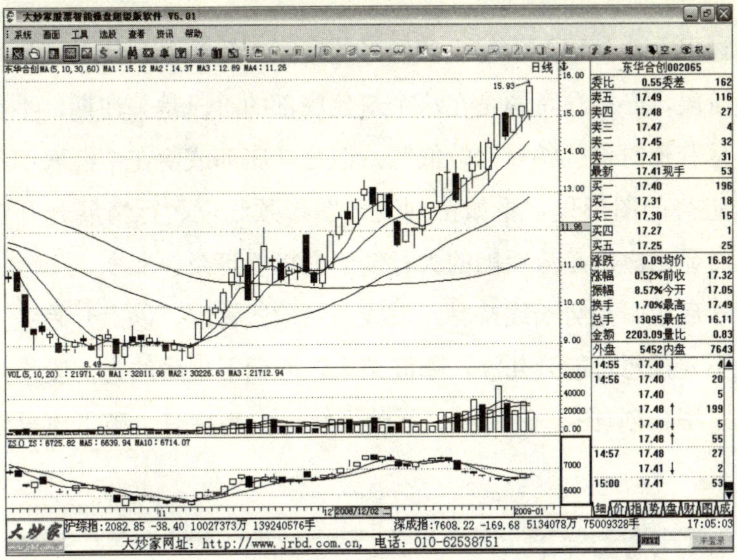

图 1-4 日线大箱体

同方股份(图 1-5)由中继底部图形——头肩底或者说是 5 日均线波动大箱体，改横向趋势为上升趋势的。

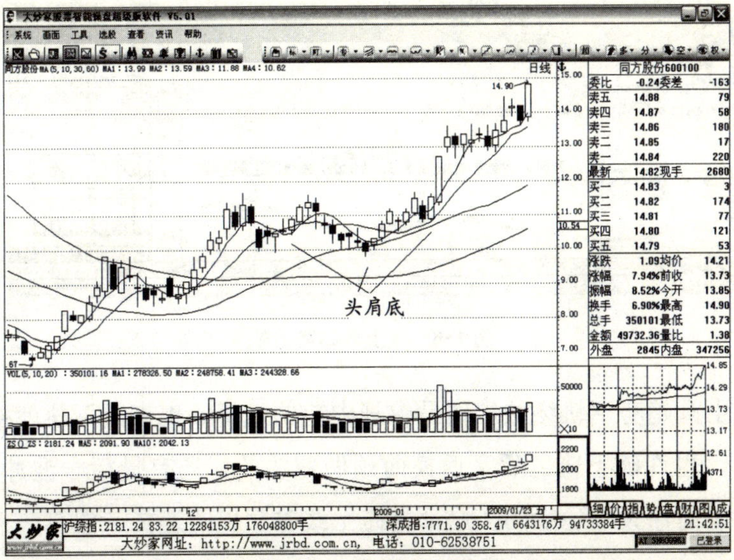

图 1-5 横向趋势头肩底

中继底部图形还有双底较为常见。可以说有什么样的底部图形，就有什么样的中继底部图形，不要以为中继就不是底部，以致不敢放胆介入。

通过以上底部以及中继底部图形的展示，我们看到了上升趋势形成的最初阶段，必须注意的是在这个筑建底部的阶段是关注期，不宜考虑参与，尽管那时价位相对比较低些，但扎在底部或隐在中继底部不能确定未来走势的图形里，不如待到突破图形颈线位、行情展开升势时介入，那时显山露水趋势明朗的大行情明显可望可及。

介入后放眼趋势长线持有，大线条粗放式管理，以上升趋势下轨为底线，不要预想可能升几波，哪波结束，回调下破底线为持股终点。

以东华合创(图 1-6)为例，不破下轨可安心持有，破下轨只管卖出便是。

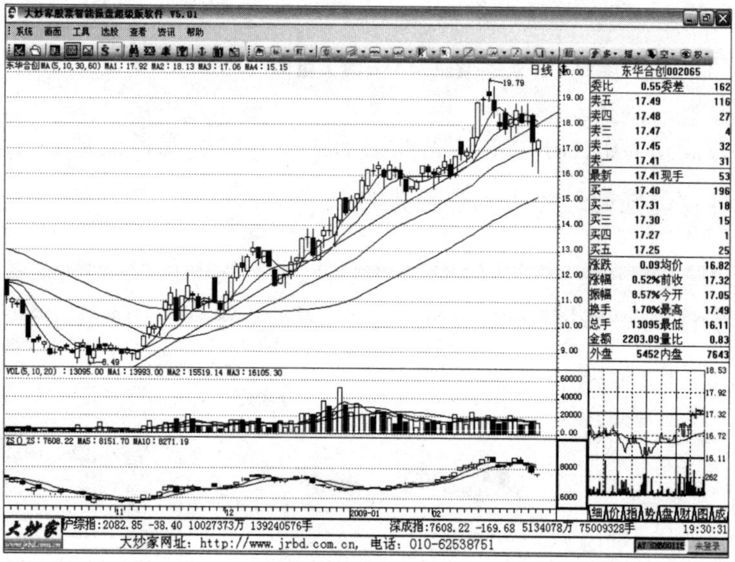

图 1-6　破上升趋势下轨

破上升趋势下轨终结炒作是中规中矩的选择，也许破下轨就接着再下去了，也许破下轨之后又返摸前顶做双头的，还有最后一波冲刺的，另有冲过前顶突然急砸的，这都是碰上线时卖出的选择。但有一点是可以肯定的，破下轨再接着返上冲破前高大涨的极为少见。说句不贪的话，都赚满一个趋势大行情了，又何必在乎风险加大的尾声小利呢，有能力再去选一只有轮涨要求刚发起趋势行情的个股。

长线炒作不必精耕细作，不要管趋势中的大形态调整，更不要理波中的小形态整理，虽然理论上暂避大小形态的调整和整理能多赚，又省时间可去图谋他利，但实际操作起来是有一定难度的，到头来可能是得不偿失。即使躲开大形态调整，但到重起之时却只顾忙别的或抽不出资金或被更大诱惑吸引等，都太有可能错过再入的机会。对很多人来讲，整天忙于打打杀杀的频繁进出，还不如悠然自得的长线炒作赚得富余。

当然不是说长线炒作最好，刚才主要说的是涉及规范的问题，根据我们以往的成败经验和教训：长线、中线、短线炒作，事先制定好持股策略绝对利大于弊。没有长、中、短线炒作买、持、卖的有备而来，在实战中随意而为乱来一通，那就什么“线”都炒不稳当，炒不理想。

通过以上对个股上升趋势由始而终的描述，我们了解到底部图形是形成上升趋势的基础，是给予关注的着眼处；突破底部图形上涨是上升趋势的起始点，是参与炒作的最初买点；依托上升趋势下轨底线蜿蜒而上，是咬定青山不放松的持股待涨期；下破底线标志、上升趋势的完结，是了结长线炒作的卖点。沿着这个“挖掘长线潜力股，到何时介入、到持股策略、到最终卖出”的思路走完，一条上升趋势个股炒作的环扣相接的流水线就显现开来。

这可以称为炒作上升趋势个股的套路，下面我们把这个炒作套路，再改进为可实际操作运用的程序。

(1)开始实际操作，首先要有选时的概念。以前说选时是指对介入股票走势本身时机的选择，比如日线起涨、分时横盘等。这里指的选时是指长、中、短线应各在市场什么时候操作，即长、中、短线操作的套路分别对大盘走势状况的选时。比如：大盘走势处在完成底部图形突破上升的时候，是利用操作上升趋势个股套路的“最佳”时期；大盘走势处在持续的下降中或连波的上升中，“不太”适用于操作上升趋势个股的套路，对大多数个股而言不是早了或就是晚了，至少利用的不是好时候。

什么样的大盘走势状况适用于中、短线操作套路，后面再细说。

上面提到了“最佳”和“不太”，最佳是市场个股表现的主流时期，不太适用的时期尽管个股表现非主流，但也不排除在大盘走势不在状况时也有上升趋势个股的形成。这就如同“个股行情四个层次”的意识，有率先启动的也有同态势的，此意识不仅适用于个股的上涨波段，也同样适用于个股的上升趋势，若操作此类个股有必要与“四个层次”联系起来。不然，都找不到为何炒作的理由，又哪来信心买入和持有？而作为顺势而为选时在于与大盘同态势，这无疑是更易于同步识别及把握上升趋势的发展和衰落。

那么好了，在大盘走势处在完成底部或中继底部图形突破上升时，抑或在大盘走势出现其他状况时依“四个层次”意识，从两市搜选出“同态势”或其他层次的个股，集中起来予以高度关注以备寻机介入。

(2)既然长线操作，就无所谓是不是在初波上行的头一两天介入，但切忌不能追到波段的后期，更不必苛求在盘中分时走势的最佳点，能买进时当天不跌下来就可。既然长线操作，那么整个管理过程就是粗放式的，所以还是要区别于中、短线操作的细作，该糙的就得糙，不能什么都要求极致，太细了就有可能因为达不到而放弃，错过本应不该放过的趋势介入机会。

那么好了，从备选股当中择优挑出想做的一只或几只，轻松地介入在上升趋势首发的波段初期。

(3)介入后本着长线操作的策略，持股中主盯上升趋势下轨底线，欣赏着蜿蜒而上的5日均线，不看日线更不理分时走势，以免受惊吓半路被吓跑弃筹，任风吹浪打奈何不了持股岿然。不为所扰，持股待涨。

(4)待5日均线下破上升趋势下轨(往往在10日均线处，或上点或下点)时果断出货。卖票时也不必慌张，赚了那么多不差少赚两个，确定无望后从容处置。若想卖高点，且有超前意识的话，可在最后一波冲刺的波段头部卖；若有摸高的话，亦可在二次摸顶不过时卖。如此，下破上升趋势底线为终结，择一决定的点位卖出。

有了这个上升趋势个股操作的套路，我们就能有意识、有准备、有计划、有管理地做好长线了，再不会为日常频繁忙于中、短线操作，而过后对绵延曲上的长线大行情留憾了。

为了实现这个“上升趋势个股炒作的套路”，让大家更有效地运用于实际操作，下面将意念中的套路付诸于真正的现实操作当中，利用“大炒家软件”的指标和功能，来实时实盘实战演示其整个的操作流程。

操作流程：

对应上升趋势个股操作套路的顺序，盘中点击软件“上升趋势”图标，从“沪深A股”中选出当下处于上升趋势中的个股(因暂时没设个股“底部图形”指标(待后补)，选出上升趋势的个股将会包含刚突破底部图形上升的个股。若未赶上突破上涨的首波，也可退而求其次介入第二波的起涨，第三波不作考虑了)。

2009年2月初，沪市大盘日线走势为5日均线波动大箱体，此时运行至箱体前高不下而处盘整中(图1-7)，大有突破形成上升趋势之可能，如炒长线品种，不趁此大盘上升趋势初始之机选做“同态势”个股，又待等何时？于是点击“趋势向上”指标，从“沪深A股”中筛选“同态势”个股。

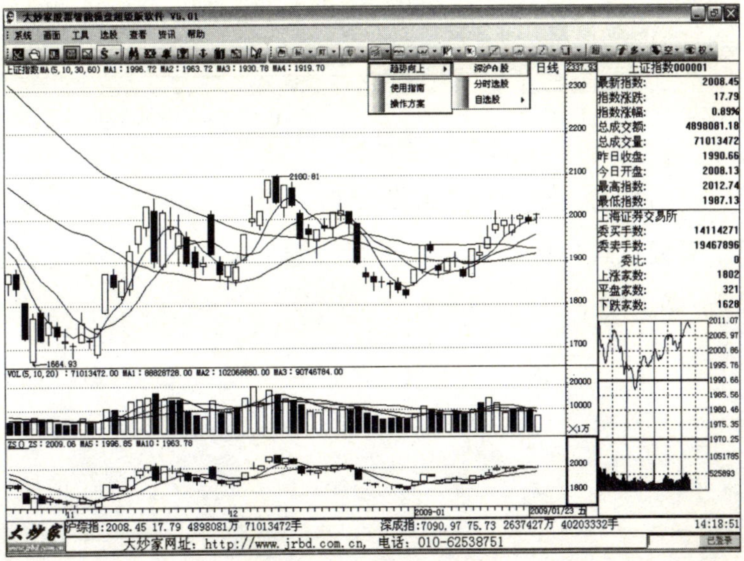

图1-7 沪大盘箱体

2月2日，笔者也启用了个股行情四层次中“同态势”功能，选出的数量不但多，也把一点没有迹象突破的个股都选了出来，这是因为大盘还没起涨。用“趋势向上”指标能筛去这类个股，但会多出来已涨高的个股。从涨起来的个股群中选，总比从不动还不知何时能涨的堆里选合理吧。

选出两百多只处于上升趋势中的个股(图 1-8)，其中有刚形成上升趋势初涨的，也有上涨挺高的。

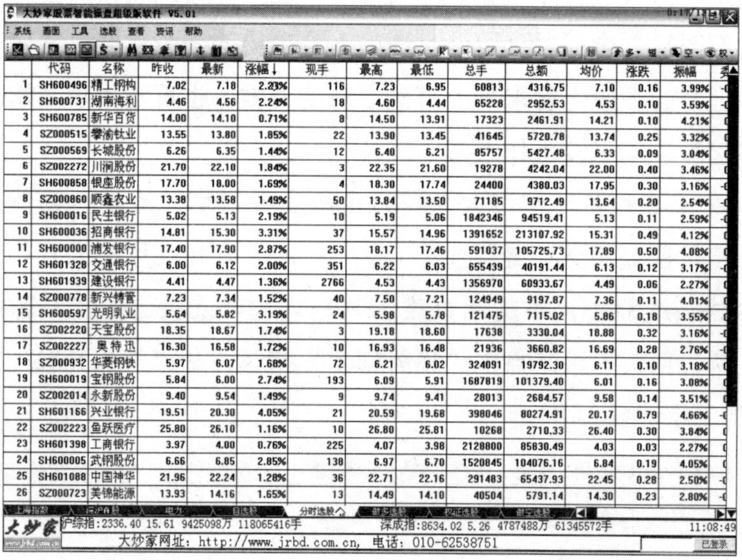

	代码	名称	昨收	最新	涨幅↓	现手	最高	最低	总手	总额	均价	涨跌	振幅
1	SH600496	精工钢构	7.02	7.18	2.23%	116	7.23	6.95	60813	4316.75	7.10	0.16	3.99%
2	SH600731	湖南海利	4.46	4.56	2.24%	18	4.60	4.44	65228	2952.53	4.53	0.10	3.59%
3	SH600785	新华百货	14.00	14.10	0.71%	8	14.50	13.91	17323	2461.91	14.21	0.10	4.21%
4	SZ000515	攀渝钛业	13.55	13.80	1.85%	22	13.90	13.45	41645	5720.78	13.74	0.25	3.32%
5	SZ000569	长城股份	6.26	6.35	1.44%	12	6.40	6.21	85757	5427.48	6.33	0.09	3.04%
6	SZ002272	川润股份	21.70	22.10	1.84%	3	22.35	21.60	19278	4242.04	22.00	0.40	3.46%
7	SH600858	银座股份	17.70	18.00	1.69%	4	18.30	17.74	24400	4380.03	17.95	0.30	3.16%
8	SZ000860	顺鑫农业	13.38	13.58	1.49%	50	13.84	13.50	71185	9712.49	13.64	0.20	2.54%
9	SH600016	民生银行	5.02	5.13	2.19%	10	5.19	5.06	1842346	94519.41	5.13	0.11	2.59%
10	SH600036	招商银行	14.81	15.30	3.31%	37	15.57	14.96	1391652	213107.92	15.31	0.49	4.12%
11	SH600000	浦发银行	17.40	17.90	2.87%	253	18.17	17.46	591037	105725.73	17.89	0.50	4.08%
12	SH601328	交通银行	6.00	6.12	2.00%	351	6.22	6.03	655439	40191.44	6.13	0.12	3.17%
13	SH601939	建设银行	4.41	4.47	1.36%	2766	4.53	4.43	1356970	60933.67	4.49	0.06	2.27%
14	SZ000778	新兴铸管	7.23	7.34	1.52%	40	7.50	7.21	124949	9197.87	7.36	0.11	4.01%
15	SH600597	光明乳业	5.64	5.82	3.19%	24	5.98	5.78	121475	7115.02	5.86	0.18	3.55%
16	SZ002220	天宝股份	18.35	18.67	1.74%	3	19.18	18.60	17638	3330.04	18.88	0.32	3.16%
17	SZ002227	奥 特 迅	16.30	16.58	1.72%	10	16.93	16.48	21936	3660.82	16.69	0.28	2.76%
18	SZ000932	华菱钢铁	5.97	6.07	1.68%	72	6.21	6.02	324091	19792.30	6.11	0.10	3.18%
19	SH600019	宝钢股份	5.84	6.00	2.74%	193	6.09	5.91	1687819	101379.40	6.01	0.16	3.08%
20	SZ002014	永新股份	9.40	9.54	1.49%	9	9.74	9.41	28013	2684.57	9.58	0.14	3.51%
21	SH601166	兴业银行	19.51	20.30	4.05%	21	20.59	19.68	398046	80274.91	20.17	0.79	4.66%
22	SZ002223	鱼跃医疗	25.80	26.10	1.16%	10	26.80	25.81	10268	2710.33	26.40	0.30	3.84%
23	SH601398	工商银行	3.97	4.00	0.76%	225	4.07	3.98	2128800	85830.49	4.03	0.03	2.27%
24	SH600005	武钢股份	6.66	6.85	2.85%	138	6.97	6.70	1520845	104076.16	6.84	0.19	4.05%
25	SH601088	中国神华	21.96	22.24	1.28%	36	22.71	22.16	291483	65437.93	22.45	0.28	2.50%
26	SZ000723	美锦能源	13.93	14.16	1.65%	13	14.49	14.10	40504	5791.14	14.30	0.23	2.80%

图 1-8　选出上升趋势个股

我们要的是与大盘“同态势”个股，最好是刚形成上升趋势初涨的，那就需要从选出的个股中再进行一遍人工选拔，结果选拔出来了 13 只个股(图 1-9)。

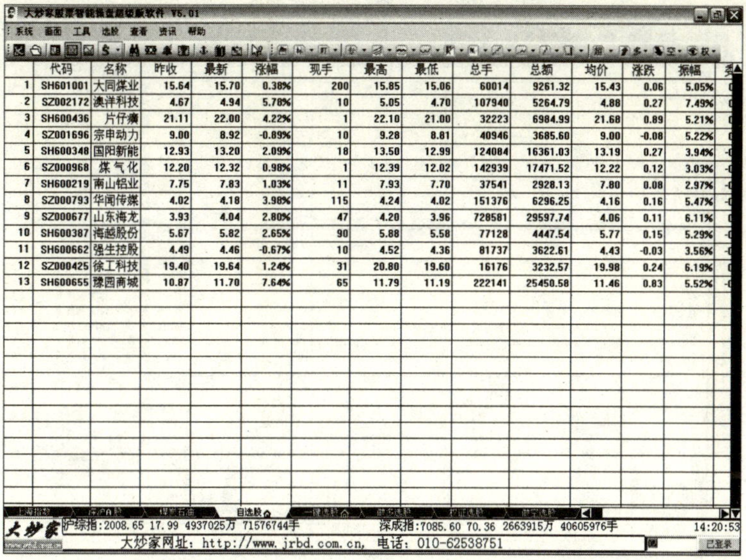

大炒家股票智能操盘超级版软件 V5.01

	代码	名称	昨收	最新	涨幅	现手	最高	最低	总手	总额	均价	涨跌	振幅
1	SH601001	大同煤业	15.64	15.70	0.38%	200	15.85	15.06	60014	9261.32	15.43	0.06	5.05%
2	SZ002172	澳洋科技	4.67	4.94	5.78%	10	5.05	4.70	107940	5264.79	4.88	0.27	7.49%
3	SH600436	片仔癀	21.11	22.00	4.22%	1	22.10	21.00	32223	6984.99	21.68	0.89	5.21%
4	SZ001696	宗申动力	9.00	8.92	-0.89%	10	9.28	8.81	40946	3685.60	9.00	-0.08	5.22%
5	SH600348	国阳新能	12.93	13.20	2.09%	18	13.50	12.99	124084	16361.03	13.19	0.27	3.94%
6	SZ000968	煤气化	12.20	12.32	0.98%	1	12.39	12.02	142939	17471.52	12.22	0.12	3.03%
7	SH600219	南山铝业	7.75	7.83	1.03%	11	7.93	7.70	37541	2928.13	7.80	0.08	2.97%
8	SZ000793	华闻传媒	4.02	4.18	3.98%	115	4.24	4.02	151376	6296.25	4.16	0.16	5.47%
9	SZ000677	山东海龙	3.93	4.04	2.80%	47	4.20	3.96	728581	29597.74	4.06	0.11	6.11%
10	SH600387	海越股份	5.67	5.82	2.65%	90	5.88	5.58	77128	4447.54	5.77	0.15	5.29%
11	SH600662	强生控股	4.49	4.46	-0.67%	10	4.52	4.36	81737	3622.61	4.43	-0.03	3.56%
12	SZ000425	徐工科技	19.40	19.64	1.24%	31	20.80	19.60	16176	3232.57	19.98	0.24	6.19%
13	SH600655	豫园商城	10.87	11.70	7.64%	65	11.79	11.19	222141	25450.58	11.46	0.83	5.52%

沪综指:2008.65 17.99 4937025万 71576744手 深成指:7085.60 70.36 2663915万 40605976手 14:20:53

大炒家网址：http://www.jrbd.com.cn, 电话：010-62538751

图 1-9 选出“同态势”个股

这就算完成了对大盘走势状况的选时，同时也从两市搜选出“同态势”个股，集中起来予以高度关注以备寻机介入。

排第二的澳洋科技(图 1-10)看起来挺合适，昨日就已突破 5 日均线波动大箱体，先于大盘一步启动，今天大盘高开后高位震荡，澳洋科技高开，冲高后略有回落，即高位横盘(图 1-11)。

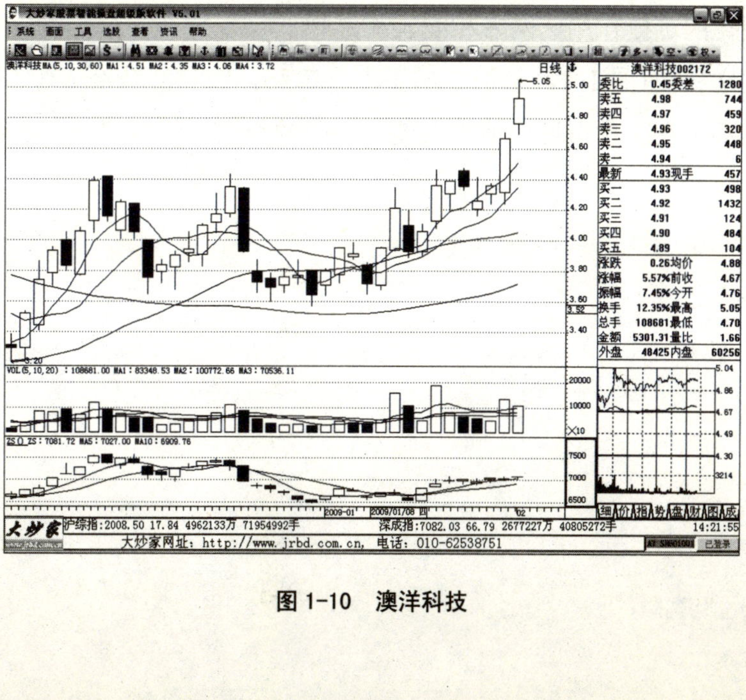

图 1-10 澳洋科技

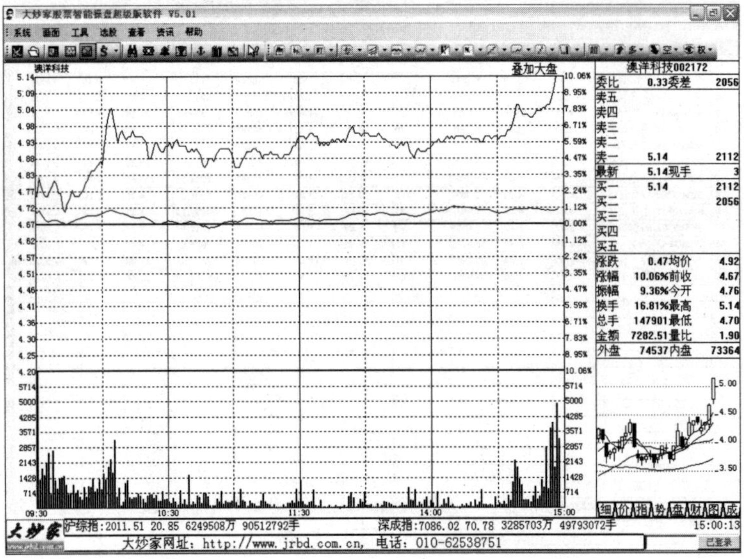

图 1-11　澳洋科技后市

后市澳洋科技倚势而上，竟能冲上涨板。开个好头，但求能走出个像样的上升趋势来。

至此就算完成了“从备选股当中择优挑出想做的一只，轻松地介入在上升趋势首发的波段初”的工作。从 1600 多只股票中挑选到一只买入，前后不过用了 3 分多钟，这全仰仗于上升趋势个股操作的套路和软件智能化的迅捷作用，两者相配轻而易举。

澳洋科技(图 1-12)不但走出了上升趋势，而且涨势令人惊喜有加，虽然排不上在这次市场行情中表现最抢眼的个股，但亦属强中之辈。

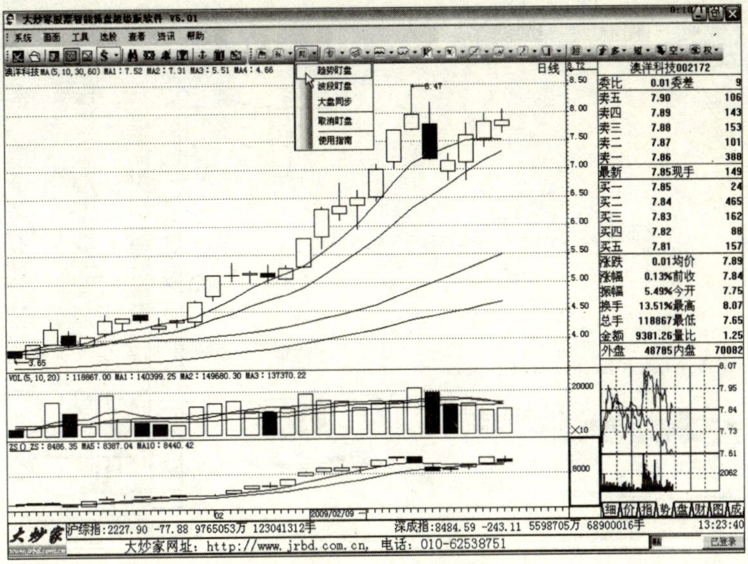

图 1-12　澳洋科技上升趋势一览

个股强，不一定你这把手强，说不定早被踢出去了，日线走势上的整理，分时走势的上下震荡，赚多了些的满足，怕被砸下来的恐惧无不在折磨着绷紧的神经，即便有“套路”可循，也难免过早地抛掉手中的“黑马股”。启用“趋势盯盘”系统，看又能如何？

如果利用“趋势盯盘”，那些可能动摇持股信心的杂七杂八因素都被刻意隐蔽起来了，没出翻白卖点之前，视野里满线尽是红金甲，何有惊神将筹弃。

从诗情画意回到实盘中来，其后几天大盘走势回调下打凶狠，该股也在高位上下盘整，要说的还有，澳洋科技这次跟随大盘的上升趋势，走的不是升一波中间经过调整形态再升一波，而是中间只做了 4 天稍长整理的小形态就又展开升势的，后一大波走势斜率加大，似乎就成了先小波后一大波的冲刺行情了。如这样分析，这时候真该留意了。因此，需要时不时地启用“趋势盯盘”系统来监视一下。

几次启用监视还没发现该股“趋势盯盘”翻白，2 月 24 日股价不比前几天低反倒出来了翻白(图 1-13)，这就是大炒家软件“趋势盯盘”的高明之处。不管高不管低，只管破不破上升趋势的底线。既然自上升趋势以来从不给白脸，这次翻脸了咱也识相点，走人吧。

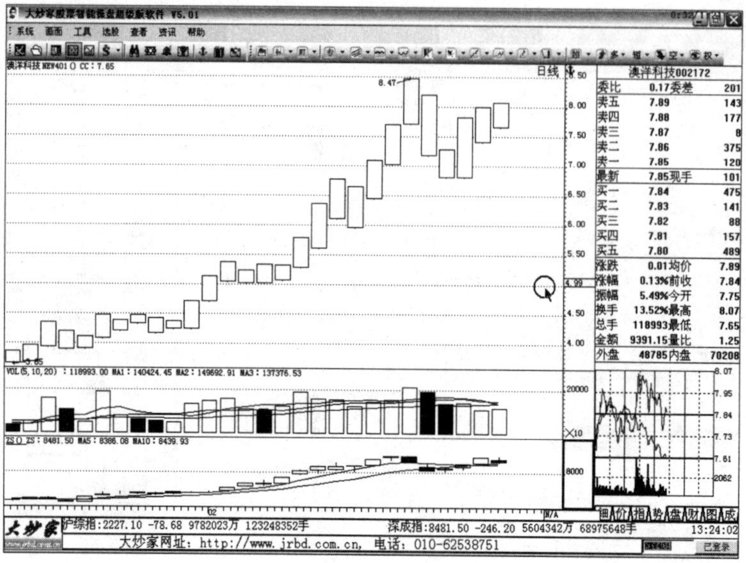

图 1-13　澳洋科技趋势盯盘图 1

“趋势盯盘”只在下破上升趋势底线时翻白，不设其他方式的卖点翻白，以统一规范操作。

澳洋科技(图 1-14)后市白脸依旧，分时走势也是一脸的皱，上下一道一道地维持到收盘。

截止到此就算完成了“不为所扰，持股待涨”和“下破上升趋势底线为终结，择一决定的点位卖出”的上升趋势个股操作套路中两个艰难任务。“趋势盯盘”一个系统管制持、卖两大环节，既盯盘，又盯卖，一举两得、两得皆准。

人们都说：会买股票是徒弟，会卖股票是师傅。其实买卖票都不简单，说师傅是指有定力的一面，这方面“趋势盯盘”比天下哪个师傅包括我在内都有定力。因电脑没有被赋予人一般的活性，只是机械式地执行程序发出的指令，这个指令来源于上升趋势个股操作的套路，而这个套路又是来自于中国十几年西方几百年股市永恒不变的铁一般的客观规律。

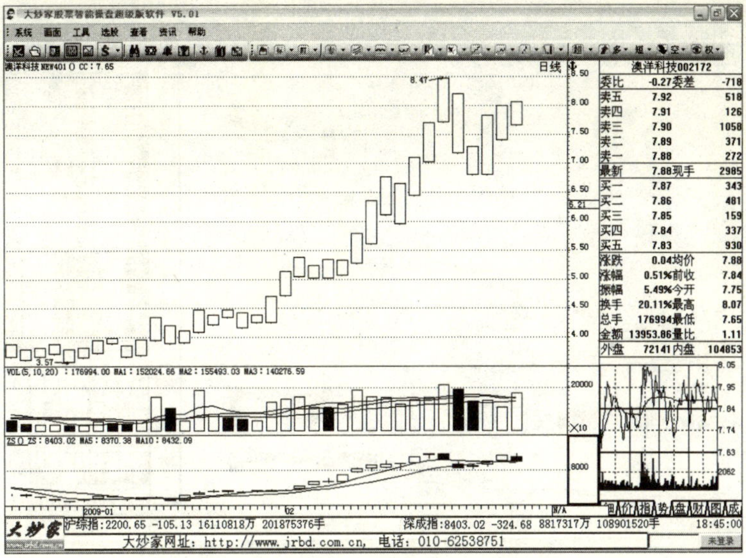

图 1-14　澳洋科技趋势盯盘图 2

“炒作套路”与“操作流程”珠联璧合将势不可挡天下无敌，一个粗放的上升趋势个股的操作就显现出来奇妙，下面更细更复杂更惊心动魄的中线、短线、飙股的操作，将会带来精彩的无与伦比的精神享受，当然也缺不了不菲的收益。

卖出澳洋科技(图 1-15)后继续留意其之后的情况，有点出乎意料的是大盘第 2 天中跌，该股竟能抗跌爬上，虽涨幅不大但颇吸引人。第 3 天前市依然是走势抗跌，我是不为所动，因了解这种多头的操纵行为，但绝对会有人对这样创新高感兴趣，前期又是一波大涨的走势，料想还可能再来一波，于是乎纷争抢入。

但快到下午两点的时候突然变盘大跌起来，看清那可是在大盘跳水之前。作为同行我佩服主力操纵股价的能耐，不仅敢于冲刺前高，且还用小幅蹭涨方式以少换多引来散户资金的热捧。

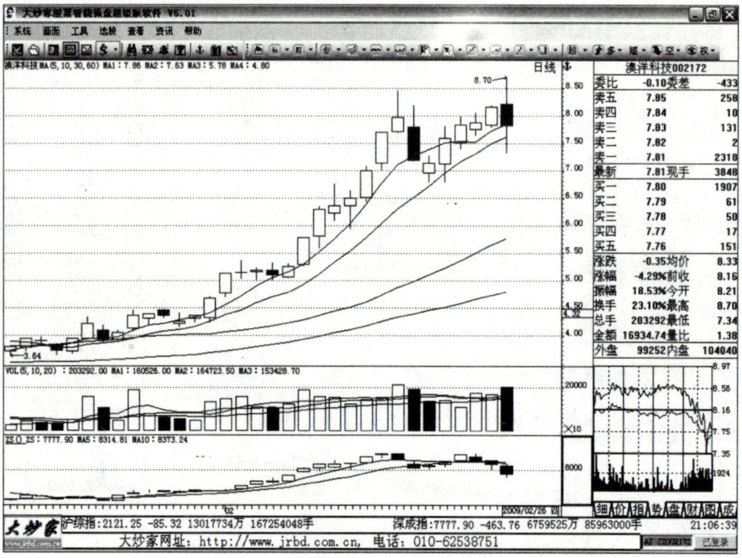

图 1-15　澳洋科技第 2、3 天

第 4 天，澳洋科技(图 1-16)低开稍上，接着直打跌停板，大盘走势当日整理跌幅不大，有反弹再也拉不动它了，明白这是为什么了吧。

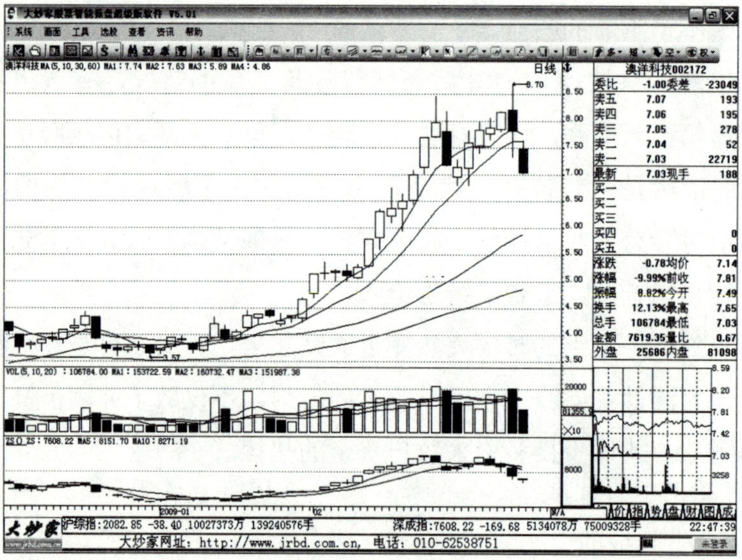

图 1-16　澳洋科技第 4 天

借此把“盯盘系统”对各“线”度的操作具体设置说一下。趋势操作的长线持股、卖出统一设为日线盯盘；波段操作的中线持股、卖出统一设为60分钟盯盘；短线操作的今买明卖持股、卖出统一设为5分钟线盯盘。这是考虑到各方面情况，并经过无数次的实盘操作验证得出的最佳持、卖方案设定。当然，有时因特殊情况会上下偏差一些，这是因为任何软件都无法将所有的走势都精确到统一的一个标准，能达到95%的可靠率已是令人十分满意了。

对于所有入市的投资者来说，买入后的持股和卖出都是很头疼的事情，始终处于留也不好卖也不是的两难地步。在使用大炒家软件之前，我自己持、卖也不能容易地持到在顶尾卖，被吓被踢出，常有失误，这得怪人固有的人性弱点。我要发狠研发软件的目的，就是想通过计算机软件来规范“人打死也定不了性”的操作行为，根据全部个股历史走势铁一般的规律，以绝对大概率成效为标准，编程出各线操作的盯盘系统，只需要人用手少用脑来执行便是，唯有这样才能战胜自己战胜股市。

有了大炒家软件选股指标或功能，买上即涨的好股票轻而易举，再用一举两得的“盯盘系统”，不论对长线、中线、短线操作策略的持股、卖出，不再忐忑不安睡不好觉犹前豫后难下其手，除了“盯盘”什么不用想也什么不需看，就等见着“翻白”了卖出，往口袋里一把把装钱，整个股市真的就成了提款机了。

路上我要说股市是提款机，说不定有人能把我打个鼻青脸肿，写给你们看也会是半信半疑，半信是看过我写的书认为还在理也有可操作性，半疑也不怪，继续往下看吧，铁证一般的实战案例在候着呢。

介入个股趋势操作主要取之于底部图形的突破起涨，而个股的底部一年可能见不着几次，加上同样可操作的中继底部也增加不出来多少，因而适合做长线的个股机会并不是很多，大量的机会还是蕴藏在中短线个股的炒作上。那么，在大盘见底有炒长线个股的机会，既有兴趣又有耐心不妨一试。

大资金适合做长线，难做中线，更做不来频繁进出的短线，因而特别适合“趋势炒作及操作流程”；如有人做资金管理，那就分配一部分出来做长线，一部分做中短线，到时对比一下哪条线收益大；上班一族没时间看电脑老盯着盘面，利用这个套路及操作流程做长线再好不过了。

流程链条：

选突破图形股票→买入个股→启用“趋势盯盘”→翻白卖出。

注解：

“选突破图形股票”，是指利用“趋势向上”指标选出当时走势处于上升趋势的个股，再经人工操作细选出刚突破底部图形的某些股票。

“买入个股”，是指从中优选出某只个股买进。

“趋势盯盘”，是指对买进个股的持股待涨，启用“趋势盯盘”功能实施监视。

“翻白卖出”，是指走势翻出白框卖出个股，红框表示继续持有。

第二章 股票炒作套路二
——抓住起涨波段炒作

个股波段炒作是截取上升趋势中的一波上涨行情，不参与上升趋势中波与波之间的调整，如果说一个趋势为长线，波段炒作就可以定为中线操作。

波段炒作的着眼点是波段与波段之间的调整形态，即平台盘整、5日均线弯至10日均线、回调大形态，介入在突破形态起涨之日的分时走势买点上，这就是契合买点3+1。

江苏国泰在上升趋势中(图2-1)，每涨完一波都以大形态完成蓄势调整，然后再新起一波继续升势。2009年2月2日，末端一天显示，此次又突破平台形态再一次上涨，当天午前分时走势出现横盘买点，之后逐级上升至涨停。

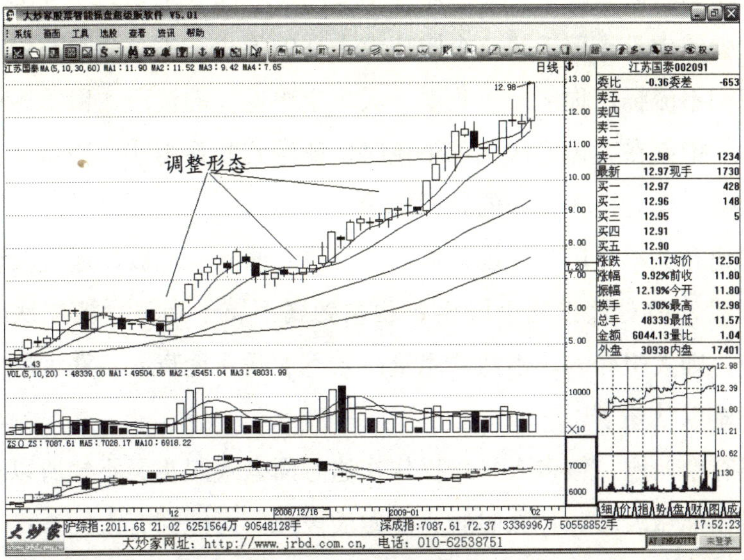

图2-1 江苏国泰调整形态

一、个股行情的四个层次

在讲解“上升趋势个股炒作套路”一开始就提到“进行各线度的操作之前”，一定要想到联系个股行情四个层次的超强意识，在此特别指出个股的波段炒作中，这一“超强意识”更是尤为重要。因为波段炒作要比长线操作更多地需要这些意识的引导，要比短线操作更能发挥其非凡的价值作用，能及时地介入个股自大形态的起涨，以及介入后对波段走势的预期乃至结束。脱离了这组层次的意识选股就会遇到很大困难，同样是起涨，隶属该行情层次的个股就能得到涨升的保障，涨幅也会比其他个股幅度大。

个股的波段炒作同样必须要“选时”，而“选时”是离不开个股行情四个层次意识的，在大盘走势一波行情结束进入形态调整时，就应联系起其中的“抗跌率先启动”的意识，主动去抓先于大盘上涨的个股，这类个股其中大多还能随大盘起涨而继续上扬；在大盘蓄势完毕启动时，当然是指突破上涨不是破位下行，就该联系起“同态势”的意识，随这时市场主流板块个股的炒作；在大盘滞涨盘头时，就轮到联系起“轮涨补涨”中“轮涨”的意识，前期在大盘上涨而没涨或小涨的个股，现在要轮到它们大涨了；波段炒作不要用“补涨”意识，“补涨”定义在不太强的大盘震荡走势，个股连续上涨的见少，不是阴阳交错就是走势不规则不流畅，你涨一天我涨一天难走出像样的波段，留给短线操作去短炒一把；在大盘完成头部下调时，就轮到联系用起“逆市上涨”的意识，赚取反向操作带来的异样感受。

即使开头不是用“个股行情四个层次”的意识选股，通过其他方法直接选股，但对选出的个股也要联系到属不属于当下行情层次要表现的。是，则大胆介入，不然须思量；若不加联系地盲入，涨大涨小稳不稳当就难以估量了。

还有个问题，很多人平时操作在这方面老栽跟头又不知所以然，即什么时候能做波段、什么时候不能做波段呢？可能会有人回答：下降趋势不能或难做波段。还可能有看过我书的人回答：从大形态启动上涨可以做波段。这话还有点靠谱，但只能给个及格分。是从大形态上起涨不假，但问题是并不是所有的个股起涨都能升出波段行情。再具体一些能涨出大行情还是小行情抑或昙花一现，这才是问题的关键。

正是有的能、有的不能走出像样的波段行情，没买的个股呼呼地大涨，而买进的个股却慢腾腾地小涨，还有买进不是起涨或原来抱着的一动不动更急死个人，这叫怎么回事？不免令人好生纳闷。要想买上大涨的个股就得求助于“选时”，还得拜托于“个股行情四个层次”意识(有关“个股行情四个层次”的论述，请仔细研读吴迪著的《大炒家》，地震出版社)。

下面连这个“能不能做波段”，带同“选时”及“四个层次”的案例展示，一勺烩把个中缘由道个明明白白。

鲁信高新(图 2-2)在大盘走势刚进入平台盘整时，就率先启动上涨(抗跌率先启动意识，包括抗大盘下跌和与大盘同步盘整，突出在率先起涨)，后在大盘起涨时又随之继续上涨。看来率先启动的个股走势，是非常值得早关注早介入的。

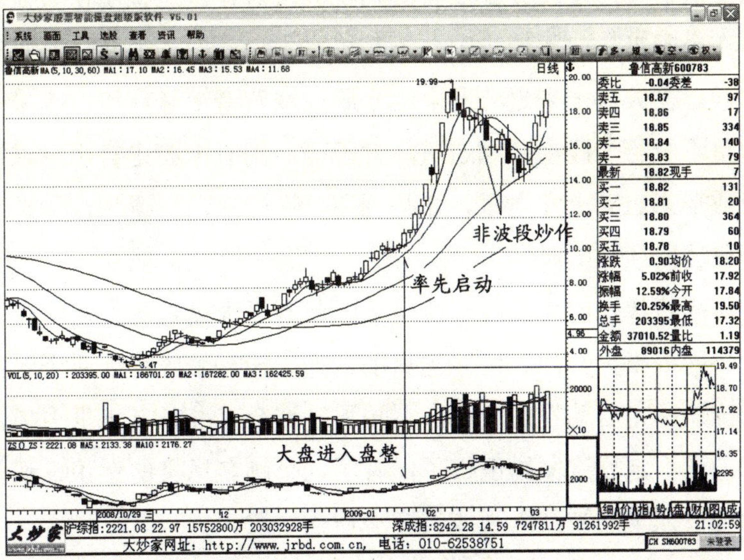

图 2-2 鲁信高新率先启动

个股波段炒作应把“个股行情四个层次”的意识放在首位，接下来再考虑“选时”。因是选在大盘走势适当的时机，而适当的时机“四个层次”对大盘走势有不同的要求，具体在以下范例中讲解。“选时”选的对头，同时也就解决了“什么时候能做波段”的问题，相反不懂、不会“选时”，也就不知道什么时候能做波段，什么时候不能。

当大盘走势完成双底图形盘整时，该股不等大盘多盘就率先启动上涨，当然该股以前多次的抗跌与此次率先启动不无关系，因而抗跌是率先启动的前兆，是抓率先启动个股的提早关注点。随后必然的率先启动就是个股波段炒作“选时”的时候，当然此时也是个股趋势炒作“选时”的时候，选在大盘走势结束底部图形转向向上趋势的始初，选在大盘走势上升趋势中继结束调整再次要启动的时候。

从这只个股联系“率先启动”意识到“选时”，再到考虑此时能不能做波段，大盘走势在前期两波的下降中，该股虽然抗跌并在大盘反弹时有所上涨，但都没有走出像样的波段行情，还有早期该股处在向下趋势中的那次盘整，连反弹都没有更别说波段炒作。这说明在大盘趋势下降时，在个股走势向下趋势中，不是“率先启动”意识允许个股波段炒作的时候。在大盘未来走势向上给个股上涨营造上涨环境，或未来走势横向盘整不会给个股上涨制造破坏性阻碍，同时个股走势也蓄以待升突破图形或形态启动上涨之时，才是利用“率先启动”意识，“选时”及选择个股波段炒作的时候。

鲁信高新像样的大波段行情早一波起升于大盘走势，还有二波初与大盘走势同步横盘三四天但率先启动，如果没有个股行情四个层次其中之一“抗跌率先启动”的意识，不知那时谁会有准备有胆量去抓，瞎蒙的不算，说不定哪次蒙错倒霉了，有了这个顾名思义的意识，那就会积极主动地去抓早已被纳入视线具有潜质的个股。

除了大盘和个股向下趋势以外，还有不是选择“率先启动”个股波段炒作的时候，那又是什么样的状况呢？

还说鲁信高新，一大波波段行情结束进入调整，到了“五弯十”形态时，小阳表示似乎又要启动上涨，可大盘走势那时正在做大幅上升后的盘头，该股的最后一波冲刺也不大允许不经过较大调整旋又行情再起，一缺少环境配合，二自身态势不佳，故不是波段炒作的时候。之后在下跌仍受5日均线压制之下的反抽，就甭提波段炒作了。

最后经过深幅回调，该股又率先启动，有波段值得一炒，那时大盘也在酝酿反击，本身也有二次摸顶的需要。

还有多种走势状况不能做波段操作，这里主要举的是能做波段的例子，不能做的多在短线操作中会有举例具体谈及。

昆明机床(图 2-3)第二波上涨的波段行情是“同态势”，随大盘走势同日突破启动上涨，其后走势也与大盘同出一辙，见顶回落也是像听命于上级指示似的一起撤退，表现出“同态势”个股誓与大盘同生死共存亡的精神。右端的“同态势”反弹，由于同鲁信高新率先于大盘上涨不一样，没有先涨出的几天，故行情要短一些，能涨到什么程度还要服从大本营的意志。

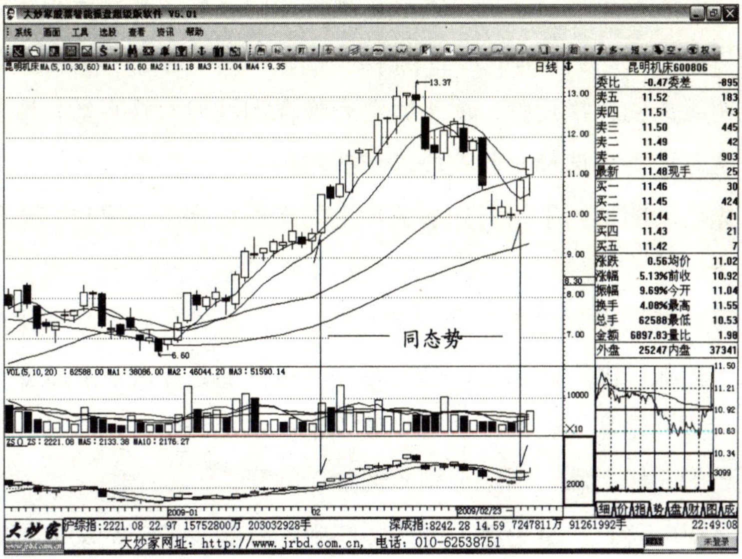

图 2-3 昆明机床同态势

有所不同的是该股“同态势”起源，是在先上升一波后的平台形态上起涨的，不是像大多同态势个股，同时完成底部图形突破起涨的。因此，“同态势”意识要求的起源是蓄势大形态即可，举此例也是单为提示这一点。

该股第一波不是“同态势”上涨，但那时也是在大盘做成双底未来不坏的情况下，先上涨也是本身完成了头肩底形态的构筑而升起的，符合两方面的基本条件。

该股波段炒作联系“个股行情四个层次”其中更明确的“同态势”意识，“同态势”意识在“四个层次”中算是最直观、不需逻辑费事来推理的。“选时”在大盘走势展开上升趋势之初也没问题，有了上面两点的保证，选择这个时候波段炒作更没问题。如果没有这些方面的联系和思考，能不能如期炒上如昆明机床一类个股的波段行情呢？抓第一起涨点不大可能，明显涨起来去买有可能，毕竟那时市场看多舆论也高唱起来了，有了“四个层次”意识、“选时”、有波段可为的判断，我们就能先走一步，享受机构主力、股民大众抬轿上行的惬意。

有问题的是该股右端“同态势”的反弹，有必要探讨值不值得波段一炒。这时大盘走势已下调不浅破了上升趋势下轨，反弹后再下或趋于横向的可能性偏重，限制此次上升幅度也就顺理成章，那同态势的个股包括昆明机床的此次反弹，就不大会有像样的波段行情可炒，既然难有行情，这时就不是选择个股波段炒作的时候。

率先启动的另当别论，先起涨加上同态势反弹合起来也够波段炒一把的了。

个股行情四个层次的“率先启动”、“同态势”完了，该排到第三个层次“轮涨补涨”意识了，这里要补充说明的是轮涨和补涨是两种情况两个形式，轮涨是轮到至少一个波段走势的上涨，补涨是补少则一日多则几日的K线上涨，下边分别示例加以阐释。

在2009年初,大盘走势上升的那波中，有多少率先启动和同态势的个股大幅上涨，可中恒集团(图2-4)等却蜗牛式地爬行小涨了一些，在大盘进入盘头期倒一反弱势强攻起来。实际想一想大盘指数涨了那么多，大多数个股也都涨幅惊人，凭什么我就涨那么一点儿，现在该轮到我大涨了，或者说原来按着自己的路线图上行，不与它们争锋，现在要独领风骚吸引眼球展开冲刺行情了。

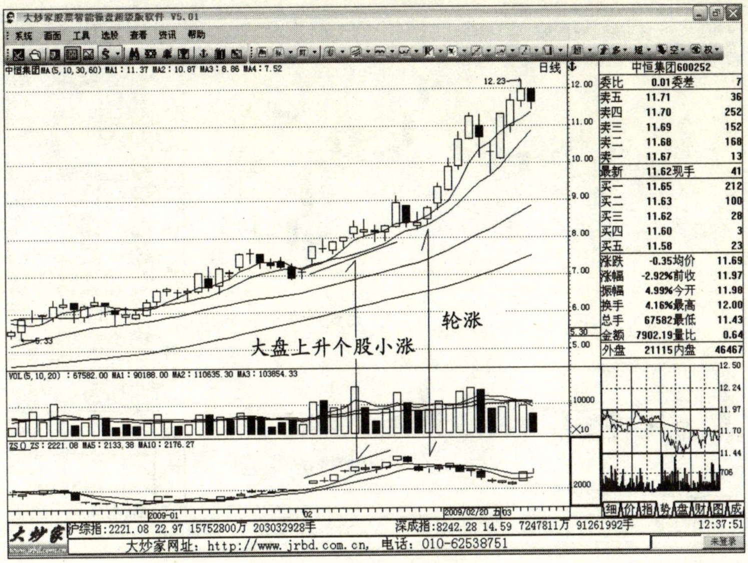

图 2-4 中恒集团轮涨

炒作个股波段行情从“轮涨补涨”到“逆市上涨”的意识，因是逆势而为(逆市包括逆横、逆下)，不同于“率先启动”和“同态势”意识的顺势而为，所以“选时”也要逆向思维，选在预期大盘走势未来不好的时候，好就没有他们涨的份了。

炒中恒集团的波段行情不能不联系上“轮涨”意识，否则谁会在大盘走势一波结束盘头时介入个股，怎么也要等到大盘做头折腾消停了再说。“选时”选在这个时候不免令人放心不下，恐买入后缺少大盘上行的支持难涨许久。可能股市就需要这样此消彼长以维持股市的生态平衡。不管怎样，在这个大盘盘头不稳的时候，的确存在“轮涨”意识提示下的“选时”，不无个股波段行情炒作的时机。不懂、不会买或怕买，只能错过市场能给予的另类机遇。

武汉中商(图 2-5)不是像中恒集团“轮涨”慢了一波而是慢了一日 K 线，2009 年 3 月 4 日大盘走势单边上扬大涨百多点，而该股只是小涨中阳，同时还有涨的更少的，于情于理都应该有补涨的份额，于是 3 月 5 日后补大涨满 10 个点，分时走势宁抗大盘下跌也在所不辞。

联系上了“补涨”意识，就能炒上这类昨小涨、今大涨的个股。如没有这个意识，可能就会去追昨大涨的个股，那可能就要被当头一棒

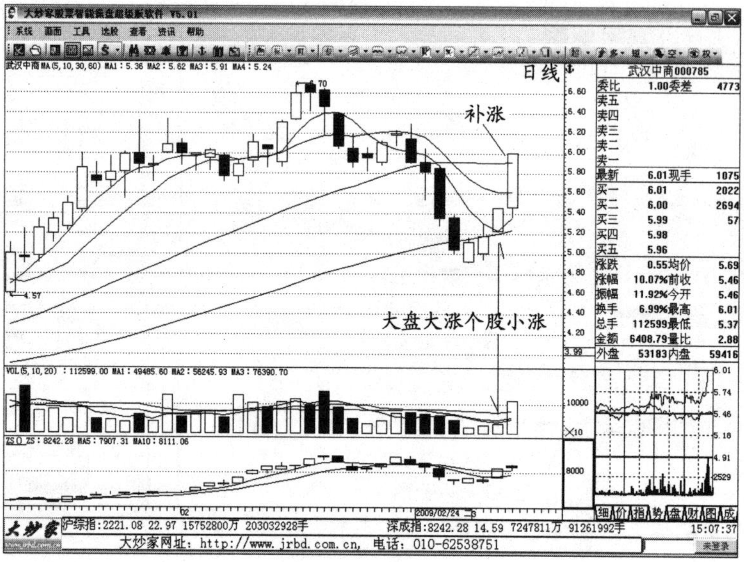

图 2-5 武汉中商补涨

了，因为除个别外，大多个股冲高回落。不过这只是个短炒的机会，不是个股波段炒中线的时候，大盘反弹高度不确定，这类先小涨个股多是冲出个大阳就完了，补涨完行情也就快结束了。若是上升趋势自大形态的补涨还会好些，也许会再随势上涨一阵。

恒邦股份(图 2-6)也是前期走势与大盘走势强势上升不相配，与此有关在大盘盘完头开始下跌中逆流而上，大涨不止、发泄前期未大涨的怨气，由此得出市场是公平的，个股上涨也是分梯队早晚的事，所以挖掘之前没涨或没高涨的个股不失为明智之举。

第四个层次的“逆市上涨”意识恰好与之吻合，采有智之举或能利用“逆市上涨”之意识，敢于介入这类反潮流精神充分体现的个股；不采不用不知“逆市上涨”怎么回事可就恍如陌生了。若叫人在此刻“选时”无异于拖他跳湍急的河流，若叫人在这个时候选个股波段炒作，说不定能骂出个八辈祖宗，可就是这个时候却恰恰是利用“逆市上涨”意识，“选时”及选择个股波段炒作的时机。

无论“个股行情四个层次”的意识，还是“选时”，或是找“个股波段炒作的时候”，以上说的热热闹闹连“层”累牍，皆是为进行个股的波段炒作所做的思想准备而已。固然，没有这些先见之明，炒波段行

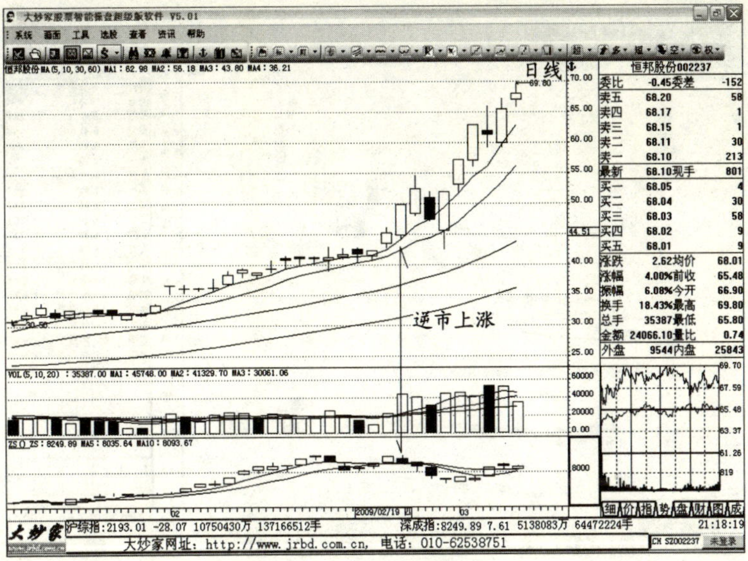

图 2-6 恒邦股份逆市上涨

情定有相当的难度，但只有思想没有具体的方法配合运用，也难以达到“入到好处，出到恰当”的境地。好马配好鞍，好手配妙法，下面就将买入、持股、卖出三个环节的操作及运用相应的手法悉数道来。

二、如何抓住波段起涨的第一买点

个股波段炒作的介入点，当然首推抓自大形态起涨的第一买点，而做到这一点唯有“契合买点 3+1”手法，比点位、比安全、比当日涨幅、比未来走势(大阳启动继续大涨的几率大)，别的任何方法都无法与之相比。

长城开发(图 2-7)的日线走势是典型的“五弯十”蓄势形态，2009 年 3 月 4 日，分时走势在些微抗跌横盘，这就是契合买点 3+1，整体走势处于上升趋势之中，此时形态调整恰好在下轨线点到为止。

该股前期有一次“轮涨”举动未果，这次架起了“抗跌”的阵式，似有重振雄风爬起来再攻的势头，同时也时逢大盘深跌企稳亦有反弹的苗头，大盘若涨他更能涨，这些都给“选时”加满了条件，此时不做波段买入又等何时。

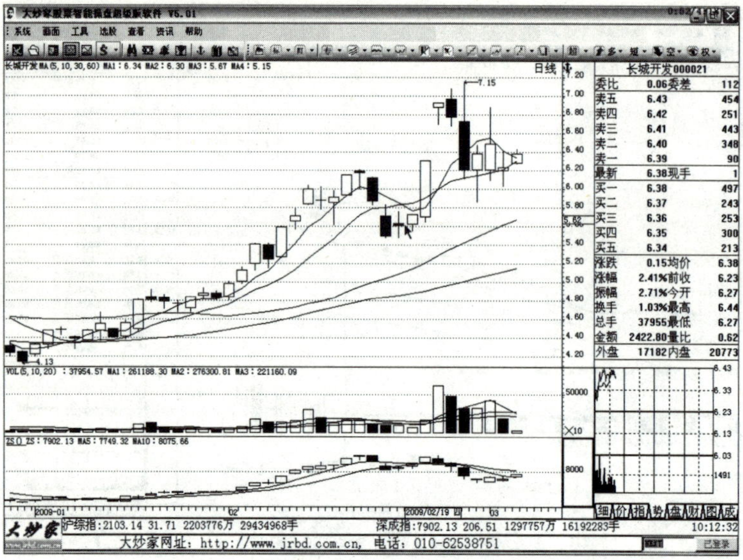

图 2-7　长城开发日线图

长城开发(图 2-8)随后又继续横了一会儿，午后持续横盘到后市，尾盘冲高、收市小落。一根大阳几乎填满了调整期的空间，好看了许多，也给未来走势留下了想象的上升空间。

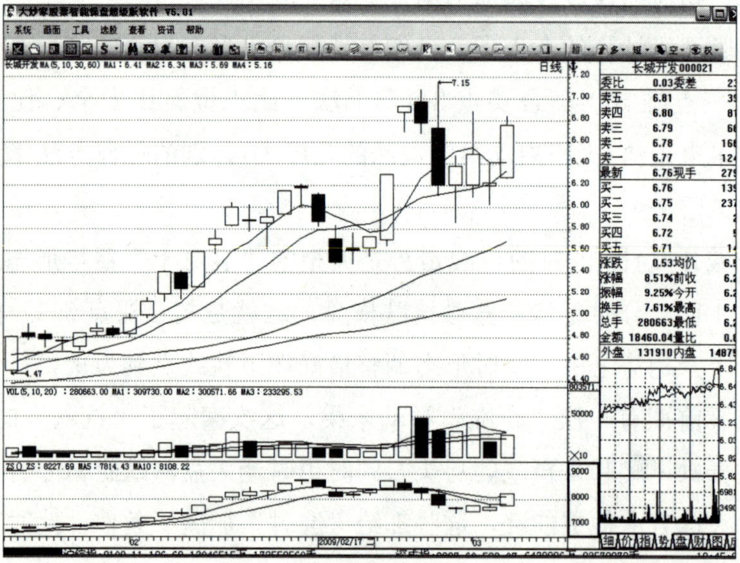

图 2-8　长城开发后市图

次日，大盘由强变弱、分时走势震荡，长城开发前市(图 2-9)依然保持强攻不懈的态势，午后顺势渐落，后市在大盘不给支持的情况下，自行水中捞月直送霄宫。

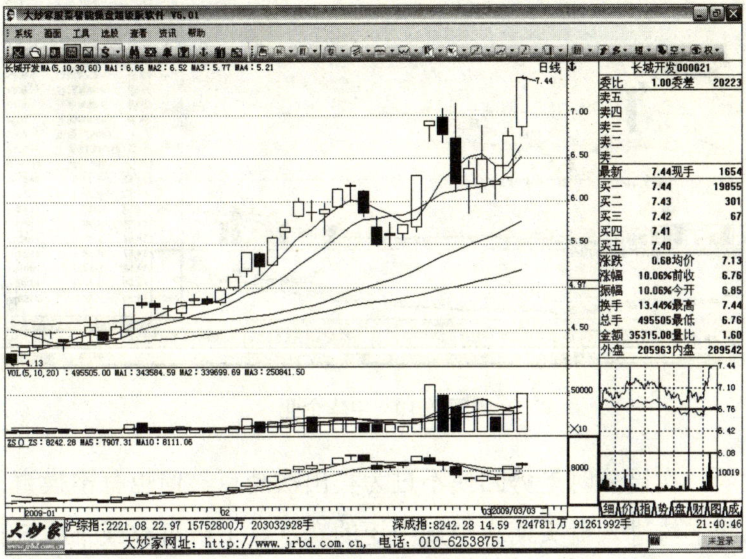

图 2-9　长城开发次日 K 线图

三、买入后如何波段持股待涨

介入后放手波段中线持有，少看日线免踏空，不管间中小形态整理，即使有日收上影收大阴，过日回抽不过再卖不迟。不看分时免搅心，波段炒作不应在乎震荡差价，视 5 日均线为支撑点，不破不改上升斜率一路持有，直到波段见顶为终点。

中华企业(图 2-10)在上升的波段走势中，先小幅上涨再最后冲刺，只要日 K 线受到 5 日均线的支撑不破，尽管持股待涨，要看分时走势哪天都不得安宁，3 天冲刺那几天分时走势更会是惊心动魄，最后 1 天收市出长上影阴线，见头部信号已出，第二天回摸不过再卖不迟，就这样赚满了一个波段的行情。

四、如何波段见顶卖出

波段炒作的卖出有若干点位，在日线走势超乖离，分时走势直线上冲为卖出最高点，但难免也有卖出后行情踏空的时候；见日线走势收上

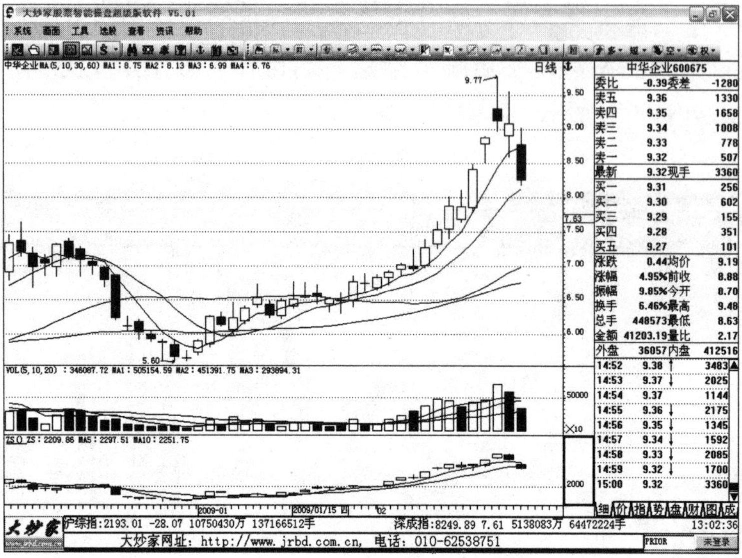

图 2-10 中华企业

影中大阴，次日分时走势回摸不过为卖出次高点，但也有不摸直下的可能；日线走势进入盘头期为中规中矩的卖法；下破盘整或下破 5 日均线为卖出最终点位。

中华企业图(2-10)是一类波段走势的卖法，多伦股份(图 2-11)不同在于没有长上影线的头部信号，而是出现了高位滞涨的几日盘整，是在进入盘整中卖，还是下破盘整也是下破 5 日均线卖，那就看当事者怎么决定了。还有其他类走势的卖法，在此就不一一列举了，无论遇着什么走势，能在头部区域内卖出，就算是波段行情中线操作画上了圆满的句号。

通过以上对个股波段炒作由买、持、卖的全程举例描述，我们了解到中继形态是形成上升波段的基础，是给予关注的着眼处；突破大形态上涨是上升波段的起始点，是参与中线炒作的最初买点；依托 5 日均线斜向而上，是不为所扰不为所骗的持股待涨期；盘头结束或有效下破 5 日均线，标志波段行情的完结，是了结中线炒作的卖点。沿着这个挖掘中线潜力股，从介入、持股、到最终卖出，一条个股波段炒作清晰的脉路显现出来，这可称为是波段炒作的套路。

下面，我们将这个股波段炒作的套路，利用大炒家软件的指标和功

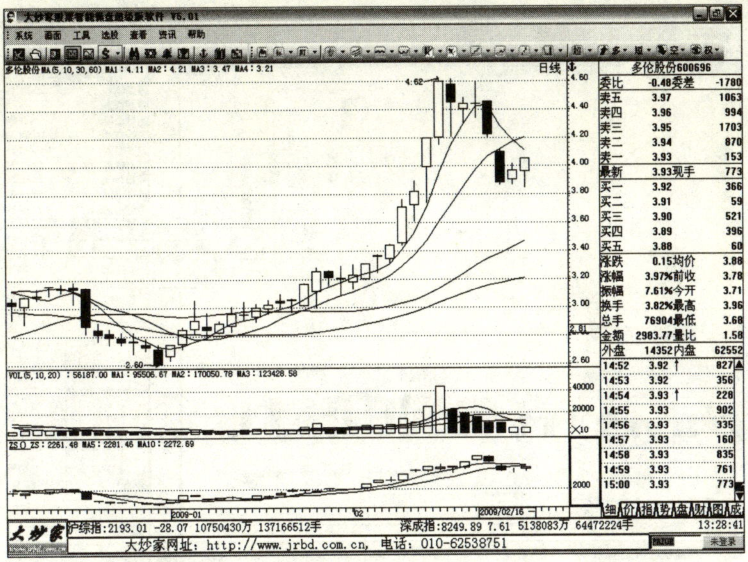

图 2-11 多伦股份

能，变为实盘操作流程，以便于广大的用户有效地运用于实际操作。

操作流程：

用到软件操作还得强调，如果不是利用“四个层次”功能框起大盘日线走势选股，通过其他指标或功能直接选股，对选出的股票也要联系属不属于当下行情要表现的走势个股，然后再决定是否买入。

对应“个股行情四个层次”的意识，利用软件设置的“四个层次”功能，或利用其他的选股指标与功能，如“起涨 3+1”、“上破形态”，“分时选横盘”、“分钟线蓄势形态”等，找对“选时”机会，及时选入买进可能走出波段行情走势的个股，持股卖出启用“波段盯盘”监察红白规范执行。

2009 年 2 月 27 日，在大盘分时走势继下跌两波又下一波时(图 2-12)，启用利用大盘日线走势选“个股行情四个层次”其中“抗跌启动”功能，看有否日线分时双抗跌的个股可做。

这是基于大盘连续数日下跌，尤其昨日大跌致使乖离偏大，按规律讲今日应收敛整理，这是在大盘走势回调下跌时，趁稍停整理之机寻找个股操作的机会。

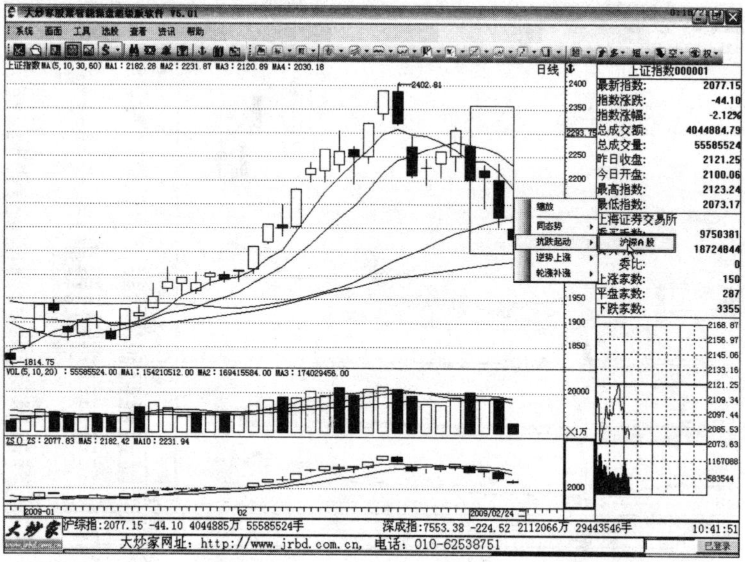

图 2-12 “抗跌启动”功能

这也算是预测大盘当天走势后市好坏的窍门之一，在大盘下跌波段中，一日大阴乖离所致次日应是整理(如是变盘开跌大阴无乖离所限，那次日有可能连续大阴下行)。既然整理，分时就应是上下有高有低的震荡之势，可断后市大盘分时走势难能大好但也坏不到哪里，不会太坏就不能大跌，那么，逢低选抗跌有买点走势个股，日线符合“个股行情四个层次”的当期，视个股走势状况短线或中线操作可为之。

反之，在大盘上升波段中，一日大阳乖离，次日也应是整理，既然整理，分时也应是上下有高有低的震荡之势，可断后市大盘分时走势不能太坏但也难能大涨。对整理时理论上要求慎买个股，然大盘处于波段上升不是跌势中整理完再下，会有强势或补涨个股表现上好，而因大盘整理震荡有所影响，选买个股一定要在大盘走势低买，不宜高追。而经过一日整理大盘又将重拾升势，即使大盘走势前市有回调也可断后市亦能维持上涨基调，则是中、短线放心大胆选买分时有买点个股买入。

再有对大盘日线走势在盘整期以及上下突破形态时，预测全天分时走势好坏，待逢到适当的个股时再说。

“抗跌启动”功能大约选出五六十只抗跌个股(图 2-13)，一只只看非常耗时间，而且没有必要看分时不好的个股，于是再接着启用“分时选买点”功能，筛选出分时走势值得一看的个股。

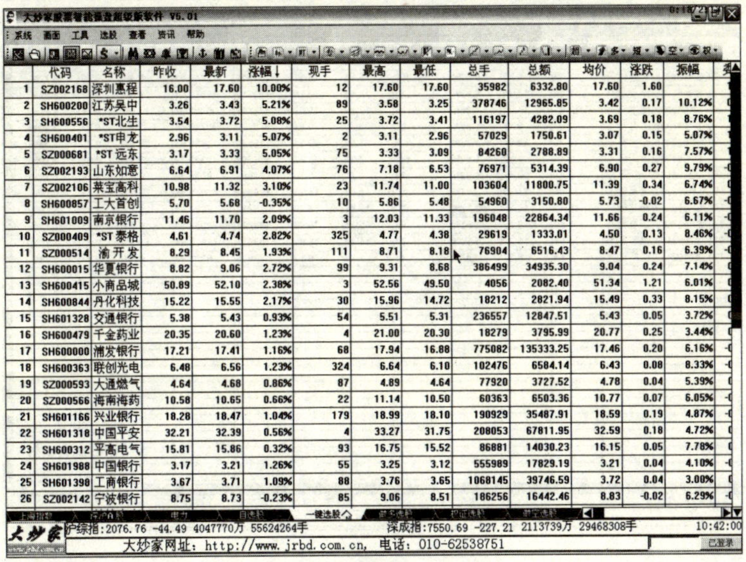

	代码	名称	昨收	最新	涨幅↓	现手	最高	最低	总手	总额	均价	涨跌	振幅
1	SZ002168	深圳惠程	16.00	17.60	10.00%	12	17.60	17.60	35982	6332.80	17.60	1.60	
2	SH600200	江苏吴中	3.26	3.43	5.21%	89	3.58	3.25	378746	12965.85	3.42	0.17	10.12%
3	SH600556	*ST北生	3.54	3.72	5.08%	25	3.72	3.41	116197	4282.09	3.69	0.18	8.76%
4	SH600401	*ST申龙	2.96	3.11	5.07%	2	3.11	2.96	57029	1750.61	3.07	0.15	5.07%
5	SZ000681	*ST 远东	3.17	3.33	5.05%	75	3.33	3.09	84260	2788.89	3.31	0.16	7.57%
6	SZ002193	山东如意	6.64	6.91	4.07%	76	7.18	6.53	76971	5314.39	6.90	0.27	9.79%
7	SZ002106	莱宝高科	10.98	11.32	3.10%	23	11.74	11.00	103604	11800.75	11.39	0.34	6.74%
8	SH600857	工大首创	5.70	5.68	-0.35%	10	5.86	5.48	54960	3150.80	5.73	-0.02	6.67%
9	SH601009	南京银行	11.46	11.70	2.09%	3	12.03	11.33	196048	22864.34	11.66	0.24	6.11%
10	SZ000409	*ST 泰格	4.61	4.74	2.82%	325	4.77	4.38	29619	1333.01	4.50	0.13	8.46%
11	SZ000514	渝 开 发	8.29	8.45	1.93%	111	8.71	8.18	76904	6516.43	8.47	0.16	6.39%
12	SH600015	华夏银行	8.82	9.06	2.72%	99	9.31	8.68	386499	34935.30	9.04	0.24	7.14%
13	SH600415	小商品城	50.89	52.10	2.38%	3	52.56	49.50	4056	2082.40	51.34	1.21	6.01%
14	SH600844	丹化科技	15.22	15.55	2.17%	30	15.96	14.72	18212	2821.94	15.49	0.33	8.15%
15	SH601328	交通银行	5.38	5.43	0.93%	54	5.51	5.31	236557	12847.51	5.43	0.05	3.72%
16	SH600479	千金药业	20.35	20.60	1.23%	4	21.00	20.30	18279	3795.99	20.77	0.25	3.44%
17	SH600000	浦发银行	17.21	17.41	1.16%	68	17.94	16.88	775082	135333.25	17.46	0.20	6.16%
18	SH600363	联创光电	6.48	6.56	1.23%	324	6.64	6.10	102476	6584.14	6.43	0.08	8.33%
19	SZ000593	大通燃气	4.64	4.68	0.86%	87	4.89	4.64	77920	3727.52	4.78	0.04	5.39%
20	SZ000566	海南海药	10.58	10.65	0.66%	22	11.14	10.50	60363	6503.36	10.77	0.07	6.05%
21	SH601166	兴业银行	18.28	18.47	1.04%	179	18.99	18.10	190929	35487.91	18.59	0.19	4.87%
22	SH601318	中国平安	32.21	32.39	0.56%	4	33.27	31.75	208053	67811.95	32.59	0.18	4.72%
23	SH600312	平高电气	15.81	15.86	0.32%	93	16.75	15.52	86881	14030.23	16.15	0.05	7.78%
24	SH601988	中国银行	3.17	3.21	1.26%	55	3.25	3.12	555989	17829.19	3.21	0.04	4.10%
25	SH601398	工商银行	3.67	3.71	1.09%	88	3.76	3.65	1068145	39746.59	3.72	0.04	3.00%
26	SZ002142	宁波银行	8.75	8.73	-0.23%	85	9.06	8.51	186256	16442.46	8.83	-0.02	6.29%

图 2-13 选出抗跌启动个股

考虑大盘几波分时跌的不浅，不适宜点“横盘抗跌”，就拖到“不破前低”(图 2-14)，再点“一键选股”就从刚才选出的日线抗跌个股中细筛分时不破前低的个股。

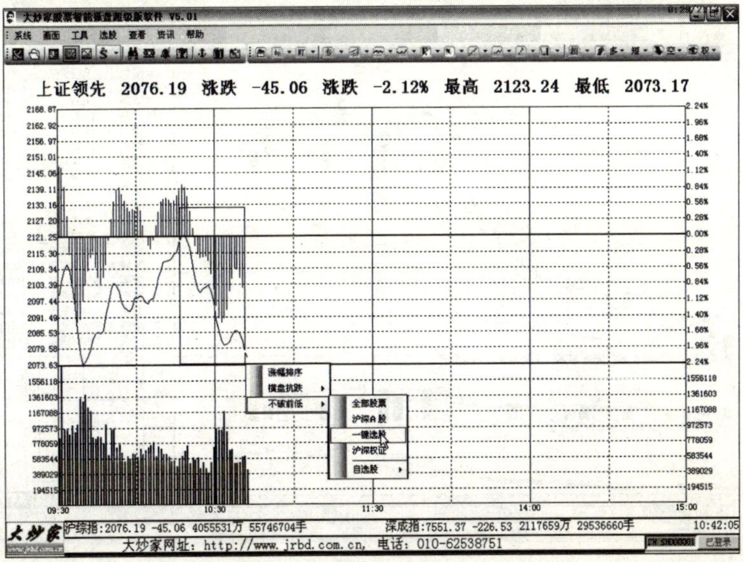

图 2-14 “分时不破前低”功能

这次筛选减少了许多，只剩下13只(图2-15)，查看起来不会太麻烦了。

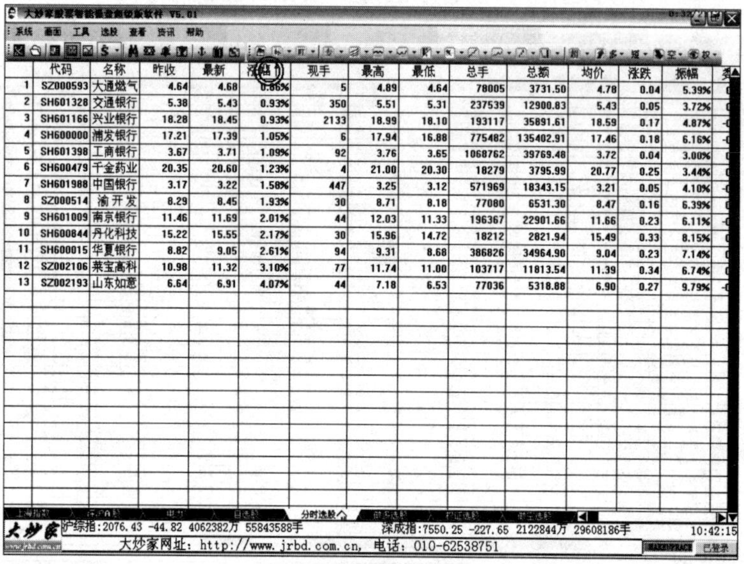

	代码	名称	昨收	最新	涨幅	现手	最高	最低	总手	总额	均价	涨跌	振幅
1	SZ000593	大通燃气	4.64	4.68	0.86%	5	4.89	4.64	78005	3731.50	4.78	0.04	5.39%
2	SH601328	交通银行	5.38	5.43	0.93%	350	5.51	5.31	237539	12900.83	5.43	0.05	3.72%
3	SH601166	兴业银行	18.28	18.45	0.93%	2133	18.99	18.10	193117	35891.61	18.59	0.17	4.87%
4	SH600000	浦发银行	17.21	17.39	1.05%	6	17.94	16.88	775482	135402.91	17.46	0.18	6.16%
5	SH601398	工商银行	3.67	3.71	1.09%	92	3.76	3.65	1068762	39769.48	3.72	0.04	3.00%
6	SH600479	千金药业	20.35	20.60	1.23%	4	21.00	20.30	18279	3795.99	20.77	0.25	3.44%
7	SH601988	中国银行	3.17	3.22	1.58%	447	3.25	3.12	571969	18343.15	3.21	0.05	4.10%
8	SZ000514	渝开发	8.29	8.45	1.93%	30	8.71	8.18	77080	6531.30	8.47	0.16	6.39%
9	SH601009	南京银行	11.46	11.69	2.01%	44	12.03	11.33	196367	22901.66	11.66	0.23	6.11%
10	SH600844	丹化科技	15.22	15.55	2.17%	30	15.96	14.72	18212	2821.94	15.49	0.33	8.15%
11	SH600015	华夏银行	8.82	9.05	2.61%	94	9.31	8.68	386826	34964.90	9.04	0.23	7.14%
12	SZ002106	莱宝高科	10.98	11.32	3.10%	77	11.74	11.00	103717	11813.54	11.39	0.34	6.74%
13	SZ002193	山东如意	6.64	6.91	4.07%	44	7.18	6.53	77036	5318.88	6.90	0.27	9.79%

图2-15 再选出不破前低个股

莱宝高科(图2-16)，分时走势同样不破前低，日线走势处于K线阴阳上下的大箱体运作，整体明显抗跌于大盘，今日自箱体中部返上，

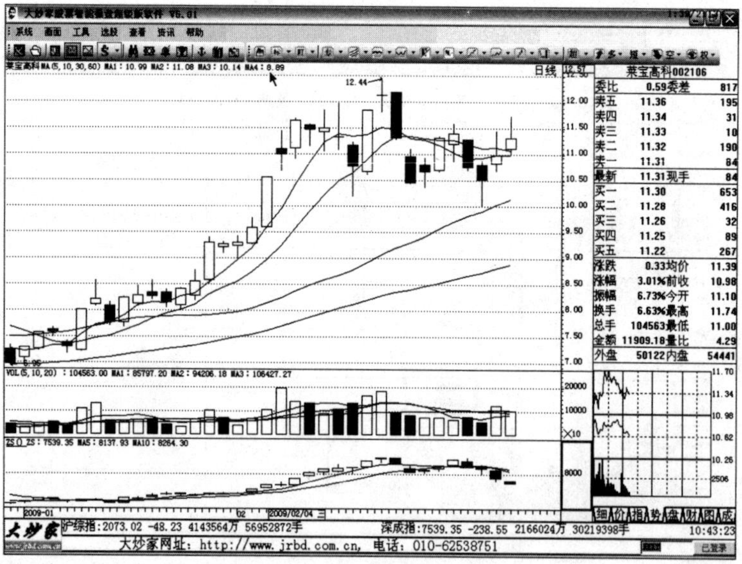

图2-16 莱宝高科

依昨日收阳、今日分时皆呈抗跌状况，想必有往箱顶上行的预期。

该股属“层次”当期，选大盘在下跌之时也对，至于可否做波段有点难测，按理日线抗跌应该做，但在大箱体中恐不突破继续盘整，如是放弃，选做了同时选出的山东如意。

莱宝高科(图 2-17)收市涨幅 6.56%，就是这样还排于两市涨幅榜第 14 位，从这只个股分时走势看，当时发现时的价位，没有比大盘走势后来又创新低时的点位再走低，这说明：如看好票非等大盘再跌深时买，很可能那时个股价位不低反高，买就高了一些，不买就错过了机会。

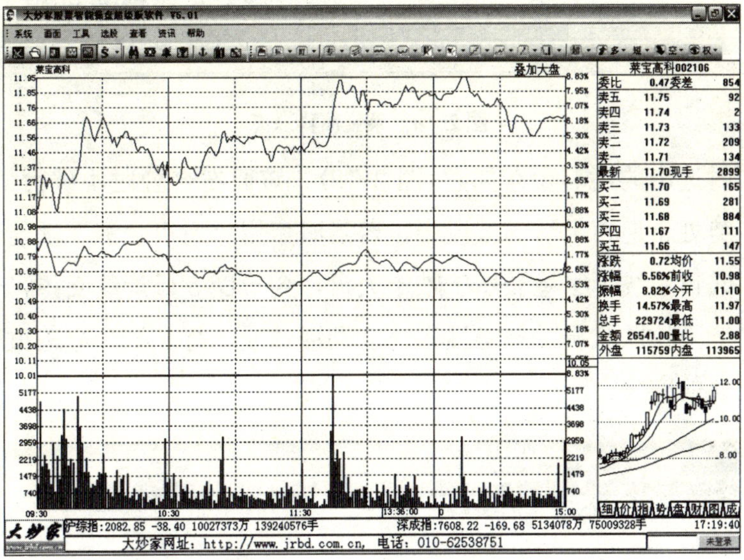

图 2-17 莱宝高科后市

虽然没买莱宝高科，但对它后来的走势情况稍加了留意，往往经验就是这样点滴累积起来的。在后来的几天里，该股震荡向上(图 2-18)，走势虽不流畅也不太强，但涨高了就是好家伙。

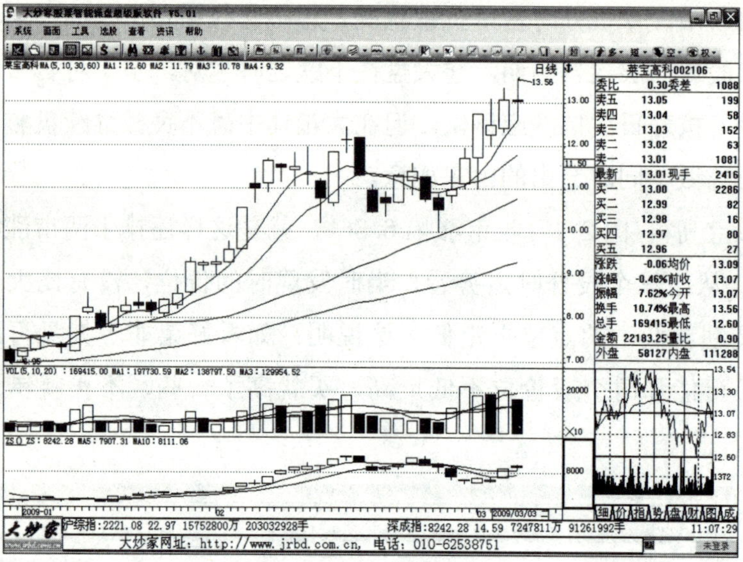

图 2-18　莱宝高科涨高

同时选出的还有山东如意(图 2-19)，该股符合分时不破前低走势，日线走势处于逆市上涨的波段中，若当时启用“逆市上涨”功能也会选出来，昨日 K 线十字星显然抗跌于大盘，今日受 5 日均线支撑，依日线及分时皆呈抗跌状况，想必后市还会助涨该股上行，至少会盖过昨星填上至上轨的空间。

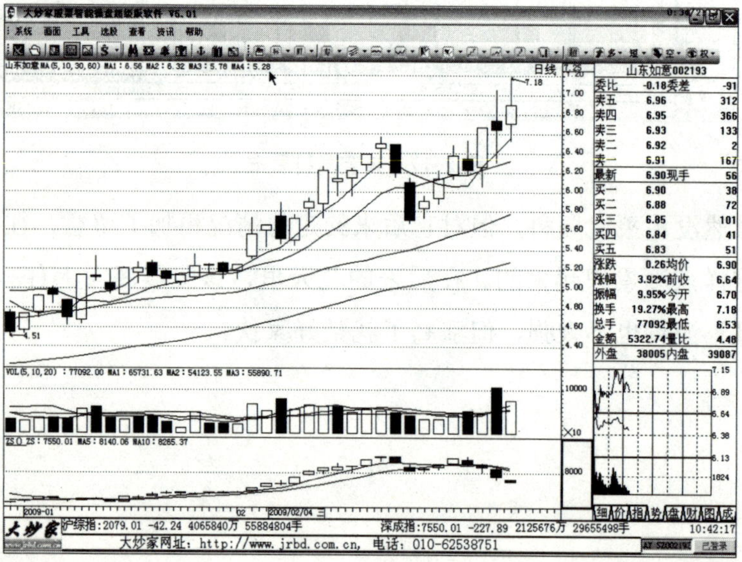

图 2-19　山东如意

该股前期在大盘强劲上升的那波行情中表现的不够充分，此波逆市上涨大有全力发挥的劲头，虽当时想选“抗跌率先启动”的，可选出“逆市上涨”的个股也算歪打正着，若该股逆市涨幅过大，“抗跌启动”功能就选不出来了，涨幅小就在被选之列。该股这时也应该能做波段，又抗跌又逆市且上涨不久，怎么也得把波段走完，大盘只要没企稳反弹就可操作。

放弃莱宝高科选买山东如意还有个理由是，突破刚先涨比还没突破上涨的好，大盘若起会给先行者再送一程，这是硬道理。

山东如意(图 2-20)后市表现可圈可点，虽然有所震荡，但一直能保持抗跌走强状态，收市稍涨过昨十字星，应说是很守规则，以后还能再上。

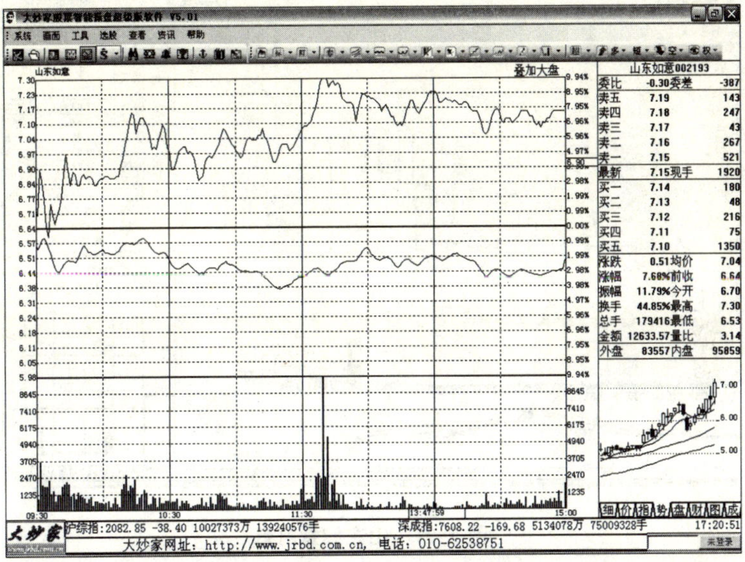

图 2-20 山东如意后市

山东如意收市排两市涨序第 9 位。能在不稳的市道有如此收获，亦算不错了。

鉴于山东如意也属“逆市上涨”个股走势，在未见大盘企稳反弹之前可持股待涨，次日启动“波段盯盘”功能(图 2-21)，将此盯盘直接改为 60 分钟线，省了几步的麻烦。

该股 60 分钟线盯盘显示全天泛红，收盘以涨停板收，这不免有点意外之惊喜。

3 月 4 日，大盘反弹了，两市涨停板拥上了一大片，那是“同态势”的天下，山东如意只混了个小涨，这就是“层次”更迭的缘故。涨小没跌所以“60 分钟线盯盘”没翻白。

3 月 5 日，山东如意连续几天上涨，股价已从 6.88 元涨至 8.40 元，要上心盯着点了。盯归盯，一小时看一眼不累，看多也用处不大，中线盯盘要比短线盯盘从容很多，赚满波段了不在乎 60 分钟走势高点低点。下午开市不一会儿，60 分钟线盯盘翻出小白了(图 2-22)，那就出手卖吧。

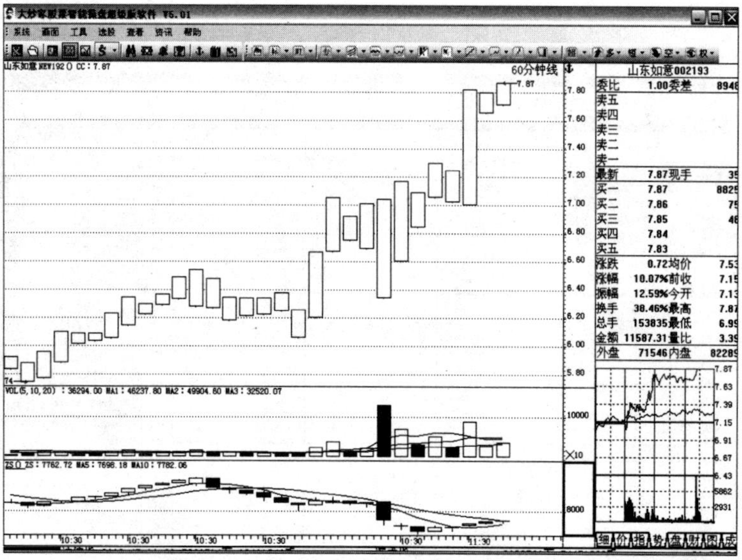

图 2-21 山东如意盯盘

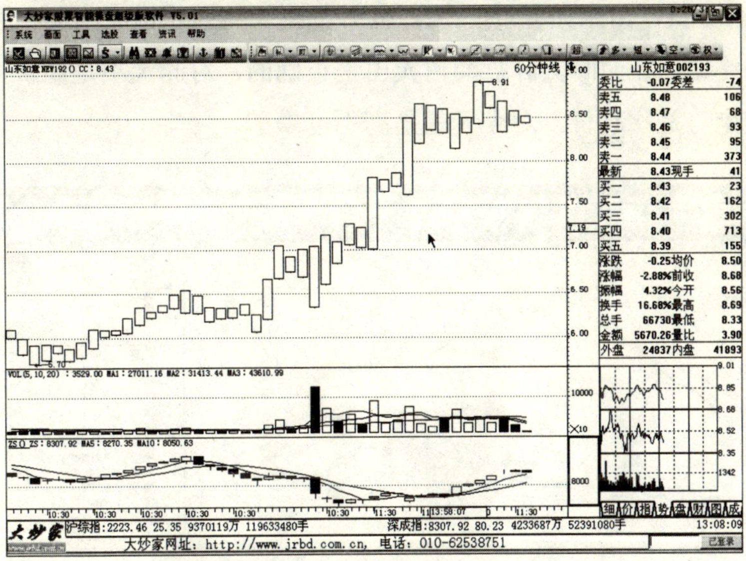

图 2-22 山东如意盯卖

山东如意(图 2-23)分时走势后市虽有返上，但日线走势显示已进入高位滞涨盘整，波段行情终了，再没必要留恋黄昏了，若定日线盯盘还要等到落日，看落日又要等上几天。

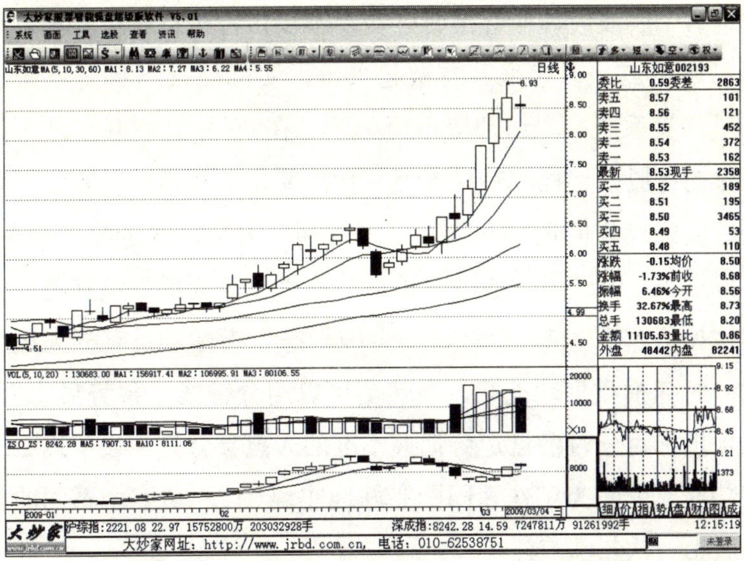

图 2-23 山东如意收市

3月5日，山东如意(图2-24)低开低走，尾盘报跌中大阴，表示此波行情终结，证明昨天盯盘翻白卖出是正确的，对昨天不是高价，对整个波段走势是次高价，对今天就是高不可攀了。

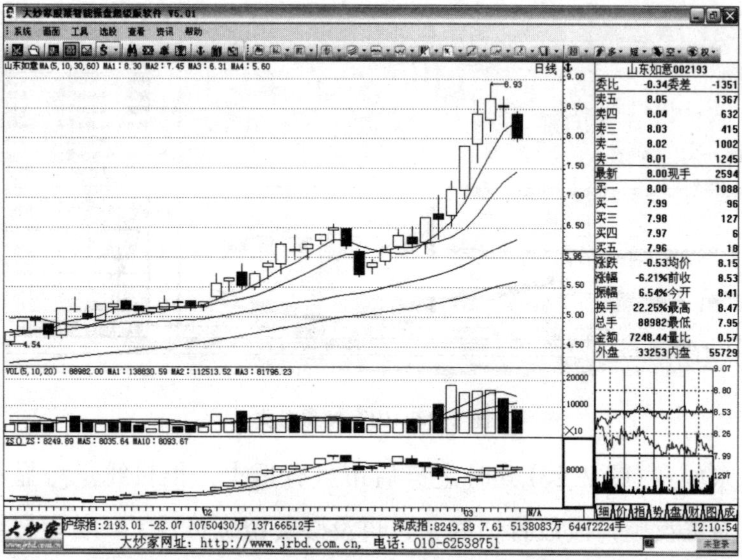

图2-24 山东如意次日

在讲解个股波段炒作套路时，费了不少口舌论持股道卖出，那还是高水平只讲要点，说起来容易做起来难，实际能做到那简直比登天还难。有了盯盘系统，一切都变得简单了。在60分钟线盯盘之下，个股波段操作的持股是那样的轻松安然，卖出又是那样当机从容！

中线波段操作的适时介入，既可以利用大盘日线走势“四个层次”功能，再点“一键选股”通过“横盘”或“不破前低”细筛选股，也可利用其他如“起涨3+1”指标、“上破形态”指标，还有框大盘分时走势的“分时抓横盘”功能等，当然更可以用分钟线“蓄势形态”指标，而且此项指标对分时横盘走势把握不准的人愈甚合宜。设了这么多选股指标和功能，就是为了殊途同归完好地实现3+1，从多个不同的渠道去抓住个股第一次起涨点。

有了分钟线盯盘几乎不用把持股、卖出再当回事了，有了如此多的围绕3+1选股的指标和功能，按理说选股也不成什么问题了。可是有人还会不太满足，可能对个股分时走势横盘的认定还是觉得没完全透亮，如果能像盯盘那样就好了，给出个颜色上去抓就省事了，或者是有个定型的“模板”照着抓就万事大吉了。老实告诉大家这些办法我这个大脑袋不是没想没试过，至今也在不懈地努力着，自动交易系统也卡在这儿，那可是保准就选出几只啊。可是，一个分时横盘不仅仅是个股主力能自主决定后市非涨起来不可的，当然大多数风平浪静的时候能自我搞定，但碰到非常情况也难以抗拗，因为制约的因素太多了：大盘走势配不配合？日线走势允不允许？到没到该表现的层次？别的板块突兀发烧就得退让等等。因此，很难做到大家想象的地步，软件的机械性难能统一全乎到综合方面的考量。但问题也不要搞的太复杂了，如不追求百分百概率，还是有办法做到一定程度的，就分时横盘的认定，不要太过于钻牛角尖刻求，也不要死搬硬套一个定式，在“短线操作帮助”中特别提过，只要是自大形态第一天起涨，个股分时走势对照大盘有抗跌行为的横盘，抓上就十有七八了，这里再特别指出，现在再加上“个股四层次”、“选时”、“是时候个股波段操作”的考虑，抓横盘上涨的概率就有个十有九成了，难道这还不可以吗？还不足以鼓起去抓的勇气吗？

2009 年 2 月 20 日，在早市大盘下跌欲做双底之时(图 2-25)，点击“日线大形态”，趁机利用 1 分钟线“蓄势形态”指标选股。

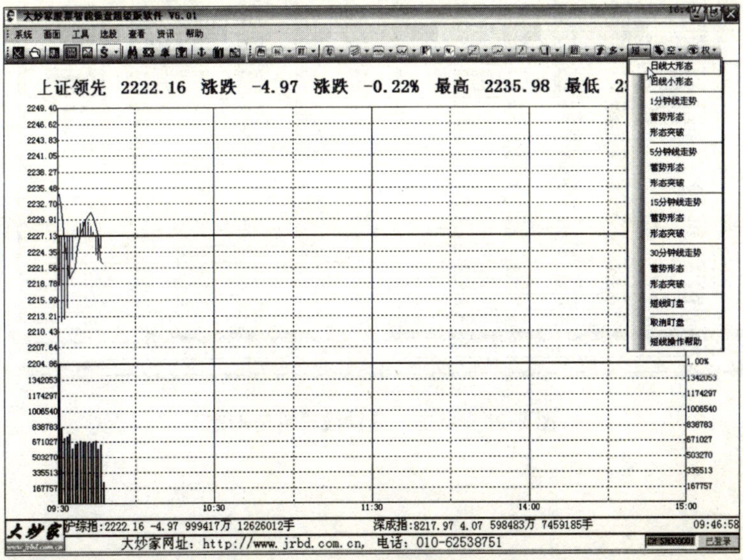

图 2-25 点击“日线大形态”

选出符合“日线大形态”条件的个股后，再点击1分钟线的“蓄势形态”指标(图2-26)。

在查看被“蓄势形态”指标选出的个股中，氯碱化工的1分钟K线蓄势形态表现为典型的“五弯十”形态(图2-27)。该股分时走势显示在大盘下跌时抗跌小盘，整个走势明显趋强于大盘。

这时也看了一下日线走势(省上一图，借看图2-29)，当时属于前期小涨现有不甘心欲大涨的势头，取之“四个层次”其中“轮涨”的意识，“选时”在大盘走势的盘整期，该股会趁此走出至少“轮涨”的波段行情。

之后大盘分时走势双底未成又下一波，氯碱化工(图2-28)微下，乘大盘下跌止住之机直冲涨停。

氯碱化工(图2-29)早市小横，这时若利用1分钟线“蓄势形态”指标还能选出来，但昨天大涨今天早市可不敢进了，昨天是起涨哪怕不大涨也难跌回来，今天可就没准儿了。

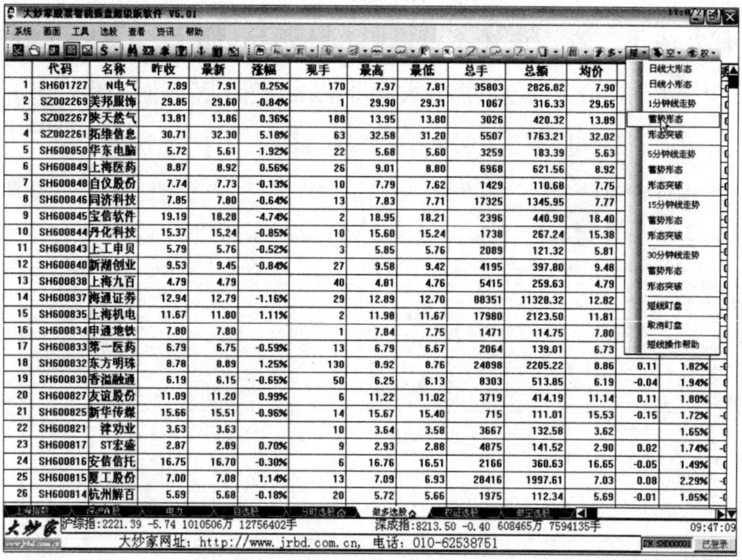

图2-26 点击一分钟线“蓄势形态”

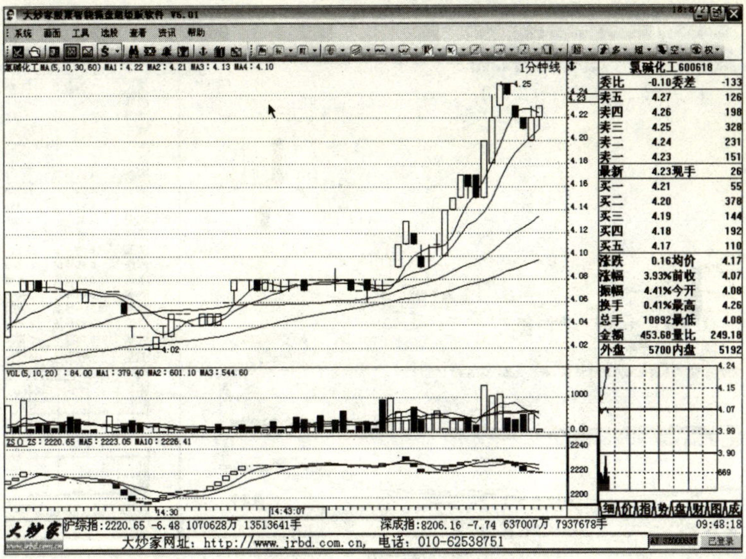

图 2-27 氯碱化工

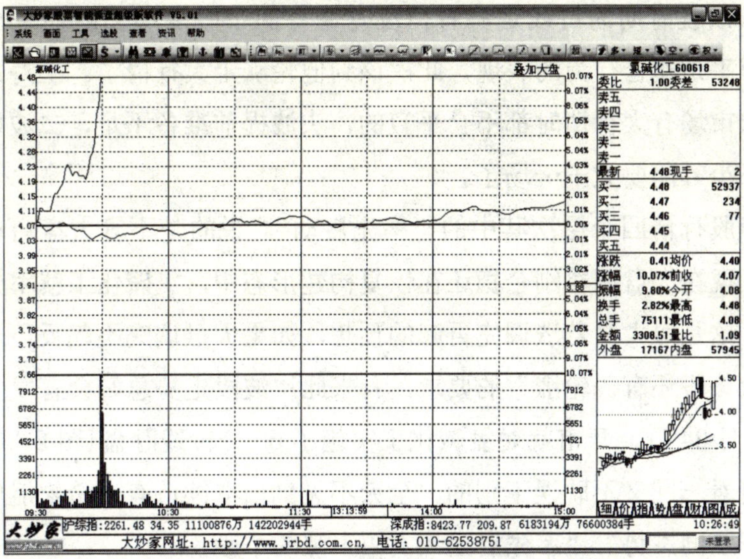

图 2-28 氯碱化工后市

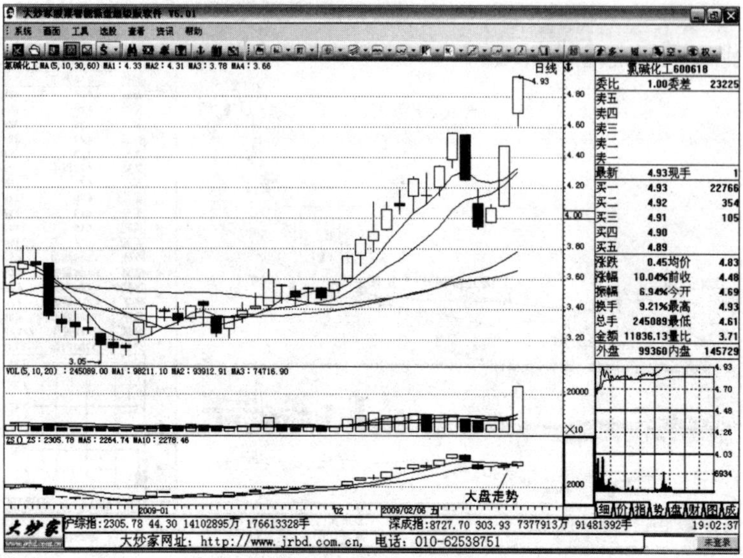

图 2-29　氯碱化工次日

从该股前期的日线走势看，没有像有的个股涨那么凶而是小幅爬升，似乎是建仓行为的表现，此次该到他轮涨走大行情了。上海本地股在哪次市场有大行情时都不会平寂的，头波提前准备不足，二波提前储备了不少筹码要大干一场了。

个股行情四个层次其中的“率先启动”，说的是不等大盘启动先行上涨，现在大盘调整刚企稳还在恢复构建形态中，氯碱化工就率先启动大阳，这是对大盘若涨调完再起的预想，如果大盘调完不起反下，退而求其次该股还有“轮涨”的要求，看来此次波段走势总归会有发生的。

2 月 24 日，开市就对氯碱化工实施了 60 分钟线盯盘(图 2-30)，一个小时看一回又不耽误干别的，全天不见翻白继续持有，希望能成为一只早于“同态势”“率先启动”大幅上涨的个股。

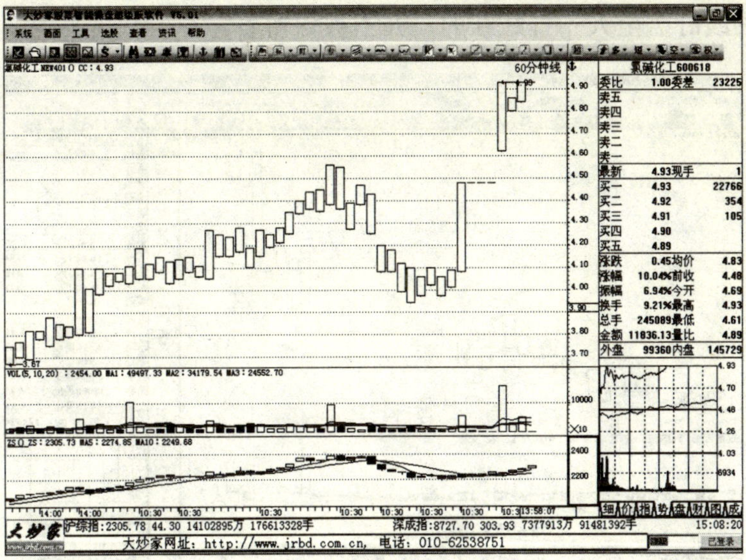

图 2-30 氯碱化工盯盘

波段操作买进的着眼点，当在大盘走势形态调整期和结束调整期起涨，即基于“率先启动”和“同态势”个股行情层次的意识。氯碱化工就属于“率先启动”一类，前期大盘上涨有的个股大幅涨升，该股涨势一般，现在是否有轮到大涨的可能。此次突破大形态起涨，远强于在调整低位的大盘走势。有此期盼可将该股作为波段走势品种对待。

但是，防大盘变坏之心还是要有的，大盘若调整完不上而下，那些轮涨的个股涨势就要受到制约，不能逆势而上就会成为昙花一现。前阵子钢铁股不就来了这么一下子吗？到那时同态势个股就不是往上涨了而是往下破位了。因此，原先的期盼不能继续执拗下去，顺势而为当是明智，60 分钟盯盘翻白卖出便是。

今天大盘变坏了，是受夜盘美指大跌创新低的影响，媒体肯定会这么说，其实中国市场本就有进一步调整的要求，前期大盘走势涨得那么多，下调两天就能完呀，有几家机构愿意顶着大批获利筹码知难而上，也不是基本面有多大实质性的改善，至少还要再消化消化吧。

可氯碱化工依然是那么坚挺，这是上海本地股中唯一上涨板的个股，也是两市 A 股仅存 13 只封停的个股之一，而比它起的更早也寄予厚望的关铝股份却在 60 分钟盯盘翻白眼被除掉了，氯碱化工(图 2-31)

60 分钟线盯盘全天一直红红的，亦当被保留着。

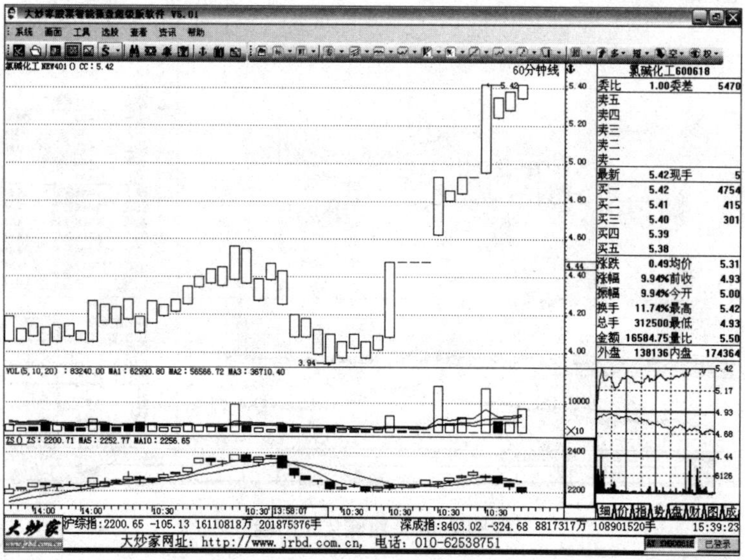

图 2-31 氯碱化工盯盘

2 月 25 日，氯碱化工早市停牌，这表明又是主力和上市公司为题材炒作而联的手，什么时候出公告不行偏偏在股价拉高时出。想必开市后股价会大幅震荡，令投资者不知所措。

开市后该股直线上冲，这是配合出所谓利好，早上看基本面看披露信息的人在准备抢筹呢。如若人工操作，一看开市往上冲，除非涨停，则是冲到哪卖到哪，若开市先往下冲则不要卖，等反弹到视情况再卖，往往先下打是唬人，这是我在书里写过的。但有了盯盘系统就按 60 分钟线盯盘规范操作吧，起码我这里先要以身作则说怎么办就怎么办，对突发状况人工操作有把握处理好也不是不可。

中午收市前 60 分钟线盯盘还红着，午后开市就翻白了(图 2-32)，这是因中午收市前的急下造成的，当时没翻白是因为翻红时间长，所以午后一开市新计 60 分钟 K 线就显出来了。这时没卖等反弹，当反弹再不过前高时卖出，其实波段操作也没必要这样计较，翻白就卖倒省事，不过在这里把急打不卖等反弹卖的方法提一下而已。

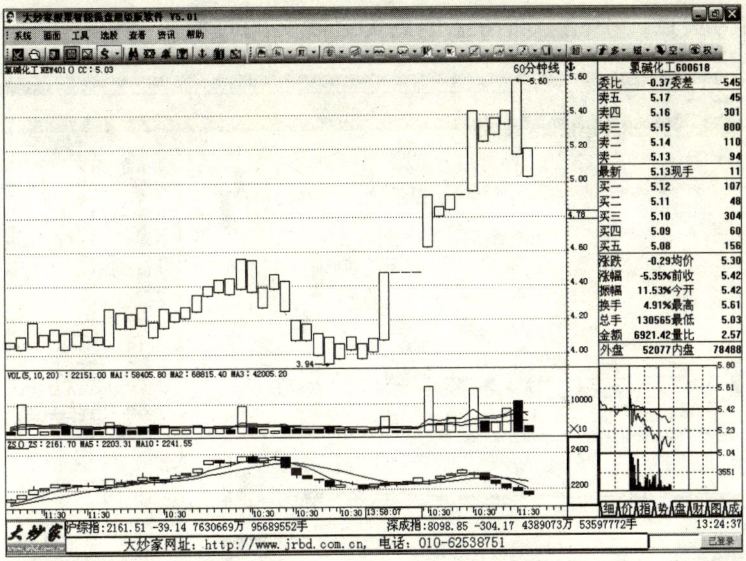

图 2-32　氯碱化工 60 分钟盯卖

氯碱化工(图 2-33)后来到收市一直在低位徘徊，大盘回升有力它也不作为。

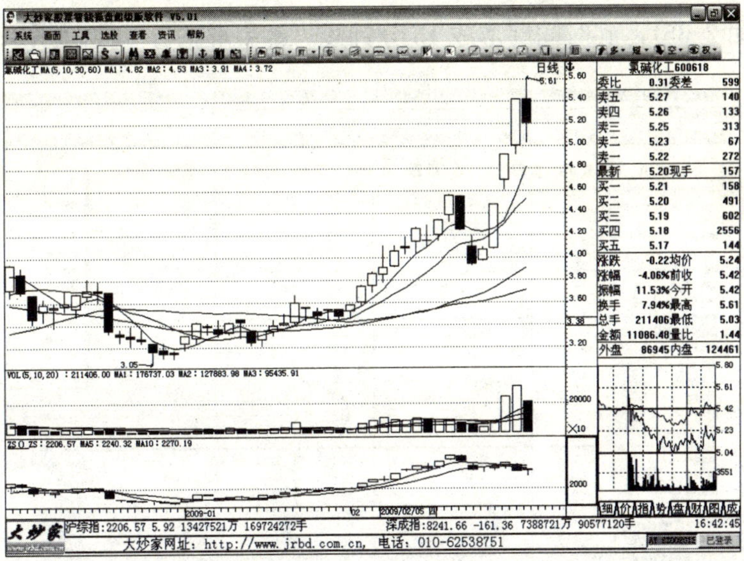

图 2-33　氯碱化工次日收盘

2 月 26 日，氯碱化工(图 2-34)更是大跌，也有胳膊扭不过大腿的成分，大盘平稳些还罢，大震荡谁也受不了。以致原期望能走再高的所望，被股市不测风云给搅散了，所以，稳妥起见，就得以 60 分钟线盯盘翻白为卖点，不能一厢情愿抱到悔之晚矣的时候。

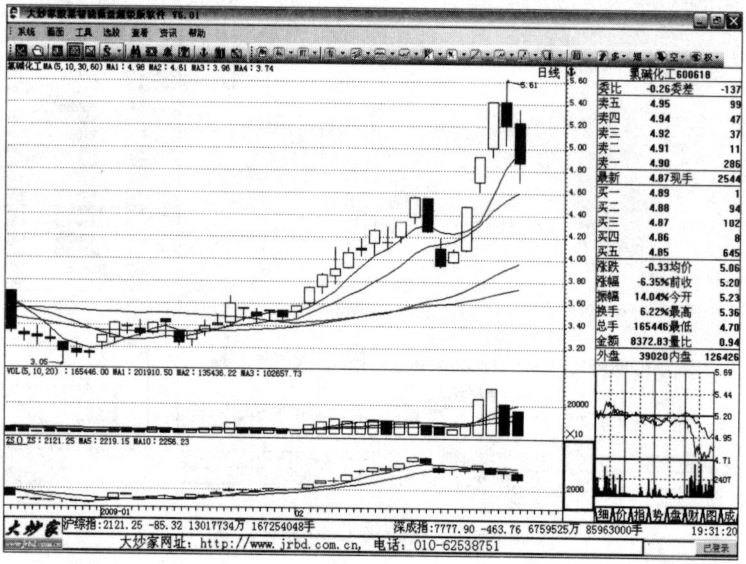

图 2-34　氯碱化工大跌

2009 年 3 月 4 日，趁大盘走势单边上扬中回调两波，点“日线大形态”(图 2-35)，到时间够形成 15 分钟线“蓄势形态”，可选买个股了。

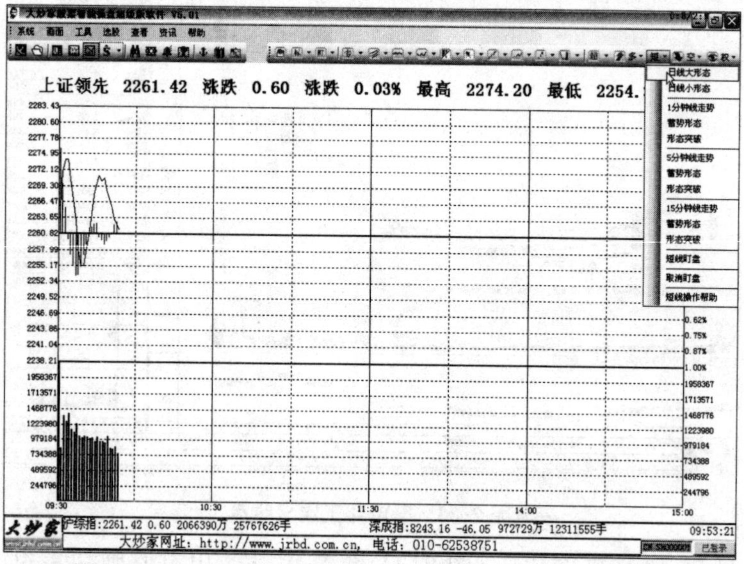

图 2-35　点“日线大形态”

选出日线大形态个股后，直接点 15 分钟线“蓄势形态”（图 2-36），可省去点“15 分钟线”的走势。

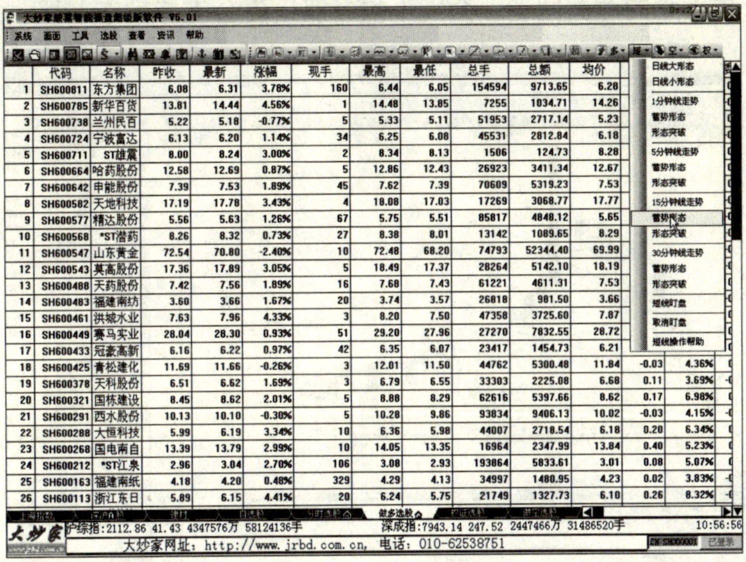

	代码	名称	昨收	最新	涨幅	现手	最高	最低	总手	总额	均价		
1	SH600811	东方集团	6.08	6.31	3.78%	160	6.44	6.05	154594	9713.65	6.28		
2	SH600785	新华百货	13.81	14.44	4.56%	1	14.48	13.85	7255	1034.71	14.26		
3	SH600738	兰州民百	5.22	5.18	-0.77%	5	5.33	5.11	51953	2717.14	5.23		
4	SH600724	宁波富达	6.13	6.20	1.14%	34	6.25	6.08	45531	2812.84	6.18		
5	SH600711	ST雄震	8.00	8.24	3.00%	2	8.34	8.13	1506	124.73	8.28		
6	SH600664	哈药股份	12.58	12.69	0.87%	5	12.86	12.43	26923	3411.34	12.67		
7	SH600642	申能股份	7.39	7.53	1.89%	45	7.62	7.39	70609	5319.23	7.53		
8	SH600582	天地科技	17.19	17.78	3.43%	4	18.08	17.03	17269	3068.77	17.77		
9	SH600577	精达股份	5.56	5.63	1.26%	67	5.75	5.51	85817	4848.12	5.65		
10	SH600568	*ST潜药	8.26	8.32	0.73%	27	8.38	8.01	13142	1089.65	8.29		
11	SH600547	山东黄金	72.54	70.80	-2.40%	10	72.48	68.20	74793	52344.40	69.99		
12	SH600543	莫高股份	17.36	17.89	3.05%	5	18.49	17.37	28264	5142.10	18.19		
13	SH600488	天药股份	7.42	7.56	1.89%	16	7.68	7.43	61221	4611.31	7.53		
14	SH600483	福建南纺	3.60	3.66	1.67%	20	3.74	3.57	26818	981.50	3.66		
15	SH600461	洪城水业	7.63	7.96	4.33%	3	8.20	7.50	47358	3725.60	7.87		
16	SH600449	赛马实业	28.04	28.30	0.93%	51	29.20	27.96	27270	7832.55	28.72		
17	SH600433	冠豪高新	6.16	6.22	0.97%	42	6.35	6.07	23417	1454.73	6.21		
18	SH600425	青松建化	11.69	11.66	-0.26%	3	12.01	11.50	44762	5300.48	11.84	-0.03	4.36%
19	SH600378	天科股份	6.51	6.62	1.69%	3	6.79	6.55	33303	2225.08	6.68	0.11	3.69%
20	SH600321	国栋建设	8.45	8.62	2.01%	5	8.88	8.29	62616	5397.66	8.62	0.17	6.98%
21	SH600291	西水股份	10.13	10.10	-0.30%	5	10.28	9.86	93834	9406.13	10.02	-0.03	4.15%
22	SH600288	大恒科技	5.99	6.19	3.34%	10	6.36	5.98	44007	2718.54	6.18	0.20	6.34%
23	SH600268	国电南自	13.39	13.79	2.99%	10	14.05	13.35	16964	2347.99	13.84	0.40	5.23%
24	SH600212	*ST江泉	2.96	3.04	2.70%	106	3.08	2.93	193864	5833.61	3.01	0.08	5.07%
25	SH600163	福建南纸	4.18	4.20	0.48%	329	4.29	4.13	34997	1480.95	4.23	0.02	3.83%
26	SH600113	浙江东日	5.89	6.15	4.41%	20	6.24	5.75	21749	1327.73	6.10	0.26	8.32%

图 2-36 启用 15 分钟线“蓄势形态”指标

选出 15 分钟线蓄势形态的个股(图 2-37)，注意长城开发排在其中的第 11 位。这个案例在“抓住第一起涨点”中讲过。

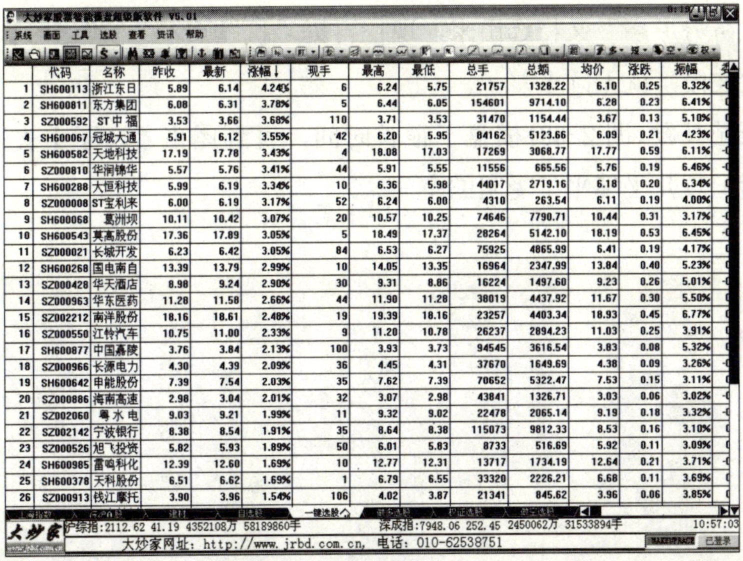

	代码	名称	昨收	最新	涨幅↓	现手	最高	最低	总手	总额	均价	涨跌	振幅
1	SH600113	浙江东日	5.89	6.14	4.24%	6	6.24	5.75	21757	1328.22	6.10	0.25	8.32%
2	SH600811	东方集团	6.08	6.31	3.78%	5	6.44	6.05	154601	9714.10	6.28	0.23	6.41%
3	SZ000592	ST 中 福	3.53	3.66	3.68%	110	3.71	3.53	31470	1154.44	3.67	0.13	5.10%
4	SH600067	冠城大通	5.91	6.12	3.55%	42	6.20	5.95	84162	5123.66	6.09	0.21	4.23%
5	SH600582	天地科技	17.19	17.78	3.43%	4	18.08	17.03	17269	3068.77	17.77	0.59	6.11%
6	SZ000810	华润锦华	5.57	5.76	3.41%	44	5.91	5.55	11556	665.56	5.76	0.19	6.46%
7	SH600288	大恒科技	5.99	6.19	3.34%	10	6.36	5.98	44017	2719.16	6.18	0.20	6.34%
8	SZ000008	ST宝利来	6.00	6.19	3.17%	52	6.24	6.00	4310	263.54	6.11	0.19	4.00%
9	SH600068	葛洲坝	10.11	10.42	3.07%	20	10.57	10.25	74646	7790.71	10.44	0.31	3.17%
10	SH600543	莫高股份	17.36	17.89	3.05%	5	18.49	17.37	28264	5142.10	18.19	0.53	6.45%
11	SZ000021	长城开发	6.23	6.42	3.05%	84	6.53	6.27	75925	4865.99	6.41	0.19	4.17%
12	SH600268	国电南自	13.39	13.79	2.99%	10	14.05	13.35	16964	2347.99	13.84	0.40	5.23%
13	SZ000428	华天酒店	8.98	9.24	2.90%	30	9.31	8.86	16224	1497.60	9.23	0.26	5.01%
14	SZ000963	华东医药	11.28	11.58	2.66%	44	11.90	11.28	38019	4437.92	11.67	0.30	5.50%
15	SZ002212	南洋股份	18.16	18.61	2.48%	19	19.39	18.16	23257	4403.34	18.93	0.45	6.77%
16	SZ000550	江铃汽车	10.75	11.00	2.33%	9	11.20	10.78	26237	2894.23	11.03	0.25	3.91%
17	SH600877	中国嘉陵	3.76	3.84	2.13%	100	3.93	3.73	94545	3616.54	3.83	0.08	5.32%
18	SZ000966	长源电力	4.30	4.39	2.09%	36	4.45	4.31	37670	1649.69	4.38	0.09	3.26%
19	SH600642	申能股份	7.39	7.54	2.03%	35	7.62	7.39	70652	5322.47	7.53	0.15	3.11%
20	SZ000886	海南高速	2.98	3.04	2.01%	32	3.07	2.98	43841	1326.71	3.03	0.06	3.02%
21	SZ002060	粤 水 电	9.03	9.21	1.99%	11	9.32	9.02	22478	2065.14	9.19	0.18	3.32%
22	SZ002142	宁波银行	8.38	8.54	1.91%	35	8.64	8.38	115073	9812.33	8.53	0.16	3.10%
23	SZ000526	旭飞投资	5.82	5.93	1.89%	50	6.01	5.83	8733	516.69	5.92	0.11	3.09%
24	SH600985	雷鸣科化	12.39	12.60	1.69%	10	12.77	12.31	13717	1734.19	12.64	0.21	3.71%
25	SH600378	天科股份	6.51	6.62	1.69%	1	6.79	6.55	33320	2226.21	6.68	0.11	3.69%
26	SZ000913	钱江摩托	3.90	3.96	1.54%	106	4.02	3.87	21341	845.62	3.96	0.06	3.85%

图 2-37 选出来蓄势形态的个股

查到长城开发(图 2-38)，15 分钟 K 线上看见有一阴但还属在平台上盘整，再看分时走势是由较长时间横盘涨起，现又处在横盘中，显然是为了抗大盘的两波回调，介入不怕，双横更会支持后市上行。

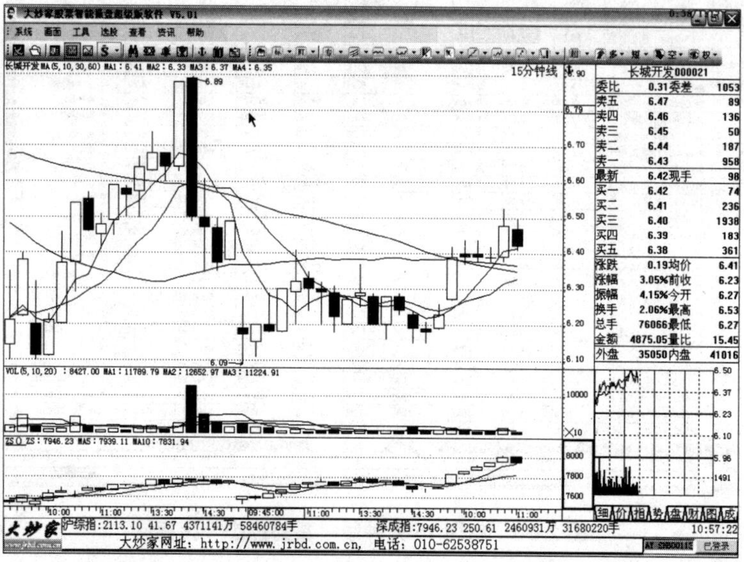

图 2-38　长城开发

稍早在“抓住第一起涨点”中曾发现该股在横盘，这次利用 15 分钟线“蓄势形态”又将选出来，现在再提“抗跌启动”、“选时”、“可不可做波段”就无须重复了。

长城开发(图 2-39)横盘了很长时间，直到尾市才冲了上去，为明日继续上攻几乎填平了受阻的空间。

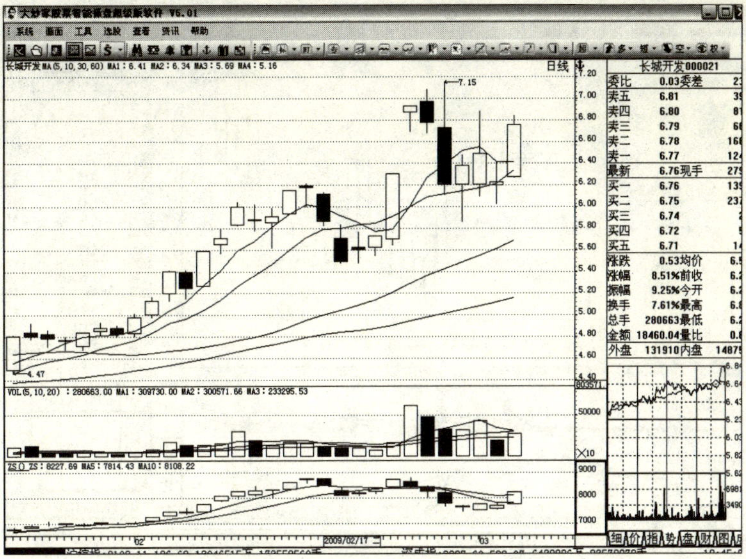

图 2-39 长城开发后市

3 月 5 日，对长城开发设上了 60 分钟线盯盘(图 2-40)，盯盘系统显示的是整天红而不白，按此可放心持股待涨，但若是没有盯盘人工看盘操作，在“午后顺势渐落”时，不被吓得卖出算有能耐。

3 月 6 日，长城开发(图 2-41)早市随大盘低开低下，但盘中比大盘走强许多，曾冲高近 5 个点，后来呈圣诞树状下落，收市后瞧那日 K 线的形体难看了。

可 60 分钟线盯盘还红着(图 2-42)。

周一(3 月 9 日)，开市就把长城开发用“波段盯盘”(图 2-43)监视了起来，刚翻白时分时走势还在下跌，等反弹就等到返到这个不过前高的时候，跟它拜拜了。

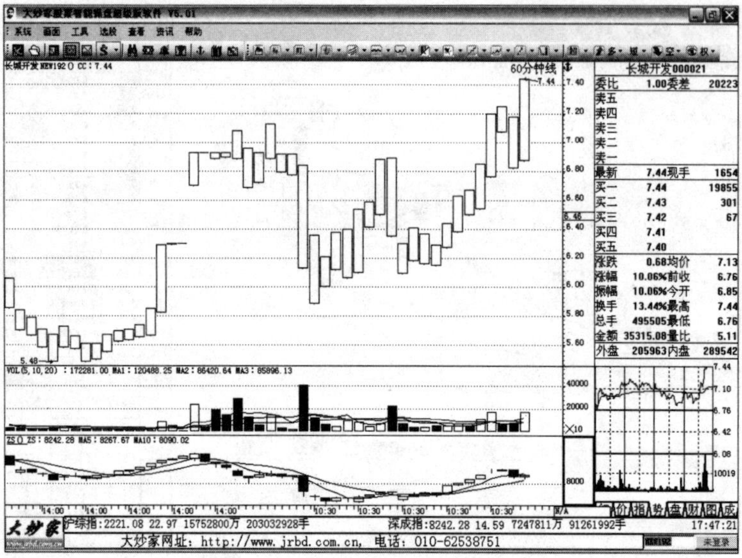

图 2-40　长城开发 60 分钟线盯盘

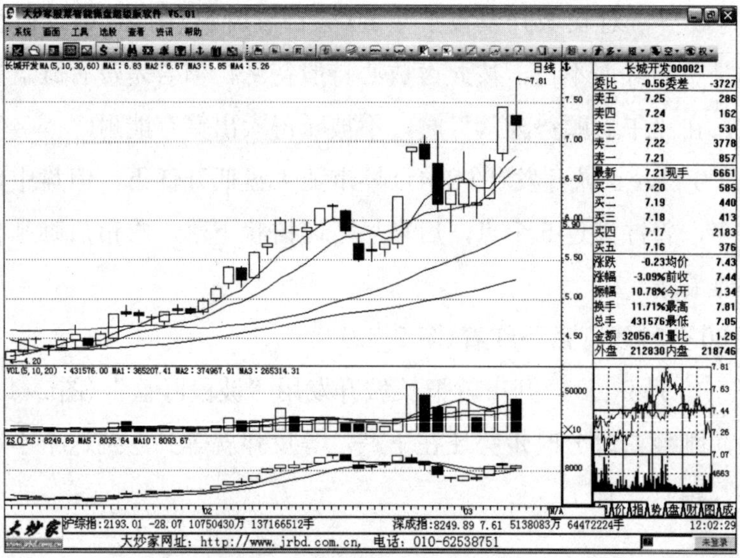

图 2-41　长城开发第三日 K 线

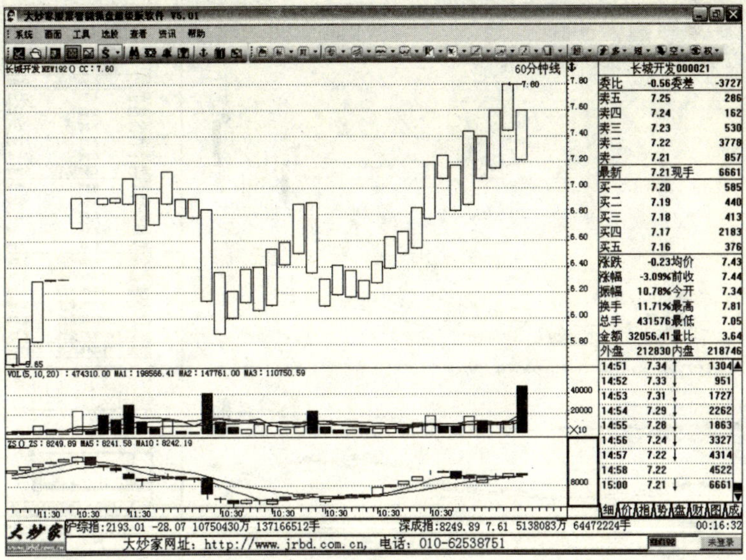

图 2-42　长城开发盯盘

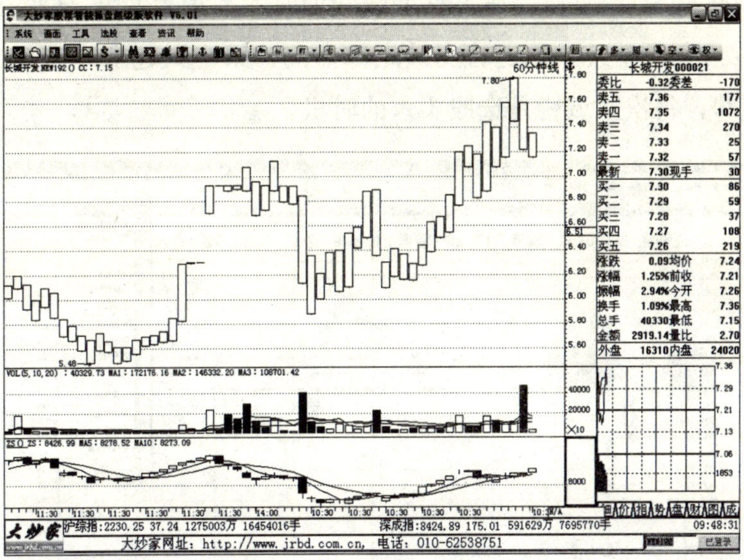

图 2-43　长城开发盯卖

长城开发(图 2-44)前市还想翻身，到后市连滚带爬出溜到 7 个多点下面去了。

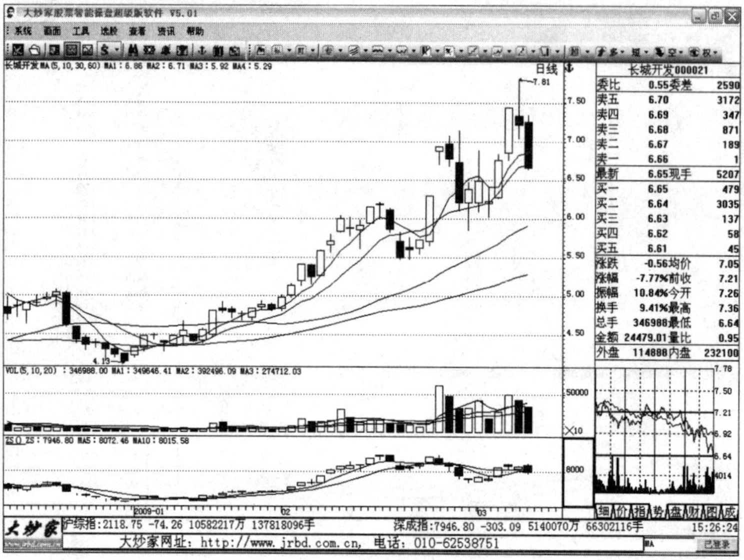

图 2-44 长城开发大跌

2009 年 3 月 17 日，在大盘上涨回调时，启用“起涨 3+1”指标选股(图 2-45)。今天大盘走势上破底部盘局，第一天起涨容易走出单边上扬走势，每次回调皆是选股买入的时机。

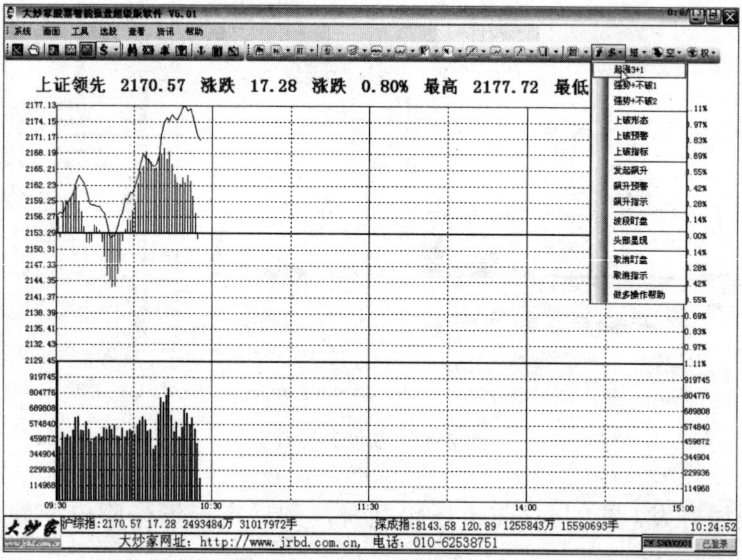

图 2-45 “起涨 3+1”指标选股

选出 21 只符合指标条件的个股(图 2-46)，房地产板块的个股占了不少。

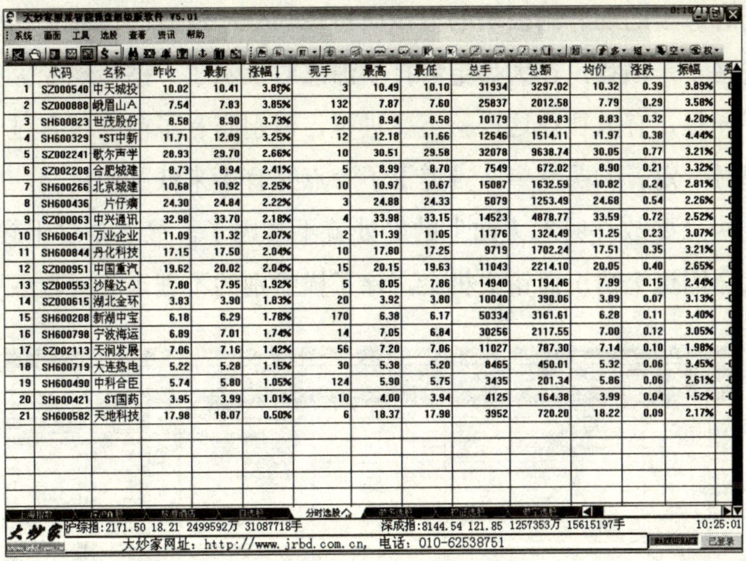

	代码	名称	昨收	最新	涨幅↓	现手	最高	最低	总手	总额	均价	涨跌	振幅
1	SZ000540	中天城投	10.02	10.41	3.8[illegible]%	3	10.49	10.10	31934	3297.02	10.32	0.39	3.89%
2	SZ000888	峨眉山A	7.54	7.83	3.85%	132	7.87	7.60	25837	2012.58	7.79	0.29	3.58%
3	SH600823	世茂股份	8.58	8.90	3.73%	120	8.94	8.58	10179	898.83	8.83	0.32	4.20%
4	SH600329	*ST中新	11.71	12.09	3.25%	12	12.18	11.66	12646	1514.11	11.97	0.38	4.44%
5	SZ002241	歌尔声学	28.93	29.70	2.66%	10	30.51	29.58	32078	9638.74	30.05	0.77	3.21%
6	SZ002208	合肥城建	8.73	8.94	2.41%	5	8.99	8.70	7549	672.02	8.90	0.21	3.32%
7	SH600266	北京城建	10.68	10.92	2.25%	10	10.97	10.67	15087	1632.59	10.82	0.24	2.81%
8	SH600436	片仔癀	24.30	24.84	2.22%	3	24.88	24.33	5079	1253.49	24.68	0.54	2.26%
9	SZ000063	中兴通讯	32.98	33.70	2.18%	4	33.98	33.15	14523	4878.77	33.59	0.72	2.52%
10	SH600641	万业企业	11.09	11.32	2.07%	2	11.39	11.05	11776	1324.49	11.25	0.23	3.07%
11	SH600844	丹化科技	17.15	17.50	2.04%	10	17.80	17.25	9719	1702.24	17.51	0.35	3.21%
12	SZ000951	中国重汽	19.62	20.02	2.04%	15	20.15	19.63	11043	2214.10	20.05	0.40	2.65%
13	SZ000553	沙隆达A	7.80	7.95	1.92%	5	8.05	7.86	14940	1194.46	7.99	0.15	2.44%
14	SZ000615	湖北金环	3.83	3.90	1.83%	20	3.92	3.80	10040	390.06	3.89	0.07	3.13%
15	SH600208	新湖中宝	6.18	6.29	1.78%	170	6.38	6.17	50334	3161.61	6.28	0.11	3.40%
16	SH600798	宁波海运	6.89	7.01	1.74%	14	7.05	6.84	30256	2117.55	7.00	0.12	3.05%
17	SZ002113	天润发展	7.06	7.16	1.42%	56	7.20	7.06	11027	787.30	7.14	0.10	1.98%
18	SH600719	大连热电	5.22	5.28	1.15%	30	5.38	5.20	8465	450.01	5.32	0.06	3.45%
19	SH600490	中科合臣	5.74	5.80	1.05%	124	5.90	5.75	3435	201.34	5.86	0.06	2.61%
20	SH600421	ST国药	3.95	3.99	1.01%	10	4.00	3.94	4125	164.38	3.99	0.04	1.52%
21	SH600582	天地科技	17.98	18.07	0.50%	6	18.37	17.98	3952	720.20	18.22	0.09	2.17%

图 2-46 选出起涨个股

排在第一名的中天城投(图 2-47)，日线显示刚上涨脱离“五弯十”调整底部，联系“四个层次”意识局部又是与大盘“同态势”，此时分时走势正处在第二横盘，简直无可挑剔。

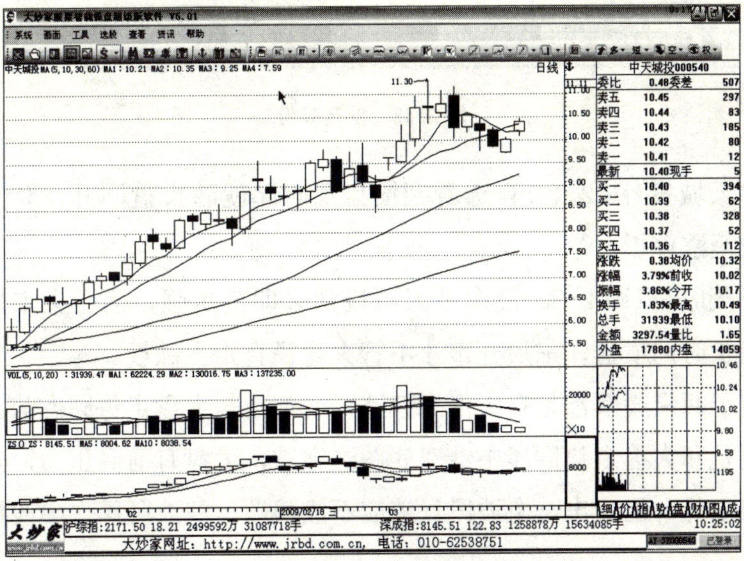

图 2-47 中天城投

同时选出的还有同板块的世茂股份(2-48)，值得一说的是该股分时走势现在不是横盘，在大盘走势打横滞涨时上涨了一些，现受大盘回调下来了一点，有人往往这样就不愿进了，但别忘看了前度曾有过一次横盘，那时一定有购买欲望，难道上了一点又有下来低买的机会，就因没选买到极致要放弃吗？大面上的好处就不考虑了，显然是过于较真了，有些人会因这个情况而错失机会，除了横盘别的不理未免太教条了。

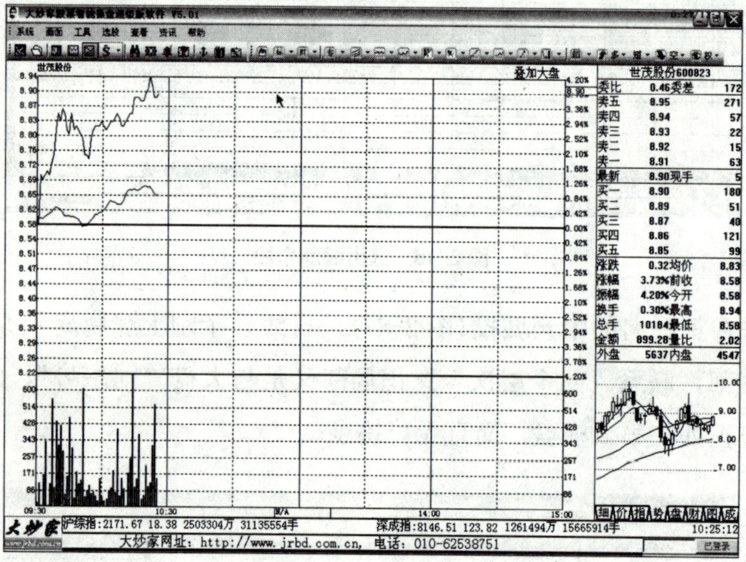

图 2-48　世茂股份

中天城投(图 2-49)自选看到横盘那时起就随大盘回升，分几波连续上升至涨停板。

世茂股份(图 2-50)没像中天城投那么即刻走强，而是上来后补了一大段长时间横盘，午后开市才不管大盘径直走上涨板。

鉴于两只股票都是自大形态起涨，又都是与大盘走势同态势，世茂股份更是和大盘走势同属中继双底图形突破，大盘有前高压力，走出上升趋势未然，但走出一个波段行情应不成问题，故波段操作中线持有。

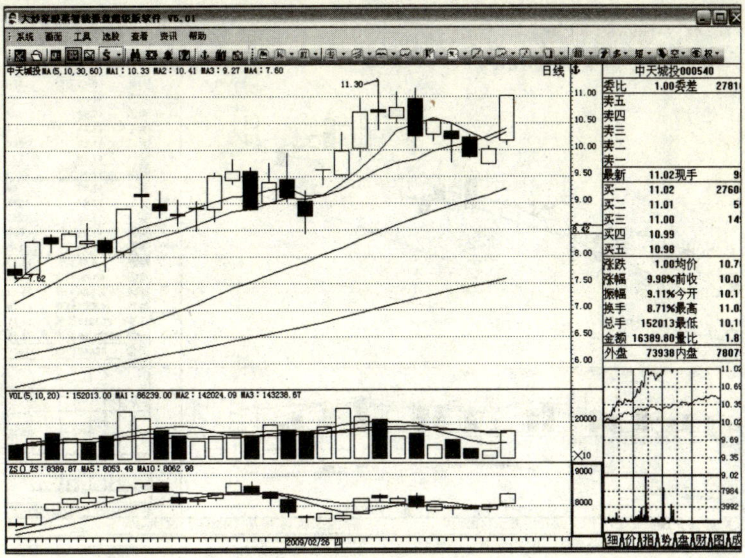

图 2-49 中天城投后市

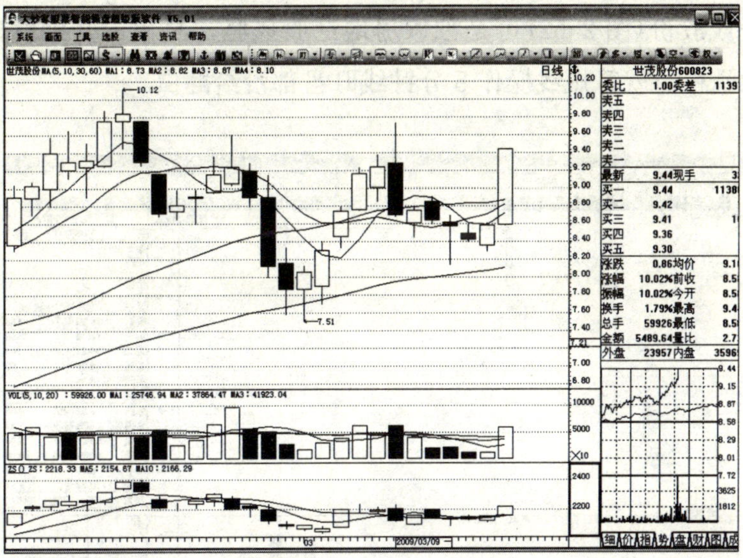

图 2-50 世茂股份后市

3 月 18 日，中天城投(图 2-51)随大盘走势震荡整理，收市报涨 4 个多点，强于大盘指数。

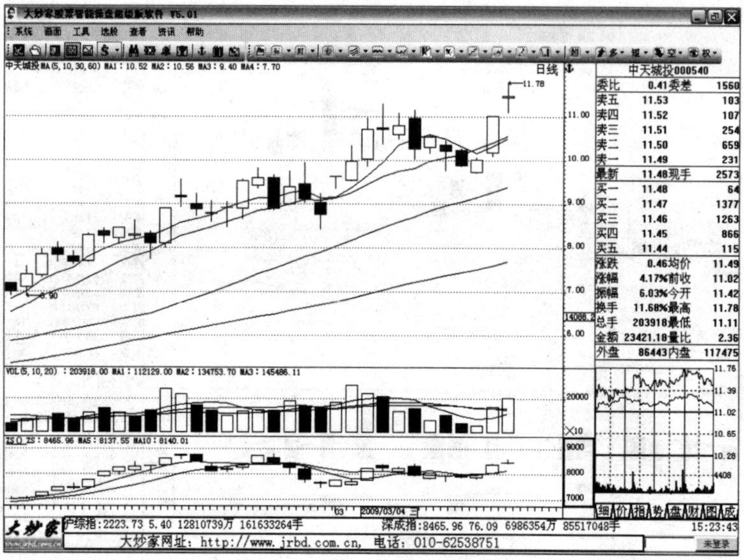

图 2-51　中天城投次日

世茂股份(图 2-52)可是独领房地产股风骚，早市一开始就连着三波直上涨停。就算短线操作 5 分钟线盯盘都没给翻白。

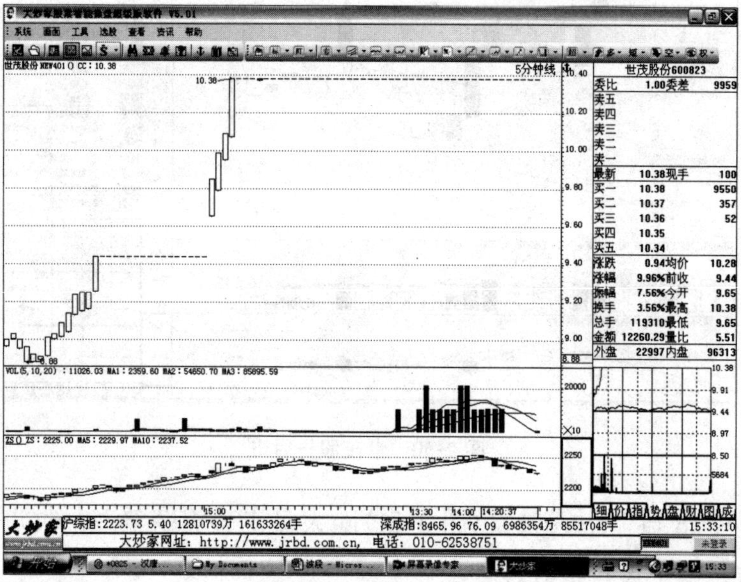

图 2-52　世茂股份次日

世茂股份自连续大涨两日后，又连续滞涨了两日，今日又进入第三天，这些天一直经常启开“波段盯盘”系统，时不时地监视着是否出现翻白。

早市高开低走下跌到 10.5 元上下的时候盯盘还未翻白，是最后一波急下把红框变为白框的(图 2-53)，依“盯盘翻白时在分时走势下跌中，应待反弹不过前高再卖”的补充卖法，换到分时图，以观反弹何时不过前高。

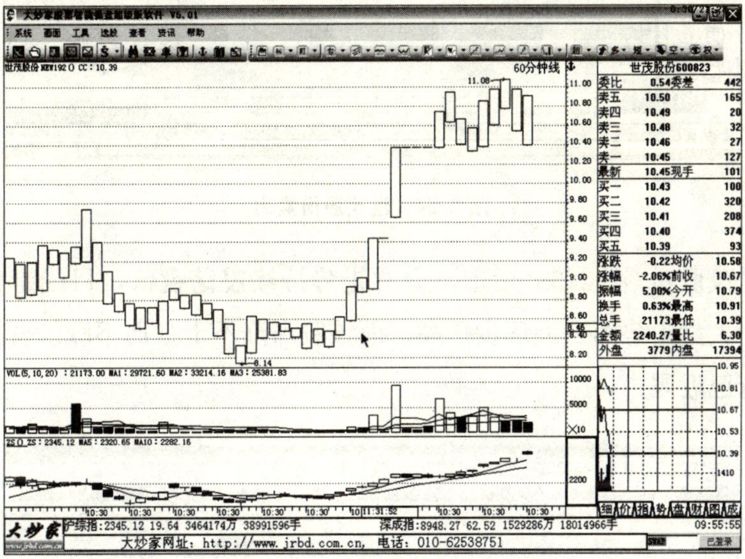

图 2-53　世茂股份盯盘

世茂股份(图 2-54)反弹一波后再上过了前高，反弹二波后再上没过前高，此时大盘走势也反弹似完要弯头向下，显然该是到出卖世茂股份的时候了。

注意右下显示的是该股 60 分钟实际走势，盯盘翻白是表现在下破 60 分钟走势的盘局下限，堆了两三天的 60 分钟 K 线，若有效压破下限，短期看应是很难再挺起来的。

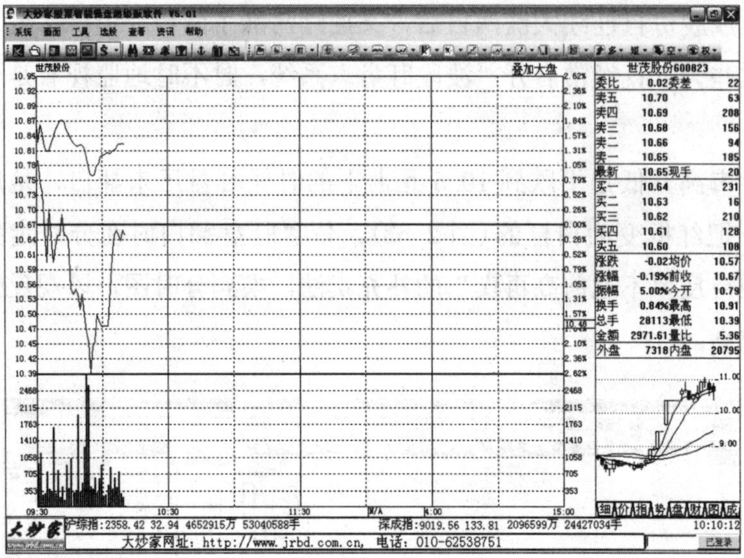

图 2-54 世茂股份卖出

世茂股份(图 2-55)后市，分时走势持续震荡盘低，日线走势高位收阴，大盘走势两三天逐步抬高，而该股滞涨不上盘而不涨，有显示波段行情已近尾声。

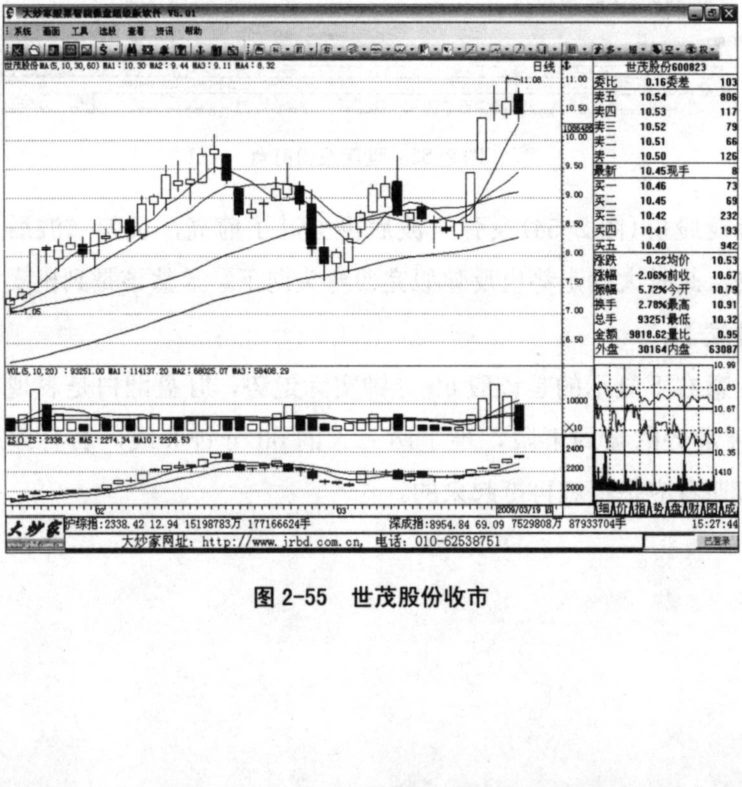

图 2-55 世茂股份收市

3 月 24 日，中天城投(图 2-56)日线走势也在相对高位收出阴线，作为房地产板块个股近几天大都显出疲软走势，该股还算中涨补了几天，虽说不比世茂股份两个涨板那样壮观，但计算起波段涨幅也没有差短，只不过少一个板后蹭了两三天也够个板了，走势总体看起来也算是大小涨了一个波段。

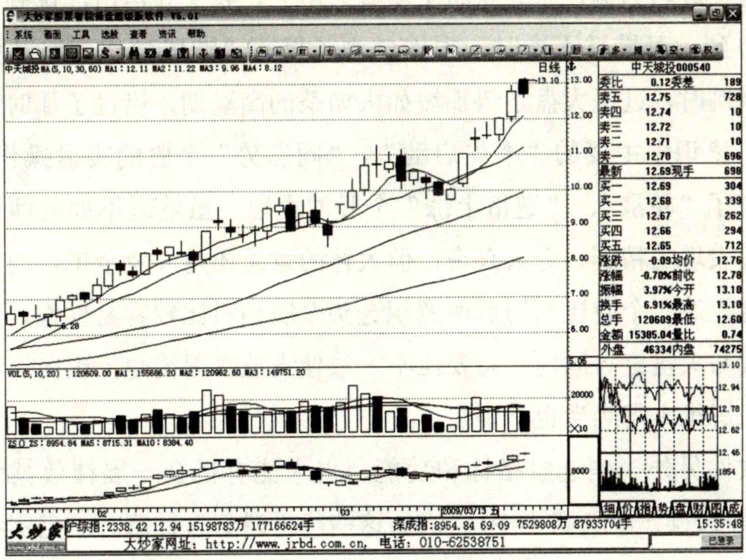

图 2-56 中天城投几日后

看来，个股有走波段行情的时候，早不走出晚也得走出，大盘走势波段仍在上升，个股走势岂能有始无终无波可伸。

在长线操作流程最后说到“大量的机会还是蕴藏在中短线个股的炒作上”。的确，通过以上个股波段的中线操作讲解和演示，虽只举的是部分走势情况的案例，但也可以看到波段操作的机遇很多，只要市场有点行情，只要有“个股行情四个层次”的意识，相吻对上“选时”，择个股走势可中线操作的随处可在，持、卖启用“波段盯盘”，持股高枕无忧、卖出小菜一碟，相信大炒家软件用户会从“实盘操作流程”中得到明确指导，将炒股赚钱如囊中探物一般，即便没用上大炒家软件的读者，也会从“波段炒作的套路”中得到明晰的启发，受益不浅操作大有长进。

大力倡导在有机会的情况下波段操作，不论是中、小资金，没有个股波段操作的可能那没有办法，不能强求退而求之短线操作，但凡有可能，一定要持之以恒。修身养性也是养生之道，别为了赚钱急坏了身体。短线、中线盯盘切不能随意改换，坚持下去自会形成良好的习惯，以往的顽性就会成了以后的笑谈。

为了赶写书稿，急大家盼于早看之所急，我又守信用，说到恨不得马上办到，可惜举不逢时，很遗憾到了撰写“波段炒作套路及操作流程”举例时，过了大盘走势那波如火如荼的高潮期，错过了那时“四个层次”意识中主要的“率先启动”、“同态势”个股的实盘操作演示，只赶上了“轮涨”、“逆市上涨”个股的表现。虽然远不如前两意识层次个股表现的精彩、令人兴奋，但大体的意思还是涉及全了，而且利用前两意识选买个股比利用后两意识选买个股相对比较容易操作，因为主体个股与大盘走势同向，总要比不一致使人能看得清楚，正向思维也要比反向思维来得顺当也不别扭。

软件另外一些选股指标和功能，也未能有机会一展神效甚为憾事(用到短线操作的套路不少)，诸如这些待再遇着大行情时一定实盘捕捉后补上，或请到网站首页“软件指标应用案例”中查看。

流程链条：

指标功能选股→买入起涨个股→启用波段盯盘→翻白卖出。

注解：

“指标功能选股”是指依据个股行情四个层次的意识，利用“四个层次”功能，或“起涨 3+1”、“上破形态”、分钟线“蓄势形态”、“分时选横盘”等指标、功能选股。

“买入起涨个股”，是指从某一指标或功能选出的个股中，择优买进符合契合“3+1”起涨条件的个股。

“波段盯盘”，是指对买进个股的持股待涨，启用“波段盯盘”功能实施监视。

“翻白卖出”，是指走势翻出白框卖出个股，红框表示继续持有。

第三章 股票炒作套路三

——快进快出短线炒作

中线之后轮到短线了，中线炒作取之于上升趋势中的波段，那么短线炒作就应取之于波段中的日线，超短线就该是取之于日线中的分时。现在中国市场股票不可以 T+0 交易，要不然可以在每天的分时走势上打超短，赢取一个上升线条的行情，就像西方的电子即日操盘，每天忙于在分时走势上的打打杀杀，规避过夜和盘中下跌的风险。炒权证可以做到这一点，在 5 分钟线走势上，利用大炒家软件的蓄势、突破、预警指标抓权证自五分钟线上大形态起涨，持、卖还有盯盘、头部显现功能明确指示。权证超短线操作只在此提一下，欲知详情参阅超级版“权证操作帮助”。

个股短线炒作就是为赚取波段上涨中的一两天行情，见不妙就收，不参与波段中的整理，即原则上今买明卖，碰次日开市涨板或径直冲上涨停持有除外。既然长、中线炒作有套路中买、持、卖的规则讲究，那么短线炒作也不该缺少应有的套路内容，而且随着长、中线炒作由粗放到有限度管理，到了细致的短线炒作讲究的就增加了许多，需要说道的也就更多，买入的方法也多种多样，持、卖的策略也大有不同，遵守短线的操守一码归一码，不能与长、中线混淆。有人当天买了本来有赚，但被后来持股卖出不当拖入亏损被套。没有一个短中长炒作计划，没有长中短线买入点，买进以后持到何时、卖在何处、高处止盈底线止损的相关概念，就像炒栗子，如果不管炒多长时间、不管火候大小、不管熟没熟一顿乱炒，不给炒糊才怪。

短线炒作肯定有失波段行情的时候，但赢得了日线整理和分时震荡下跌的时间，再去寻一只短线个股来炒，如同波段炒作节省了大形态调整的时间一样，有利就有弊,有弊会有补偿就好，有整理熬等的空当儿，有能力打上一只有利可图的个股为何不为？而且抓一只走势起涨的个股比涨起来整理的个股总是安全一些，尤其在市场不稳定的时期，短线炒作更显示出其必要的可行性。

短线炒作的机会几乎无处不在，这从不管市场多么糟糕的状况下两市总有泛红的股票可以看得出来，但其中可操作的机会就有大有小了，安全赢率也不得不加以考虑。个股行情四个层次的意识，无疑在进行短线操作之前给出了一个引导，并在机会大小赢利多少上给予一定程度的佐判，契合买点 3+1 在短线炒作的主要介入点上也辅以了可靠的保证，再加上见不妙就收的策略约定，这些都给纵然有大量选择但又容易造成失败的短线炒作提供出从中优选较为稳妥的个股走势来作为短打的对象，以及对短暂的相持和今买明卖定出的规章制度，以使我们有可能成为少担风险多取快赢市场当期利益的快枪手。

个股短线炒作，看起来随机而作、打一枪换个地方，有机会就炒上一把，好像不需要联系“四个层次”意识，不考虑什么选不选时的问题。其实不然，乱打瞎炒走运就赚、倒运认亏那是如此，若想炒的好，炒的有把握，还须打有准备之仗。

(1)首先还得从“四个层次”意识开始，接下去“选时”，再看选出的个股能否有短线的机会，着眼还主要是大形态，不用想自大形态起涨都可能做中线了还能不可炒短线。这一套层序下来，或先选到个股再往回联系，认为是应“选时”可短线炒作的走势个股便可继续按相应方法做下去，虽然这在个股波段炒作中有过举例演示，但有必要在此就“短”的行为再区分特别强调一下。

2009 年 2 月 2 日，悦达投资(图 3-1)自大平台突破起涨，江西铜业(图 3-2)也是自大平台突破起涨，在悦达投资之前还有提前起涨的个股，在江西铜业之后也还有晚起涨的个股，就是说在“抗跌率先启动”开始至“同态势”之后的较长期间里，天天都有前后陆续起涨的个股，这说明短线操作天天都有机可为、有利可图；而当日起涨次日多有整理，又在表明着短线操作的今买明卖，完全可以作为一个独立的手法来运用。

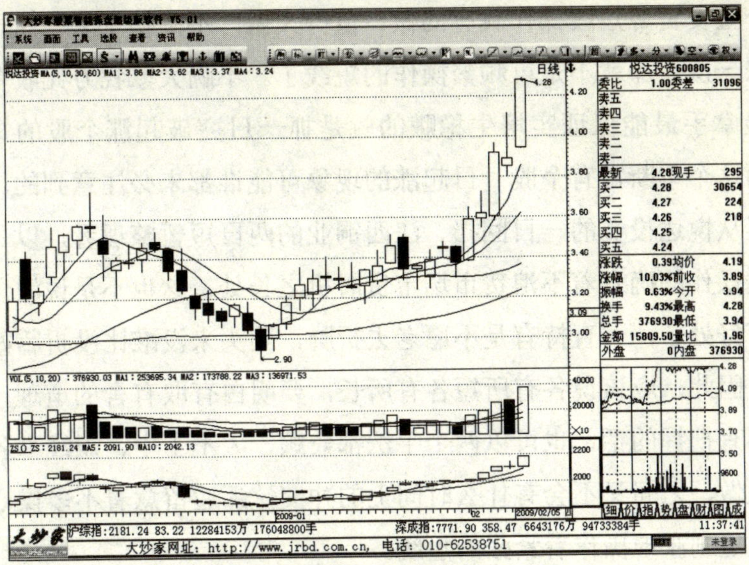

图 3-1 悦达投资

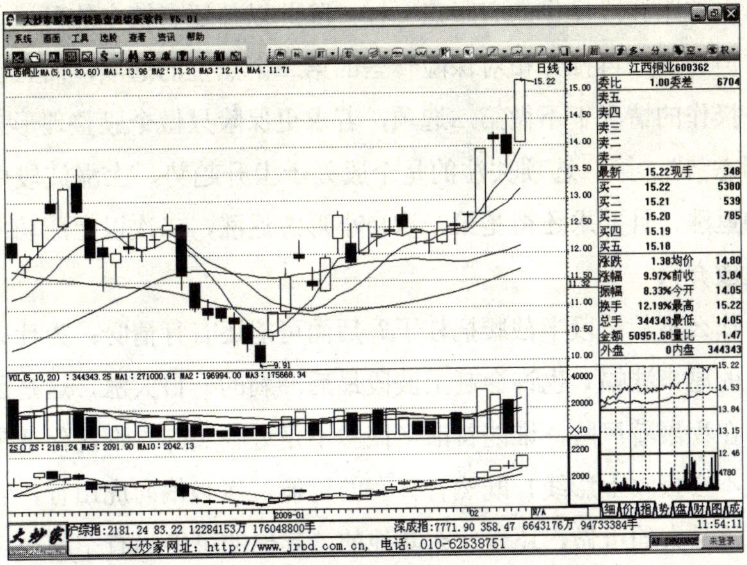

图 3-2 江西铜业

在大盘走势处于上升趋势的日子里，突破起涨的走势个股经常地涌现，前完后继做起来几乎想闲都闲不住，可以说抓突破起涨的产品资源丰富(当然太不好的市道除外)，就算在大盘震荡不稳能形成波段走势的个股稀少、长中线难做的情况下，可做的只有对起涨个股的短线操作。

凭这个宝贵资源短线操作就有的做、值得大做，不是初一来一次、十五才再来一次，那就不是可频繁操作的短线了。不瞒大家我万元收费的实培，最拿手最能保证实培生稳赚的就是抓一日突破起涨个股的短线操作，而这个不断常有个股一日起涨的现象可能谁都未必注意到的。

再从悦达投资的一日回挡、江西铜业的两日短暂整理看，以日为取的短线操作的确有着不浪费市场宝贵时机之长处，这也不是说波段操作就没有好处了，一直持有是不愿老去折腾，到头来没准比没折腾好的赚的多。因此，应该说各有所短各有所长，要明白有取有舍的道理，如果两边都有把握的话，也可以两个手法都兼顾，大不了中、短线都各分些资金做做，之间又不会有什么时间上的冲突，那边留意着不多操心的波段，这边刺激地操作着紧张的短线。

短线操作的着眼点首推平台、五弯十调整大形态，回调形态都不作为主打，这跟波段操作的着眼点一样，除此以外还有繁多的可以关注的点位，但这里只再推介相对保险一些的第二个点位的选项，而且在首选个股可操作的情况下不做第二选项，若求更保险只做个股整理形态与大盘“同态势”。第二选项关注的是个股处于上升趋势，上涨波段中自小形态的返涨，且要求还得是第一次自小形态返涨，二次以上成功率就难保了故放弃。

为什么不从波段半截腰插杠子？后面可能还有行情呀；为什么不去追波段的尾声涨幅？也许会赶上波段最后冲刺的一日大涨，这是因为后两者都在积聚着风险，谁能料准半截腰不是近临头部！谁能保证最后冲刺一天不会报收上影线！既然有存在的可能又何必偏向虎山行，有风险小、收益又大的可做，还做什么其他的。其他的可能尚有空间也可能是最后一棒留给勇于冒险的人士去炒吧。短线操作吃百家，有好的吃一顿就走；中线操作串门亲，吃几天招待饭；长线操作吃自家，不能挑还得长期吃。

还借这两只股票来说短线操作第二选项的关注时机，即自小形态返涨，从这两只个股的情况看分时走势都具有相当好的买点，所以都能如期顺利地返涨，这是因为大盘处于稳定的上升波段中，不说大盘下降就是处在震荡盘整中，自小形态的返涨也不是如此容易得逞的，第一次自小形态返涨成功率大些，二次以上虽也有返上的但风险加大。因此，短线操作介入小形态返涨要保证两点：大盘处于没见顶的上升波段中和第一次出现小形态，最好个股此时与大盘同态势，不然，还是老实地去抓相对安全性大的自大形态的起涨吧，也许那就使人能忙得不亦乐乎了，没有把握不要再炒随后出现的自第一次小形态返涨，其他的安全性差的点位就更用不着光顾了。

(2)短线操作的买点，不论自大形态起涨还是自第一次小形态返涨，都要求个股分时走势具有横盘的买点，这个要求不过分，多数个股在起涨或返涨当日都会以横盘走势蓄势抗跌，在个股波段炒作套路中有过多例示范，在此也就不专门再举例了。

虽然短线操作主要也取源于自大形态起涨，但在对分时走势介入买点上的要求就更严格一些。

下面特举一例揭示短线操作分时横盘买点，也结合中长线以区别对买点不同的标准要求。

三安光电(图 3-3A)下打 10 日线(下打 10 日线是介入小形态和大形态之间的一种特殊形态)后起涨，该股长线介入随便在盘中哪个横盘上买都可以，就算在最后一个横盘上买也不是不可以，长线要有耐心等，看图 3-3B 不但以后上升了，就拿冲刺完下调来看也未打回到买点，在二次摸顶不过卖还会卖的更高。

中线波段介入就不能在最后一个横盘上买了，次日整理回挡下过买入的价位就让人不舒服了，应该至少在午前两个横盘上买，次日回挡也没下触及买点，能让人安心持股，波段炒作不是今买明卖，看大盘走势上升依然，应待波段中整理完毕返涨，看图 3-3B 过了 4 天稍长整理，第 5 天不是大涨了吗。

短线介入一定不能在最后一个横盘上买，也不能在第三横盘上买，看图 3-3B 次日回挡下打不是打穿了最后一次横盘，就是快下触到第三横盘，昨天短线若买在这两个点位，不亏钱吓出或恐再下跌不卖算有能耐。第三横盘在这里是又上去了，通常如果上了也可能在后市下来，在

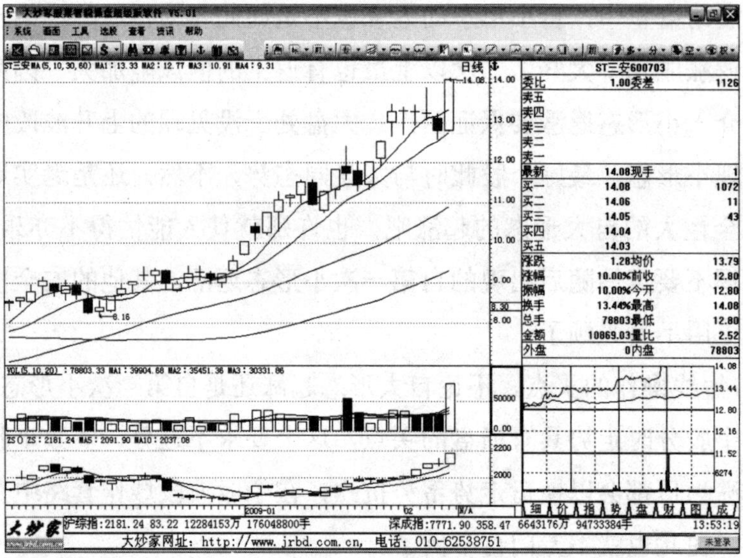

图 3-3A ST 三安

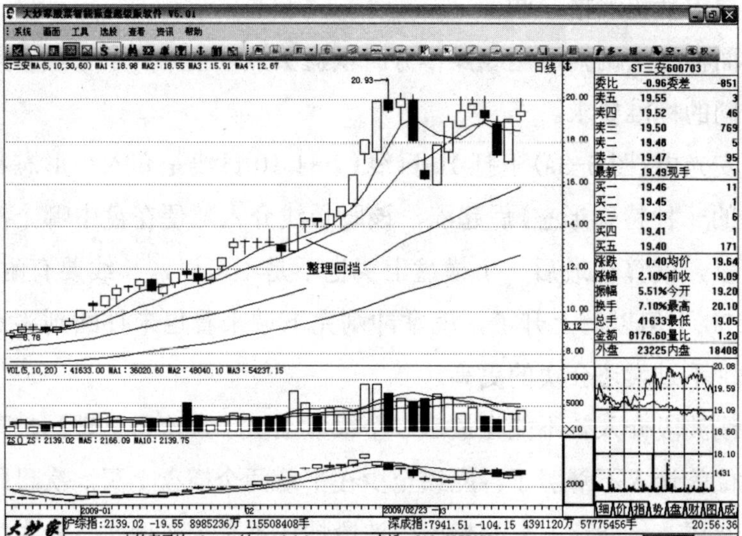

图 3-3B ST 三安

这里第二横盘上买虽然可取，但也算是最后的买点了。最应该是在早市第一横盘上买，如果没有在第一横盘买那就把第二横盘作为买点，那可是有条腿支上来的横盘。短线嘛，以获取短期利益最大化为宗旨，同时又不能不顾及短线介入过高的风险，如果短线操作未如预想中上涨，还是买在波段的高位，没走好推给了中长线操作，那就有可能酿成大祸了，为不守规则可能付出惨重代价，当然不是指发生在该股所逢的这个时期。

为个股短线炒作也包括波段炒作抓好第一买点，也为对分时走势横盘认定有难度的人解困，下面变一种方式同样实现“抓个股分时走势的横盘买点”的愿望，而且此方法比分时横盘走势更易于辨认，介入时有更大的把握。

超级版权证 5 分钟线操作推出之后，一些从中尝到甜头的用户给予了良好的评价，也有投资者将其变通后运用到股票操作上。我当初入市不久也学着看分钟线走势，但亏钱也多是掉进在分钟线走势的陷阱里，现在看来那不应叫陷阱该叫个人无知。应该说不在日线走势辅助参考下摆弄分钟线走势等于自讨没趣，对日线和分钟线走势没有形态观念更是白扯，钻进梯形的分钟线走势是比从乱糟糟的分时走势买进有把握，不过，后市被踢滚下楼梯更是不用商量。掌握节奏踏准节拍不论对日线还是分钟线走势都显得尤为重要，至于如何对应日线走势在分钟线上操作？当天在哪个时间段用几分钟线能不易被后市砸下去？以及持股卖出等等一系列问题，都摆在比日线周期短且又不稳定的分钟线走势的短线操作上。

由于短线操作要求的介入点有低则低，如还是通过分时走势来抓早市横盘就较难完成，就算在黄金时段抓横盘，通过软件分时选横盘功能能达到选出的效用，但坦白地讲选出来的不是很精准，这是因为计算机的编程对个股分时出现的各种规则或不规则的横盘走势，难以识辨清真正的好赖，标准定松点选出的又多又全，收市涨停板上倒是一个都跑不掉；定紧点选出的太少，可能漏掉后市上板的个股，目前的不紧不松虽漏掉的不多，但也选出不少后市不大涨的个股，所以这就使接下去的人工判别需要一定的水准，而这等水准恰恰是有些读者和用户现在所不具备的，需要较长时期的熟悉和操练。

我们在提高编程水平的同时，也在考虑另辟蹊径以求达到目的，一为选精，二为及时抓住横盘走势的起涨时刻，这一刻往往确定在大盘走势上翘之时，但个股有同起的，也有先起或者后起的。

针对短线操作，我们在超级版增设 1 分钟线、5 分钟线、15 分钟线、30 分钟线短线介入的选股指标。如果通过“分时选横盘”功能，就能选出较易认准的标准的横盘走势，选出来后需要人工鉴定，但这种方式直接简单一些；如对不易认准的横盘走势，或尚欠人工鉴定水平的就用分钟线，试一试，看能不能解决对于有些人来说，抓分时横盘买点是老大难的问题。

盘中首先选出“日线大形态”，再根据各时段选股需要，分别点击 1 分钟、5 分钟、15 分钟、30 分钟线走势，然后，便可利用“蓄势形态”或“形态突破”指标进行选股，基于调整过后的“日线大形态”又在分钟线走势出现“蓄势形态”，这就是体现在分钟线走势上的起涨 3+1，这里的分钟线走势“蓄势形态”取代了分时走势上的横盘。

2009 年 2 月 19 日，大盘走势大半天震荡到后市又有反复(图 3-4)，趁下跌两波时启用，但在这时只能用 30 分钟线“蓄势形态”指标选股。

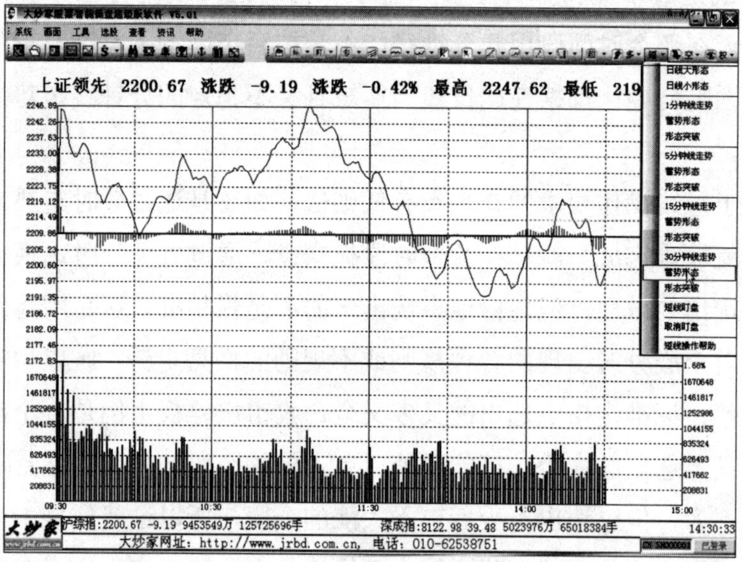

图 3-4　30 分钟线“蓄势形态”

选出 30 分钟线蓄势形态个股(图 3-5)，排在上面涨幅太大的个股不要看了，从 5%以下查看，尽可能选做价位低上升空间大的个股(叫技术人员从此改到限选 5%以下)。

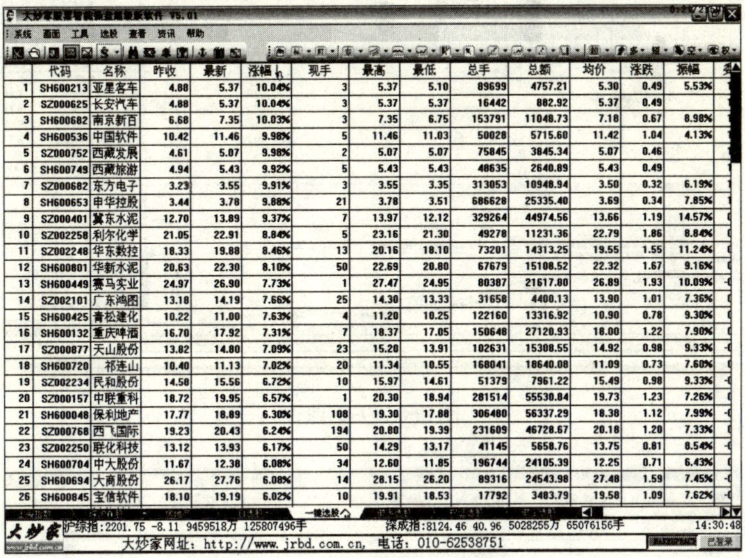

	代码	名称	昨收	最新	涨幅	现手	最高	最低	总手	总额	均价	涨跌	振幅
1	SH600213	亚星客车	4.88	5.37	10.04%	3	5.37	5.10	89699	4757.21	5.30	0.49	5.53%
2	SZ000625	长安汽车	4.88	5.37	10.04%	3	5.37	5.37	16442	882.92	5.37	0.49	
3	SH600682	南京新百	6.68	7.35	10.03%	3	7.35	6.75	153791	11048.73	7.18	0.67	8.98%
4	SH600536	中国软件	10.42	11.46	9.98%	5	11.46	11.03	50028	5715.60	11.42	1.04	4.13%
5	SZ000752	西藏发展	4.61	5.07	9.98%	2	5.07	5.07	75845	3845.34	5.07	0.46	
6	SH600749	西藏旅游	4.94	5.43	9.92%	5	5.43	5.43	48635	2640.89	5.43	0.49	
7	SZ000682	东方电子	3.23	3.55	9.91%	3	3.55	3.35	313053	10948.94	3.50	0.32	6.19%
8	SH600653	申华控股	3.44	3.78	9.88%	21	3.78	3.51	686628	25335.40	3.69	0.34	7.85%
9	SZ000401	冀东水泥	12.70	13.89	9.37%	7	13.97	12.12	329264	44974.56	13.66	1.19	14.57%
10	SZ002258	利尔化学	21.05	22.91	8.84%	5	23.16	21.30	49278	11231.36	22.79	1.86	8.84%
11	SZ002248	华东数控	18.33	19.88	8.46%	13	20.16	18.10	73201	14313.25	19.55	1.55	11.24%
12	SH600801	华新水泥	20.63	22.30	8.10%	50	22.69	20.80	67679	15108.52	22.32	1.67	9.16%
13	SH600449	赛马实业	24.97	26.90	7.73%	1	27.47	24.95	80387	21617.80	26.89	1.93	10.09%
14	SZ002101	广东鸿图	13.18	14.19	7.66%	25	14.30	13.33	31658	4400.13	13.90	1.01	7.36%
15	SH600425	青松建化	10.22	11.00	7.63%	4	11.20	10.25	122160	13316.92	10.90	0.78	9.30%
16	SH600132	重庆啤酒	16.70	17.92	7.31%	7	18.37	17.05	150648	27120.93	18.00	1.22	7.90%
17	SZ000877	天山股份	13.82	14.80	7.09%	23	15.20	13.91	102631	15308.55	14.92	0.98	9.33%
18	SH600720	祁连山	10.40	11.13	7.02%	20	11.34	10.55	168041	18640.08	11.09	0.73	7.60%
19	SZ002234	民和股份	14.58	15.56	6.72%	10	15.97	14.61	51379	7961.22	15.49	0.98	9.33%
20	SZ000157	中联重科	18.72	19.95	6.57%	1	20.30	18.94	281514	55530.84	19.73	1.23	7.26%
21	SH600048	保利地产	17.77	18.89	6.30%	108	19.30	17.88	306480	56337.29	18.38	1.12	7.99%
22	SZ000768	西飞国际	19.23	20.43	6.24%	194	20.80	19.39	231609	46728.67	20.18	1.20	7.33%
23	SZ002250	联化科技	13.12	13.93	6.17%	50	14.29	13.17	41145	5658.76	13.75	0.81	8.54%
24	SH600704	中大股份	11.67	12.38	6.08%	34	12.60	11.85	196744	24105.39	12.25	0.71	6.43%
25	SH600694	大商股份	26.17	27.76	6.08%	14	28.15	26.20	89316	24543.98	27.48	1.59	7.45%
26	SH600845	宝信软件	18.10	19.19	6.02%	10	19.91	18.53	17792	3483.79	19.58	1.09	7.62%

图 3-5 选出 30 分钟线蓄势形态个股

查看到关铝股份(图 3-6)时发现，30 分钟线蓄势形态特别带劲，加上前一两天合在一起的 30 分钟 K 线形成的大平台显得十分坚固，这种好感单从分时走势上是觉不出来的。

分时走势也看得出(右下)有些抗跌大盘，大盘下跌到前低点，而该股已在上面，既然相中了就上吧，好事不能多磨，别让激情淡漠下来。

至于大盘，都大跌两天了怎会不消停一阵，大盘全天每下至前日收盘线不破，再说提过 30 分钟线蓄势形态比较保险，那就用不着想太多了。

关铝股份(图 3-7)随后就直上云顶，30 分钟“蓄势形态”真是不涨则横一涨就牛气冲天，不拖泥带水。

这是利用大炒家软件选出的案例，在短线炒作套路中本不该使用软件来演示介入手法，那是该在“操作流程”中显示的，这里只是为了说明利用看分钟线走势来介入买点也是一种方式方法，在对分时走势难以

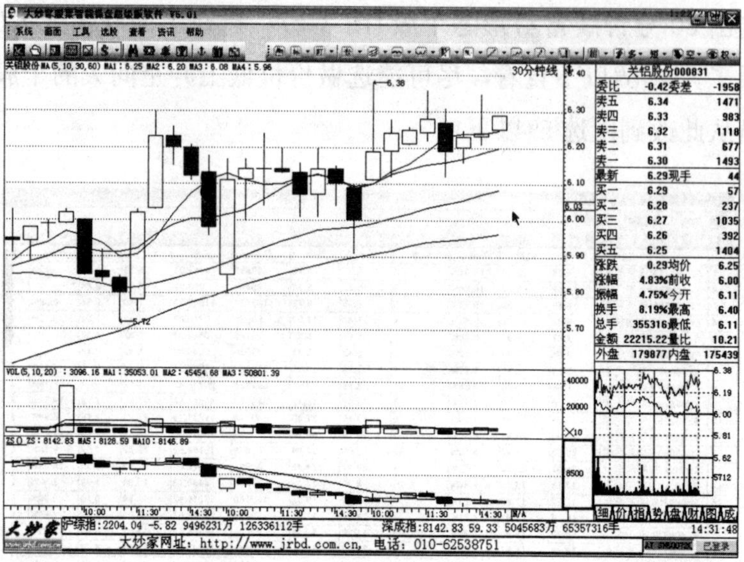

图 3-6 关铝股份

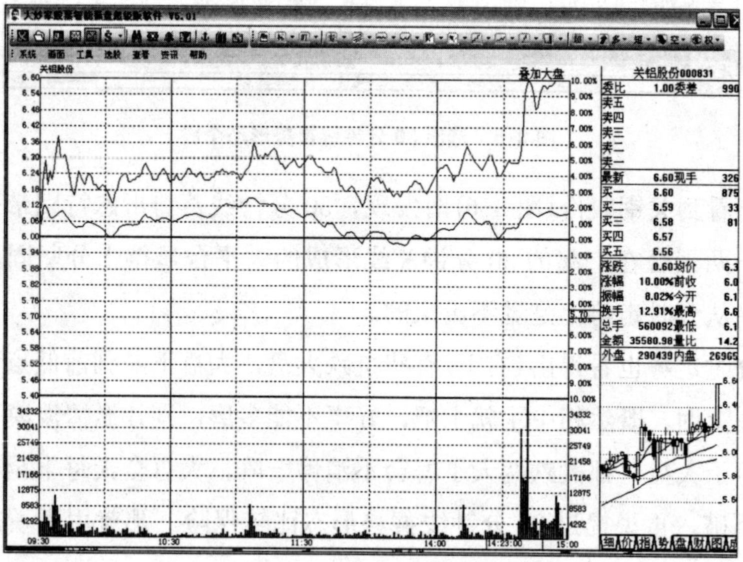

图 3-7 关铝股份后市

鉴定好坏时，借看一下分钟线走势形态的帮助。可惜的是，若靠人工操作挺难实现从搜索到介入能在几分钟之内完成，除非事先选好个股。

(3)短线操作的持股和卖出放在一起讲解就可以了，买入后的持股时间太短没什么可讲的，直接就到要卖出了，期间不存在趋势、波段操作、持股待涨所经历的那些麻烦事，这无疑是很多人喜欢炒短的好处所在，也充分显示出短线操作风险小收益快而大的魅力无挡。

短线卖出应以前一天获得的收益为主考虑，那可是利用方法、凭盘中对个股走势的判断，好不容易努力赚到的，而今天不知个股会是怎样的走势，也不能等到看出怎样走了再说，那就晚了，须在今天早市露出端倪时解决问题，由于后市的不确定，所以只能掌握个基本原则，不求最高但求最妥。

论说卖点：①次日竞价卖出，这最能保全昨天的收益，开市跌了别拍手、涨了也别跺脚。此法虽然低级，但对开市后怎么都卖不好的人来说，也算是个选择。②开市若走高弯头卖出，这比竞价卖多赚了点，此法虽然简单但可能踏空。③走高下弯再上不过前高卖出，此法虽比弯头就卖多一道或两道的麻烦，但至少可免一段时间的踏空。④开市若走低待反弹不过开盘价卖出，此法大多时候是准的。⑤早市走低反弹跃过开盘，再按不过前高卖出。以上卖出实施时一定要结合大盘分时走势决定，大盘走势仍在上涨就等等，待刚要弯下时再对也要弯头的个股卖出。

看出以上卖法都集中在早市，早市一两个回合是短线操作今买明卖的最佳时候，通常个股全天走势的强弱在一早就显出了苗头，尤其昨收大阳的个股大多半需要消化整理，保持强势的个股早市过前高持有能赚到大涨或不出现卖点即升涨停，若在见卖点时卖出，后市又见买点大可重新杀入，弄好也可能打出不小的差价，或腾出时间再去寻一只起涨的个股。如果前市不卖拖到后市，棘手的麻烦就多了起来，既耽误时间选票，又未必能保证卖到好处，少赚或不赚反亏的冤事常有发生。

2009 年 3 月 10 日，东方锆业收大阳，次日(图 3-8)如竞价一出即卖是全天的最高点位，多开心。

2009 年 3 月 11 日，友好集团也是昨收大阳，次日(图 3-9、3-10)如出竞价卖出，后来就不会开心了，若用②法就合适了，冲上涨停板开始下弯卖出(其实早市曾先下跌，但反弹跃过前高直冲涨停)，后市见低或抗跌能抓回来就抓，不敢就再去选一只。

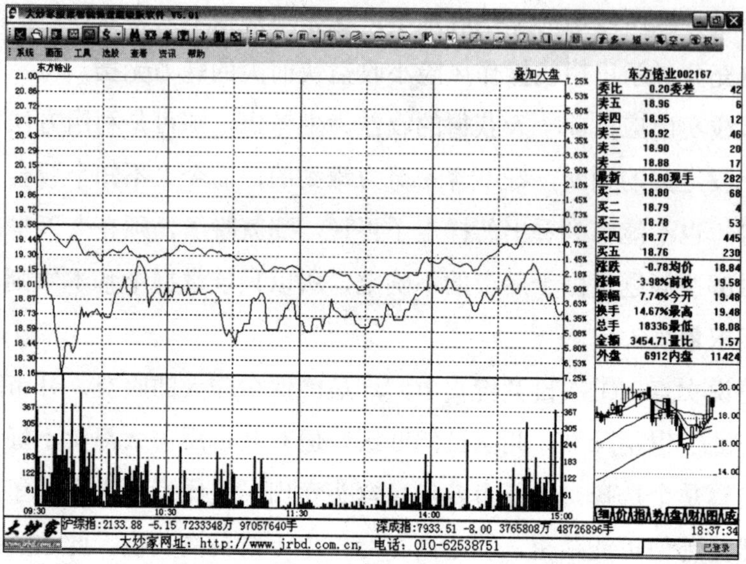

图 3-8 东方锆业

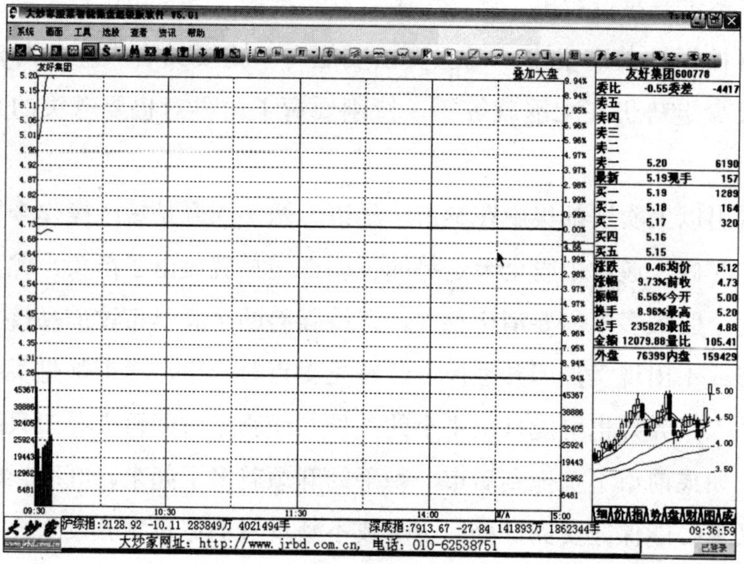

图 3-9 友好集团

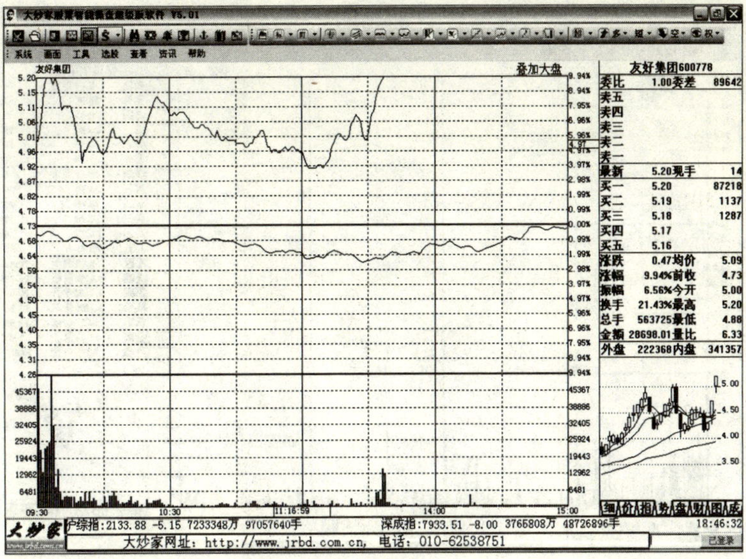

图 3-10 友好集团后市

2009 年 3 月 11 日，证通电子收大阳，次日低开（图 3-11、3-12），开市后稍下不卖，反弹过前高不卖，等大盘反弹弯头该股不过前高卖出，后市一路下跌到午后才起反弹，说不定早没卖会在跌到 5 个点时害怕了卖。

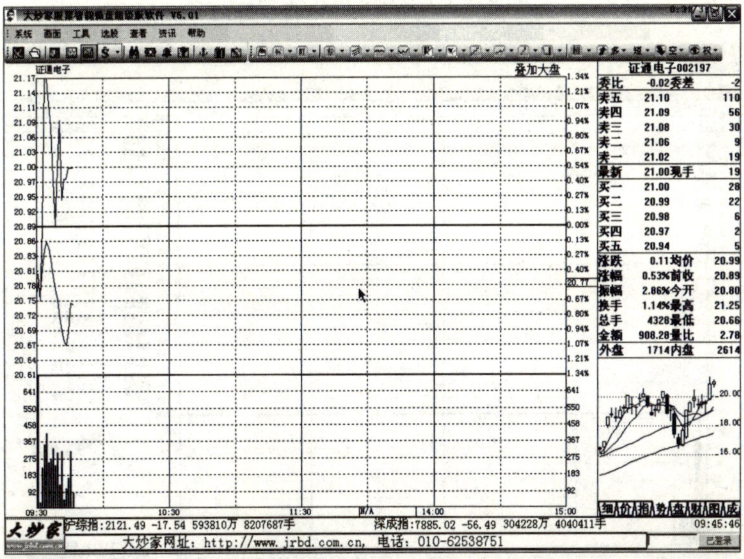

图 3-11 证通电子

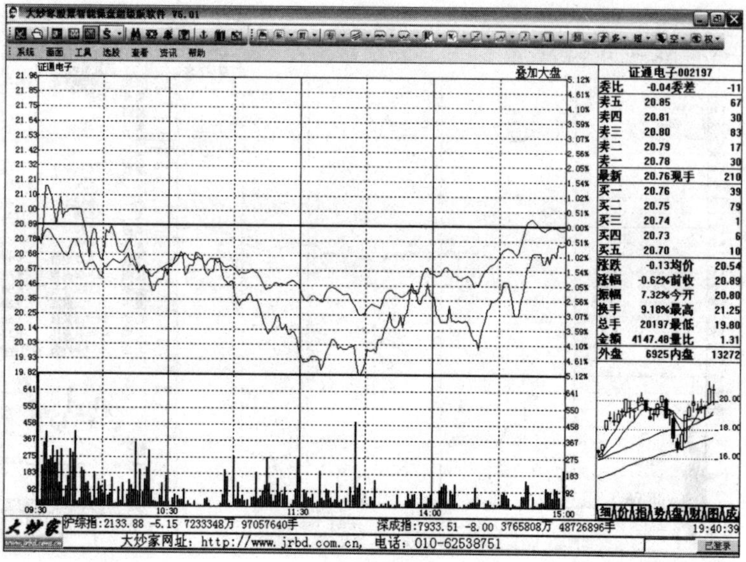

图 3-12 证通电子

2009 年 3 月 11 日，宝光股份收大阳，次日(图 3-13、3-14)平开先上，后弯头下破开盘点位，上涨下弯适②法卖出，若没卖就等反弹了。有个先上后下不破开盘价不卖、破开盘价卖的方法，但该股破开盘价时卖也来不及了。该股反弹与大盘同步弯头卖出，后市有反弹不过是再摸前点位而已，之后连续下跌到午后企稳震荡。

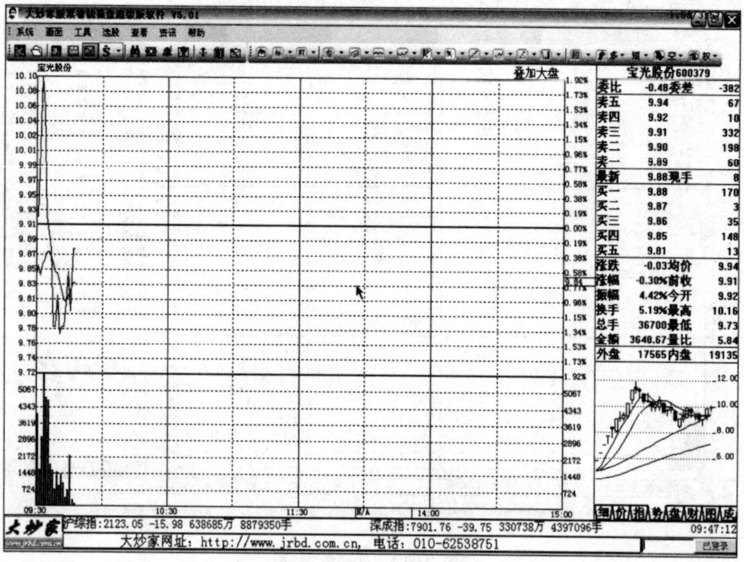

图 3-13 宝光股份

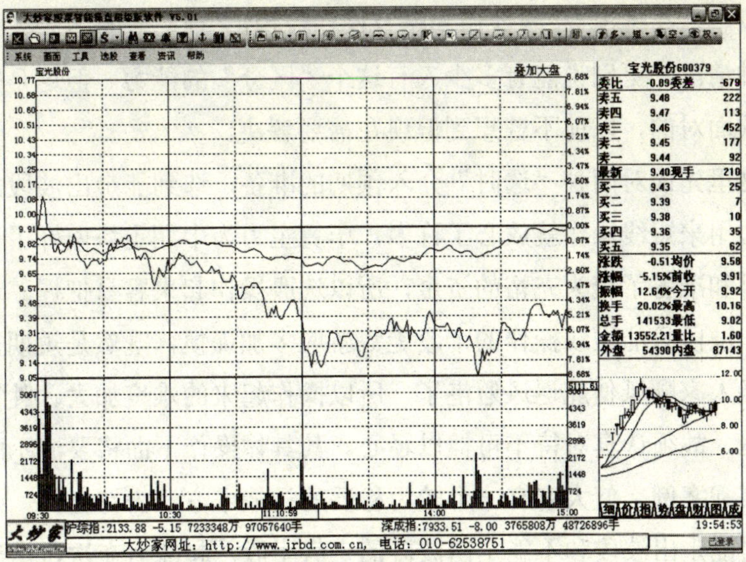

图 3-14 宝光股份

从这几个例子见到的几个卖法都有适合的股票和时机，就看用的是哪一个，除此还有其他走势不适合这些卖法的，可也差不到哪里去。不管怎样，先尽量保住昨天的收益，再考虑能赚点就赚点，即使赚不着后来涨上去的也不必后悔，按以上的卖法办总计起来是对多错少。对待短线操作的卖出，要得而不喜失而不忧，以后做短线的日子长了，一天老为得失而喜悲有些多余，鼓起劲头抓好买点赚够眼前利润足矣。

如果想使短线操作买入和卖出精益求精，这就涉及更前瞻更深入的探究，以探明个股走势的来龙去脉，之所谓知己知彼方能百战百胜。为此，那就得从选做短线品种走势个股开始，就要考虑常规买入后可能要出现的走势情况和以后卖出时可能遇到的种种境况。买入时的个股走势大致是相同的，因为自大形态起涨一段或几段横盘走势是当天必须的，卖出时个股走势大都是不相同的，因为怀有的心态各不同，有为震仓洗筹的，有为反弹出货的，还有无目的随波逐流的，保持一定的盘面活跃是其中驻扎主力的责任。

短线操作的个股“选时”，碰到一种不能走出波段行情的个股走势，只能选做短线进出；一种是能走出波段行情的个股走势，也不中线持有而做快进快出的短线，至于能不能分辨出来是哪种情况那是个人的能力。我想，在推出《波段炒作套路及操作流程》之前，没有多少人会区分这两种情况，更别说能有多少人有这个“区分”的能力。但这是短线炒作必须面对的，以前不曾想到但现在需要解决。

这里先谈对两种“选时”介入预期的准备，选到能走出波段的走势个股，用来短线操作就放心了许多，毕竟主力为中期走势做好了计划中的安排和准备了较为充裕的资金，所以选股操作起来容易把握。选到不能走出波段只能短线操作的个股走势就应多加谨慎，既然是短期行为那就别怪人家顺风使舵遇风避港了，所以操作起来的难度加大、胜算也降低一些，故须认真对待不可掉以轻心。其具体操作下面将要演示配有解说的实战案例，使大家有一个较为稳妥的技战术方法去待之。

对能走出波段和不能走出波段的走势个股，起涨后在次日卖出点位上有什么预断？按理说不同目的大阳起涨次日早市的表现是应有区别的。举个简单的例子，自上升趋势大形态起涨大阳的次日洗筹能跟自下降趋势中继底部反弹次日出逃一样吗？能走出波段走势的个股与只是短期行为不准备走波段的个股，在起涨次日早市开始的走势就应该在不同心态的支使下表现的不一样。而这关系到今买明卖时可能遇到的不同境况，针对不同走势采用哪种卖法将会使收益获大获少，而获利大小对短炒来说，能多获总比少获令人心满意足，少获得应当获得的利润会留下遗憾，后悔不多等一阵，如果少赚了许多，几十分钟甚至几分钟就唾手可得的利益化为泡影，对应该计较收益的短炒不可谓不是个心疼的失手。

可是很遗憾的是在这方面，我至今尚没有归纳整理出全套的应对方案，还有待于今后在实盘操作中加深体会，集攒一个个早市不同走法的模式，汇少成全，能以大概率评估早市出现的个股走势苗头，以使短线操作买到最佳点位，其中也包括对早市不出买点就径直走高，后市还能大涨的个股走势之买入。

尽管现在人工操作难以将短打卖出做到极致，但依照上面几种卖法也能做个八九不离十，要想莫在犹豫中误事，利用大炒家软件的“5分钟线盯盘”能起到轻松规范的作用，翻白卖点会延伸出现至确定上涨难望开始下探之时。

通过以上对个股短线炒作买卖过程的举例描述，让我们了解到上升趋势的中继形态不但是波段炒作也是短线炒作所依赖的基础，仍然是给予主要关注的着眼处。自大形态上涨和自第一次整理小形态返涨是个股波段走势起始和较初期的点位，是频繁参与短线炒作的安全买点，在不存在一、二点位机会的情况下，炒作其他有机会的点位不是不可以，但得加以小心。

虽然短线炒作今买明卖只是持股过夜，不存在较为漫长的持股待涨期，似乎就成了有头没央有尾的有套没路的操作了，尽管少了中间的过程，但两头也委实不轻松，日日充满着刺激和挑战，来不得半点懈怠。短线炒作中要求讲究细节，而细节对于短线炒作无疑增加了更加规范的苛求，买入后卖出上追高不就低和稍一疏忽就可能使获利本不大的今买明卖功亏一篑或降低有限的收益，故须全神贯注如履薄冰才能炒好短线。为使短炒收益日积月累地增长，而不是今赚明亏形成拉锯战或日见账户资金减少，还是大有必要将人工操作不十分稳定的炒作方法，改用大炒家软件来执行规范的操作流程，以使在大概率胜算下的电脑智能机械双优势，给忙忙碌碌的短线操作带来些许轻松，给你的资金账户源远流长地带来不断的增长，快速地递增以至翻倍，甚至翻几倍。

操作流程：

既然短线炒作也是把自大形态起涨作为主要的视点，自小形态第一次返涨作为次视点，那就一如既往还得首先联系“个股行情四个层次”的意识，毕竟跟着市场当时炒作重点的转移会多一份保障，尤其对“补涨”的个股不要错过，那可是连着多日会不断出现的机会。

不过，在经“选时”考察时，对可能或不可能走出波段的个股走势，就有了不是一种而是两种的关注态度，一种是对能走出波段的走势个股理所当然地予以光顾，另一种是对不能走出波段的走势个股，视情况若能有一两日短暂行情的走势个股，也不妨在市场没有大行情的时期，短平快捞上一把短炒的机会。

但在这类个股走势上存在一个与个股行情四个层次“意识”相符，

但“选时”不一定正是时候，或个股走势四不像，或变了形的不规则形态等等，反正是符合这个不符合那个，没完全达到全符的要求。但作为短线碰到符合一方面可靠的情况又有可能赚上一把、当天大盘走势又不太坏个股上大下小的概率在、不捞白不捞不赚白不赚时候，也不妨试一下异类状况中身手凡不凡，当然要有一定胜算的把握。

短线操作介入同样利用软件设置的“四个层次”功能，或利用其他的选股指标与功能，如“起涨 3+1”、“上破形态”，“分时选横盘”、“分钟线蓄势形态”等，卖出启用 5 分钟线的“短线盯盘”，一样是监察红白、规范执行。

下面实盘演示一组利用超强意识“四个层次”功能，选股短线操作的案例。

2009 年 3 月 4 日，大盘高开高走大有结束底部盘整向上反弹的可能，在这种情况下“选时”当选同步与大盘反弹的同态势个股，于是启用四个层次中的“同态势”功能(图 3-15)。

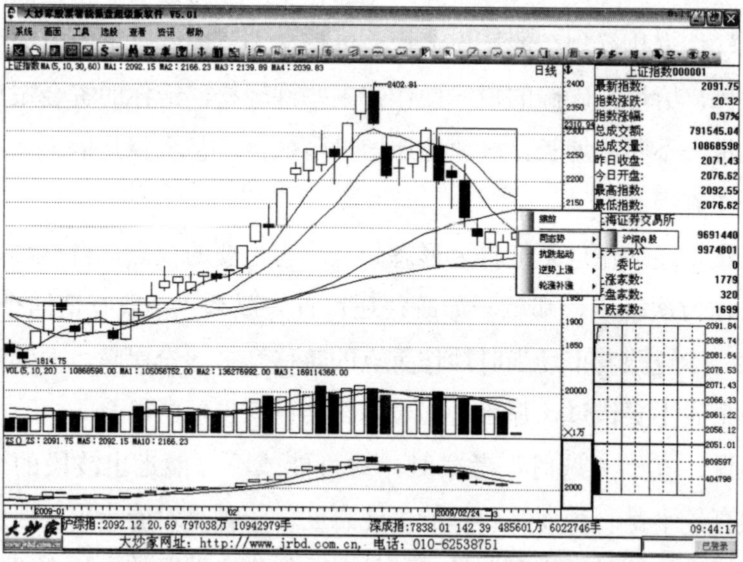

图 3-15 启用“同态势”功能

选出“同态势”个股(图 3-16)，点下涨幅将排序由大至小，以便顺次查看。

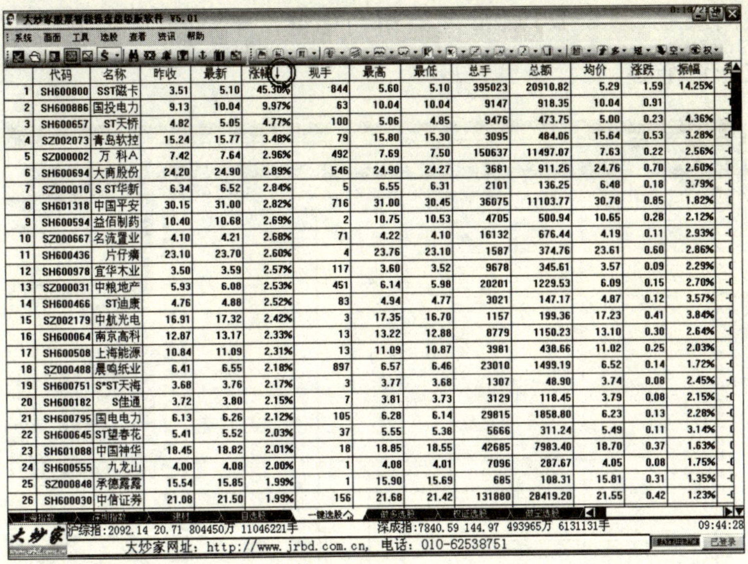

	代码	名称	昨收	最新	涨幅↓	现手	最高	最低	总手	总额	均价	涨跌	振幅
1	SH600800	SST磁卡	3.51	5.10	45.30%	844	5.60	5.10	395023	20910.82	5.29	1.59	14.25%
2	SH600886	国投电力	9.13	10.04	9.97%	63	10.04	10.04	9147	918.35	10.04	0.91	
3	SH600657	ST天桥	4.82	5.05	4.77%	100	5.06	4.85	9476	473.75	5.00	0.23	4.36%
4	SZ002073	青岛软控	15.24	15.77	3.48%	79	15.80	15.30	3095	484.06	15.64	0.53	3.28%
5	SZ000002	万 科A	7.42	7.64	2.96%	492	7.69	7.50	150637	11497.07	7.63	0.22	2.56%
6	SH600694	大商股份	24.20	24.90	2.89%	546	24.90	24.27	3681	911.26	24.76	0.70	2.60%
7	SZ000010	S ST华新	6.34	6.52	2.84%	5	6.55	6.31	2101	136.25	6.48	0.18	3.79%
8	SH601318	中国平安	30.15	31.00	2.82%	716	31.00	30.45	36075	11103.77	30.78	0.85	1.82%
9	SH600594	益佰制药	10.40	10.68	2.69%	2	10.75	10.53	4705	500.94	10.65	0.28	2.12%
10	SZ000667	名流置业	4.10	4.21	2.68%	71	4.22	4.10	16132	676.44	4.19	0.11	2.93%
11	SH600436	片仔癀	23.10	23.70	2.60%	4	23.76	23.10	1587	374.76	23.61	0.60	2.86%
12	SH600978	宜华木业	3.50	3.59	2.57%	117	3.60	3.52	9678	345.61	3.57	0.09	2.29%
13	SZ000031	中粮地产	5.93	6.08	2.53%	451	6.14	5.98	20201	1229.53	6.09	0.15	2.70%
14	SH600466	ST迪康	4.76	4.88	2.52%	83	4.94	4.77	3021	147.17	4.87	0.12	3.57%
15	SZ002179	中航光电	16.91	17.32	2.42%	3	17.35	16.70	1157	199.36	17.23	0.41	3.84%
16	SH600064	南京高科	12.87	13.17	2.33%	13	13.22	12.88	8779	1150.23	13.10	0.30	2.64%
17	SH600508	上海能源	10.84	11.09	2.31%	13	11.09	10.87	3981	438.66	11.02	0.25	2.03%
18	SZ000488	晨鸣纸业	6.41	6.55	2.18%	897	6.57	6.46	23010	1499.19	6.52	0.14	1.72%
19	SH600751	S*ST天海	3.68	3.76	2.17%	3	3.77	3.68	1307	48.90	3.74	0.08	2.45%
20	SH600182	S佳通	3.72	3.80	2.15%	7	3.81	3.73	3129	118.45	3.79	0.08	2.15%
21	SH600795	国电电力	6.13	6.26	2.12%	105	6.28	6.14	29815	1858.80	6.23	0.13	2.28%
22	SH600645	ST望春花	5.41	5.52	2.03%	37	5.55	5.38	5666	311.24	5.49	0.11	3.14%
23	SH601088	中国神华	18.45	18.82	2.01%	18	18.85	18.55	42685	7983.40	18.70	0.37	1.63%
24	SH600555	九龙山	4.00	4.08	2.00%	1	4.08	4.01	7096	287.67	4.05	0.08	1.75%
25	SZ000848	承德露露	15.54	15.85	1.99%	1	15.90	15.69	685	108.31	15.81	0.31	1.35%
26	SH600030	中信证券	21.08	21.50	1.99%	156	21.68	21.42	131880	28419.20	21.55	0.42	1.23%

图 3-16 选出“同态势”个股

翻到第二页才看到涨幅不到两个点的大同煤业(图 3-17)，日线走势显示“同态势”相当吻合，分时走势早市未涨正在横盘打底，此时大盘小横正欲向上，介入该股正是大好时机。

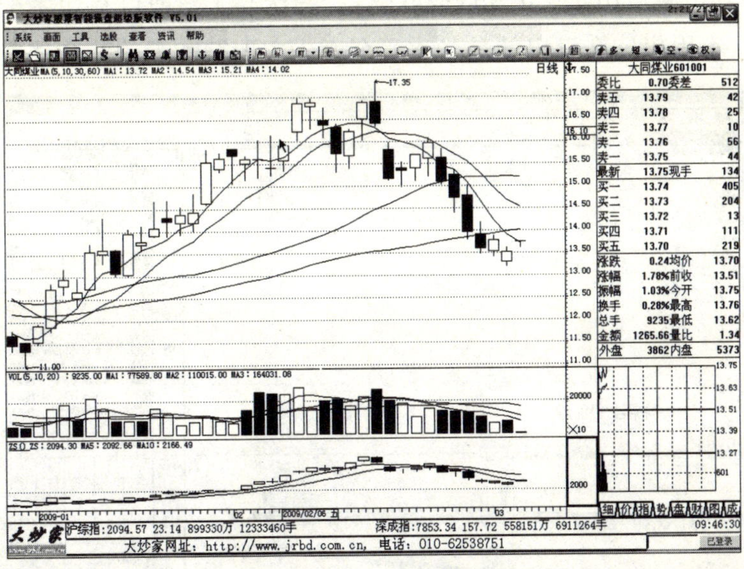

图 3-17 大同煤业

大同煤业(图 3-18)后市走势相当稳健，午前三个台阶的横盘简直叫人放一百个心。

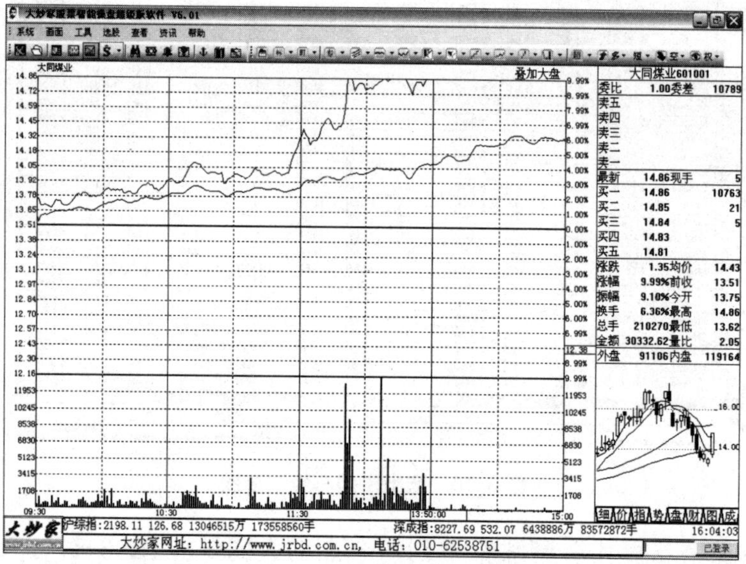

图 3-18　大同煤业后市

鉴于大同煤业属于下降中的反弹，不适做波段，适合短线操作，于是次日开市就启用了“5 分钟线盯盘”，当快到十点时盯盘出来翻白(图 3-19)，不用想什么卖出便是，昨买今卖先主要把昨天的获利兑现。

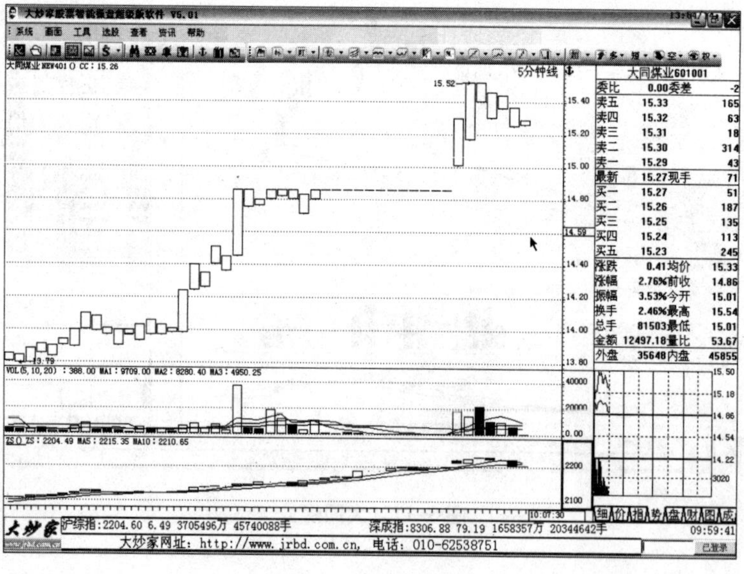

图 3-19　大同煤业盯卖

短线操作不是非得分钟线“蓄势形态”指标选买的股，才能用分钟线短线盯盘卖出。利用什么指标功能选买的都可以在短线盯盘上采用，再如短线操作分钟线“蓄势形态”指标选买的股，也可以在中线操作上利用 60 分钟线盯盘卖出。

大同煤业(图 3-20)自翻白后，分时走势与大盘震荡下行，看来短线操作如此卖是正确的，今天反弹结束卖的很得意，若整理后明天走好再抓回何妨，不是趋势向上就得随时调换思维。

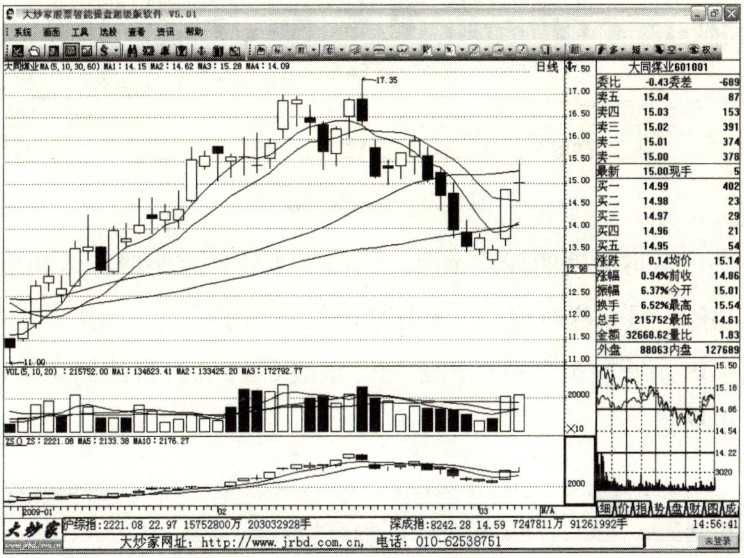

图 3-20 大同煤业收市

3 月 6 日，大同煤业(图 3-21)也没走好，随大盘走势震荡，两日整理过后能否重返涨势待关注，作为短线操作不浪费时间参与整理是对的。

短线操作大同煤业，利用软件“四层次”中的“同态势”功能，显然是符合“个股行情四个层次”的意识，“选时”也是看在大盘走势此时给予了个股的炒作机会，但不是波段中线的机会，只是短线操作的机会。能看出是短线机会今买明卖，算是识时务者为俊杰，看不出来可就想当俊杰也当不成。

3 月 4 日，同时选出的还有中国平安、中国神华、房产、券商等一

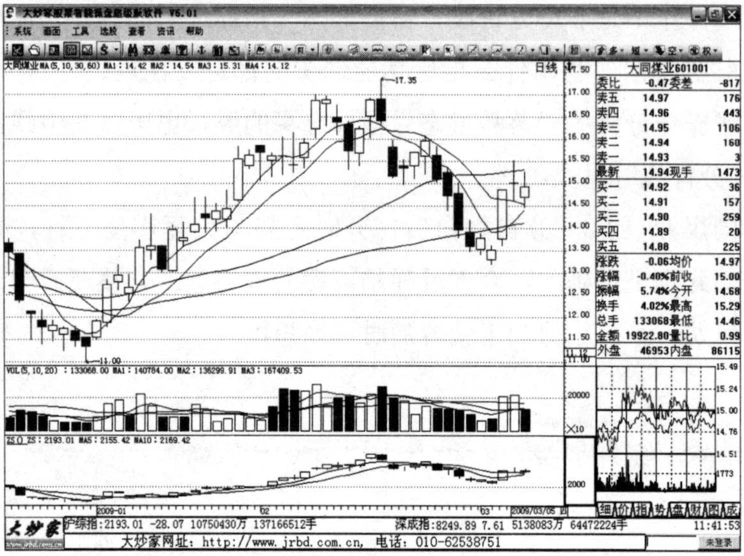

图 3-21　大同煤业次日

大群，当日后市大涨的板块个股，所以说本软件“个股行情四个层次”的选股功能，只要应时使用，有好票管保跑不了。

其中国元证券也在被选出之列。该股(图 3-22)日线同态势，分时走势早市横盘。

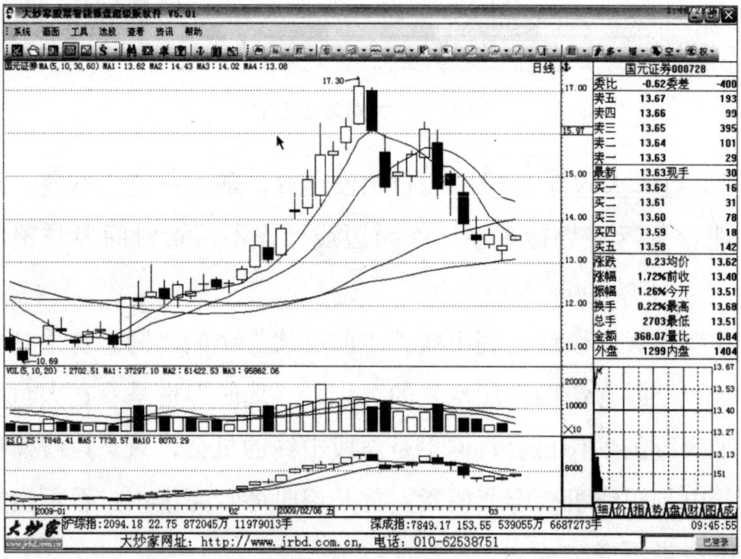

图 3-22　国元证券

国元证券(图 3-23)后市自不必说，大盘都捅到了一百多点他能不上吗。

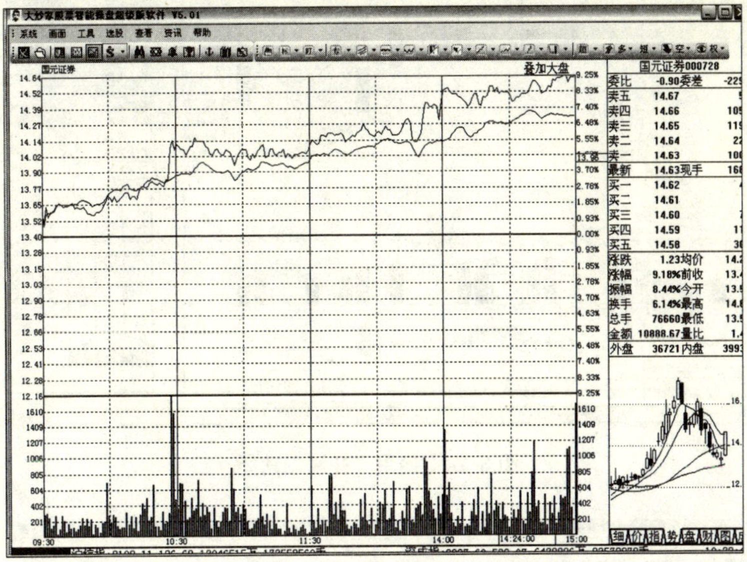

图 3-23 国元证券后市

该股的盯盘卖出就不跟踪显示了，还是用 5 分钟线盯盘，准能卖个好价。

3 月 9 日，大盘分时走势单边下跌大半天了，在急下一波时启用了“补涨”功能(图 3-24)，看看这时还有没有近几天没有跟大盘反弹而需要补涨的个股。

真还有不少胆大的，竟然在大盘反弹结束变盘大跌之日敢对着干(图 3-25)，不干不行呀，我还没涨呢。

被选出来的熊猫烟花(图 3-26)还真不熊，前半天一直在抗跌长时间横盘，看来是选晚了，若勤快点发现时就更低了，以后不管市道多么差，之后还跌不跌，勤用着软件指标功能没坏处。

该股有前市长横盘，肯定今天想涨个大的，今日大盘不好早料到，既然费劲花钱抬了股价就不能前功尽弃。于是，趁回调下来价低买些，试试软件“补涨”功能效果怎样？

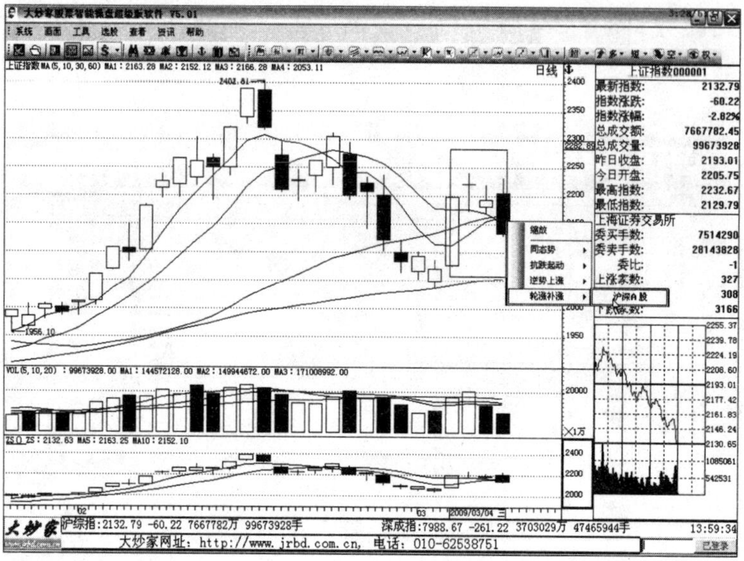

图 3-24 启用“补涨”功能

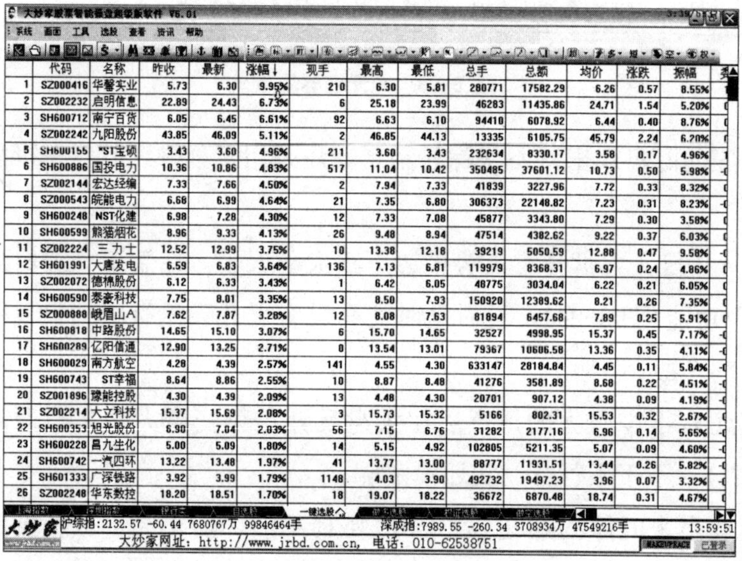

	代码	名称	昨收	最新	涨幅↓	现手	最高	最低	总手	总额	均价	涨跌	振幅
1	SZ000416	华馨实业	5.73	6.30	9.95%	210	6.30	5.81	280771	17582.29	6.26	0.57	8.55%
2	SZ002232	启明信息	22.89	24.43	6.73%	6	25.18	23.99	46283	11435.86	24.71	1.54	5.20%
3	SH600712	南宁百货	6.05	6.45	6.61%	92	6.63	6.10	94410	6078.92	6.44	0.40	8.76%
4	SZ002242	九阳股份	43.85	46.09	5.11%	2	46.85	44.13	13335	6105.75	45.79	2.24	6.20%
5	SH600155	*ST宝硕	3.43	3.60	4.96%	211	3.60	3.43	232634	8330.17	3.58	0.17	4.96%
6	SH600886	国投电力	10.36	10.86	4.83%	517	11.04	10.42	350485	37601.12	10.73	0.50	5.98%
7	SZ002144	宏达经编	7.33	7.66	4.50%	2	7.94	7.33	41839	3227.96	7.72	0.33	8.32%
8	SZ000543	皖能电力	6.68	6.99	4.64%	21	7.35	6.80	306373	22148.82	7.23	0.31	8.23%
9	SH600248	NST化建	6.98	7.28	4.30%	12	7.33	7.08	45877	3343.80	7.29	0.30	3.58%
10	SH600599	熊猫烟花	8.96	9.33	4.13%	26	9.48	8.94	47514	4382.62	9.22	0.37	6.03%
11	SZ002224	三力士	12.52	12.99	3.75%	10	13.38	12.18	39219	5050.59	12.88	0.47	9.58%
12	SH601991	大唐发电	6.59	6.83	3.64%	136	7.13	6.81	119979	8368.31	6.97	0.24	4.86%
13	SZ002072	德棉股份	6.12	6.33	3.43%	1	6.42	6.05	48775	3034.04	6.22	0.21	6.05%
14	SH600590	泰豪科技	7.75	8.01	3.35%	13	8.50	7.93	150920	12389.62	8.21	0.26	7.35%
15	SZ000888	峨眉山A	7.62	7.87	3.28%	12	8.08	7.63	81894	6457.68	7.89	0.25	5.91%
16	SH600818	中路股份	14.65	15.10	3.07%	6	15.70	14.65	32527	4998.95	15.37	0.45	7.17%
17	SH600289	亿阳信通	12.90	13.25	2.71%	0	13.54	13.01	79367	10606.58	13.36	0.35	4.11%
18	SH600029	南方航空	4.28	4.39	2.57%	141	4.55	4.30	633147	28184.84	4.45	0.11	5.84%
19	SH600743	ST幸福	8.64	8.86	2.55%	10	8.87	8.48	41276	3581.89	8.68	0.22	4.51%
20	SZ001896	豫能控股	4.30	4.39	2.09%	13	4.48	4.30	20701	907.12	4.38	0.09	4.19%
21	SZ002214	大立科技	15.37	15.69	2.08%	3	15.73	15.32	5166	802.31	15.53	0.32	2.67%
22	SH600353	旭光股份	6.90	7.04	2.03%	56	7.15	6.76	31282	2177.16	6.96	0.14	5.65%
23	SH600228	昌九生化	5.00	5.09	1.80%	14	5.15	4.92	102805	5211.35	5.07	0.09	4.60%
24	SH600742	一汽四环	13.22	13.48	1.97%	41	13.77	13.00	88777	11931.51	13.44	0.26	5.82%
25	SH601333	广深铁路	3.92	3.99	1.79%	1148	4.03	3.90	492732	19497.23	3.96	0.07	3.32%
26	SZ002248	华东数控	18.20	18.51	1.70%	18	19.07	18.22	36672	6870.48	18.74	0.31	4.67%

图 3-25 选出补涨个股

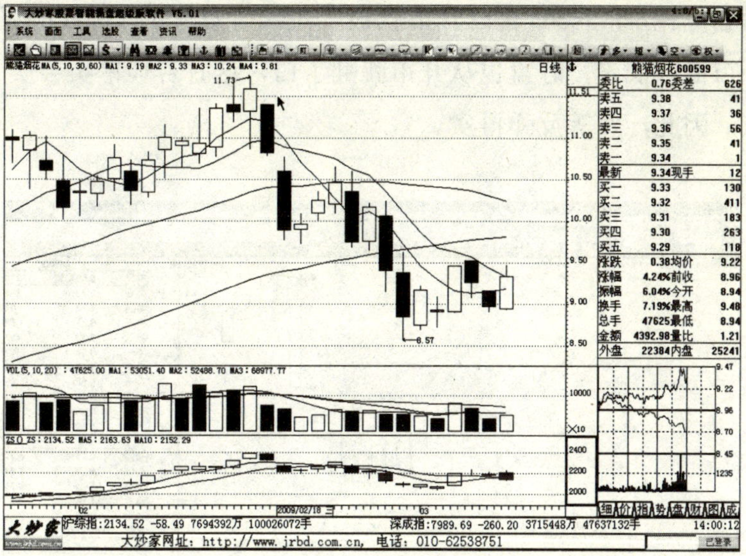

图 3-26 熊猫烟花

熊猫烟花(图 3-27)后来乘大盘做完双底反弹之机，把股价猛劲抬上了涨板，大盘尾市又下拉下来一会，可又倔强地返上了停板。

该股走势符“四层次”中的“补涨”意识，不符合个股波段操作“选时”，视反弹炒把短线而已，补涨补涨补完算完。

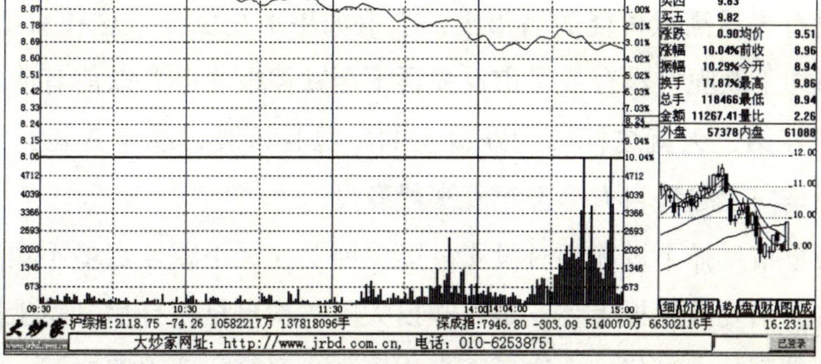

图 3-27 熊猫烟花后市

熊猫烟花(图 3-28)次日开市就被“短线盯盘”5 分钟线盯了起来，该股开市低开低走，盯盘也从开市就翻了白，这时若挂单卖会卖到下跌的低点。因此，要等反弹再卖。

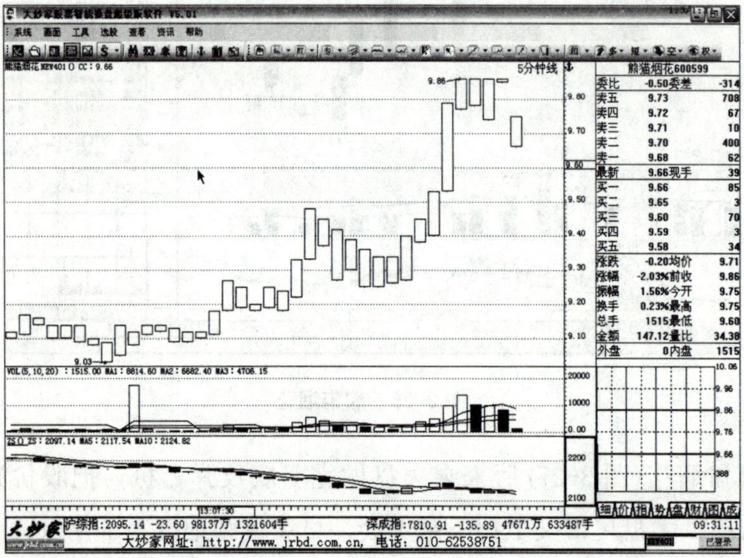

图 3-28　熊猫烟花 5 分钟线盯盘

盯盘换到分时图，熊猫烟花(图 3-29)这时反弹未过开盘价，此时大盘走势也反弹完正想向下弯，赶紧将挂好的熊猫烟花卖单摁确定。

熊猫烟花(图 3-30)午后开盘有所返上，收盘价也高过上午卖出的点位，这样看是卖的不好，但要明确的是短线操作的今买明卖，就应在第一时间的 5 分钟线盯盘翻白结合分时不过前高时卖，不应等到不确定的有没有再返高点可能的后市上，大盘如果不是像今天这样后市上涨，而是单边下跌呢？没有或早市反弹再下至跌停板咋办？以前有次钢铁股头天涨停第二天就这样砸到跌板上的，况且该股日线走势还只是个反弹，不是向上趋势自大形态起涨那般有度。

若早市反弹不过前高时没卖，能保证不在又下跌 4 点多不卖吗？那时还真恐怕要跌到板上呢。是有昨日大阳、次日早下打后又返上的，但不知要等到什么时候，也许盘中也许尾市，要等就要浪费时间，可能错过当天再选个股的时机，一心不能二用，一边牵挂仓中票一边选股怎么

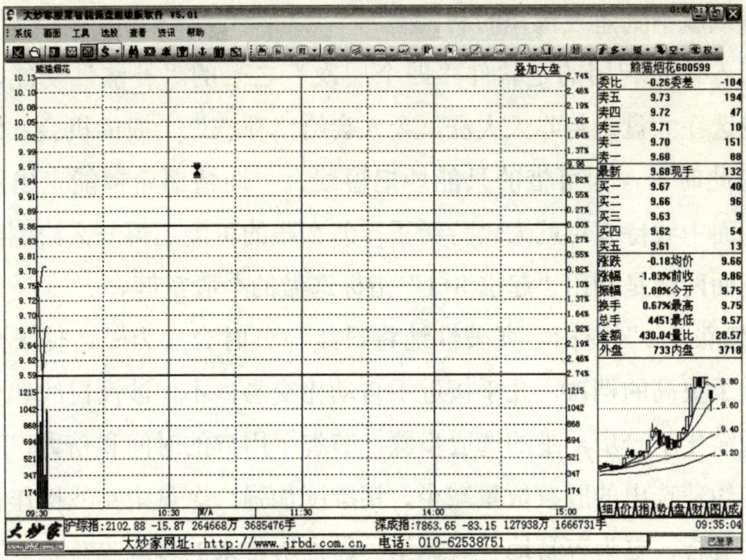

图 3-29 熊猫烟花分时

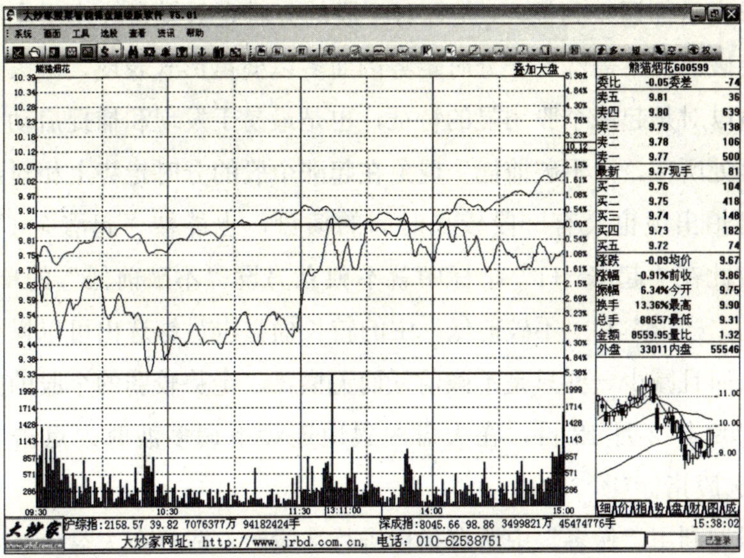

图 3-30 熊猫烟花收市

能行，还是先把昨天凭办法赚到的钱兑现出来，别拖到没办法预料的今天后期走势上，不是没有可能前功尽弃落个反遭亏损的结果的。

说这么多就是要讲一个规范，既是短线操作就必须遵守短线操作策略的规则，唯有这样才能规范操作做好短线，不然永远做不妥善短线，赢不满或赢不到短线操作的利。

买入该股利用的是软件“四个层次”之一的“补涨”功能，“选时”也选在大盘走势昨天大涨，今天会给“补涨”个股的机会，这两样是恰在此时了，但可惜的只能炒把短线，一厢情愿希望能走出波段走势，从而中线持有可就大错特错了，怎么赚的可能还得怎么给倒回去。

下面两例是利用“起涨 3+1”指标选做的个股案例。

“起涨 3+1”指标，突破性地将日线与分时合二为一，使大炒家软件又上了更高的档次，几乎接近于自动化交易，不但涉及日线和分时走势，既简化了一步一步的选股步骤，节省了用户的时间和精力，又因彼此的制约使选出的股票数量减少、精准度加强，令盘中实战操作在简捷顺畅中进行，更为容易地获取抓第一起点所带来的可观收益。

“起涨 3+1”选股指标，3 是针对个股走势大形态蓄势，即 K 线、乖离、成交量都调整到位，1 是针对个股的分时走势横盘。由于个股自大形态突破起涨不需洗筹，分时走势因而多以横盘形式表现，抗大盘下跌而横盘以对是起涨个股明显的特征，也是最易于发现和捕捉启动上涨个股的妙处所在。“不破前低”现象在起涨个股的分时走势上相对出现较少，哪怕出现也会有一段较长时间的横盘，也能被“起涨 3+1”所包含，故此在“起涨 3+1”指标中就不独立另设“不破前低”的单项了，纯粹的“横盘”和“不破前低”中的较长横盘也足够选出可以操作的股票了，而且减少一些只是不破前低而无横盘、走势较弱的个股的关注。

2009 年 2 月 12 日，在大盘凶狠地连续下调多波时，点击“起涨 3+1”选股指标(图 3-31)。

强调利用“做多”中所有指标进行选股时，应择在大盘分时走势下跌中，越下越选、跌几波选几波；在大盘分时走势上升中，不要选在上涨的线条中，要等到线条回调时，盘中出现震荡回调几波更是佳机。

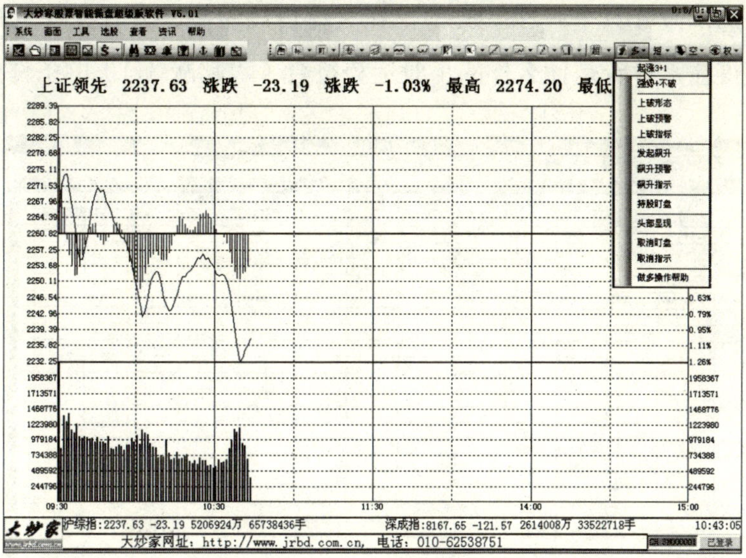

图 3-31 点击“起涨 3+1”

在随之出现的框中，确定振幅和时间，需按当时大盘下跌的幅度和时间长短而定。目前，系统的默认值分别是 2.0、30，觉得适合当即确定(图 3-32)。

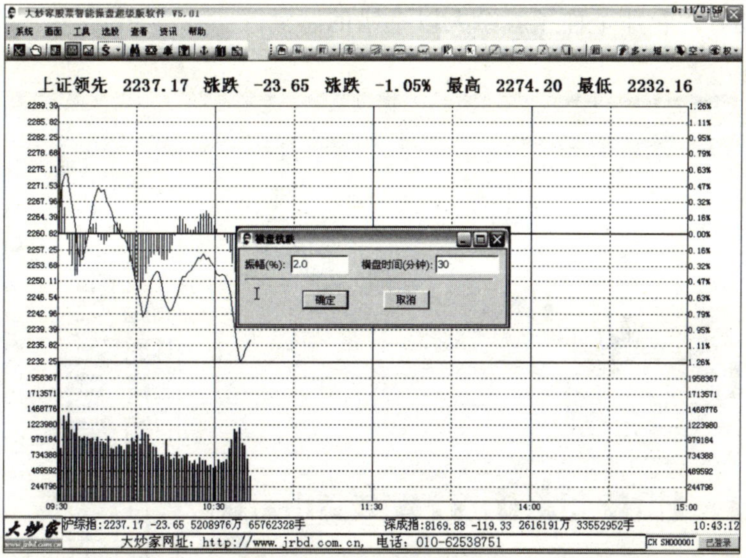

图 3-32 确定振幅、时间

只选出来6只个股(图3-33)，在大盘日线做头、分时大跌之时仍有个股盘得住，看看是什么样的个股走势符合了“起涨3+1”的条件要求。

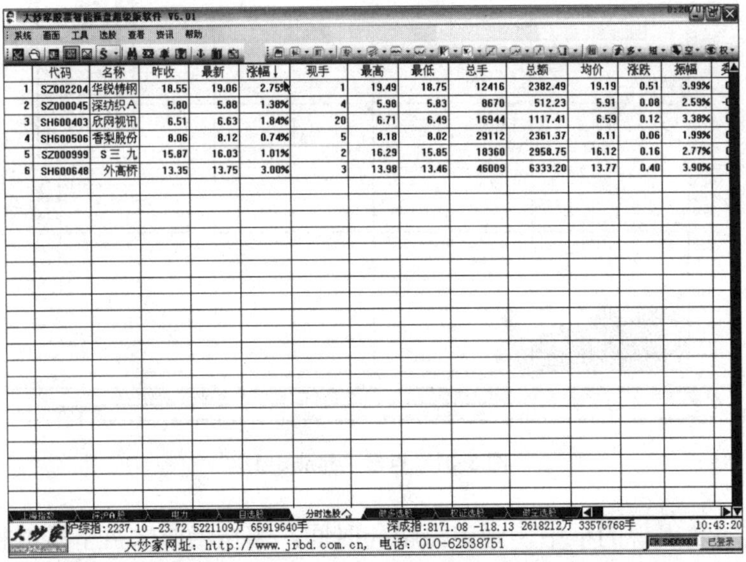

	代码	名称	昨收	最新	涨幅↓	现手	最高	最低	总手	总额	均价	涨跌	振幅
1	SZ002204	华锐铸钢	18.55	19.06	2.75%	1	19.49	18.75	12416	2382.49	19.19	0.51	3.99%
2	SZ000045	深纺织A	5.80	5.88	1.38%	4	5.98	5.83	8670	512.23	5.91	0.08	2.59%
3	SH600403	欣网视讯	6.51	6.63	1.84%	20	6.71	6.49	16944	1117.41	6.59	0.12	3.38%
4	SH600506	香梨股份	8.06	8.12	0.74%	5	8.18	8.02	29112	2361.37	8.11	0.06	1.99%
5	SZ000999	S三九	15.87	16.03	1.01%	2	16.29	15.85	18360	2958.75	16.12	0.16	2.77%
6	SH600648	外高桥	13.35	13.75	3.00%	3	13.98	13.46	46009	6333.20	13.77	0.40	3.90%

图3-33 选出6只个股

华锐铸钢的日线走势显示的是个漂亮而典型的“五弯十”大形态(图3-34)，看那个样子就给人以不错的感觉。

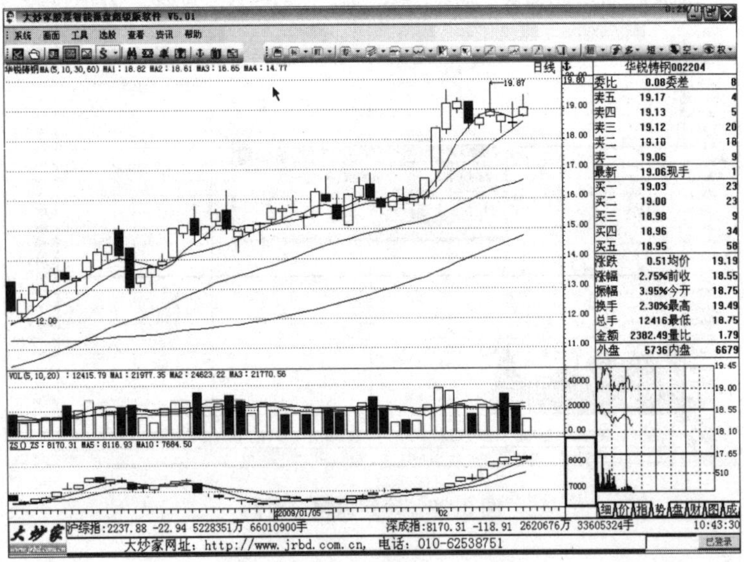

图3-34 华锐铸钢日线

华锐铸钢的分时显示是抗跌不破前低的走势(图 3-35)，早市曾有两波上涨，不破前低之前也算是个横盘的箱体，是标准的早市冲高回落不破前低横盘走势的买点。

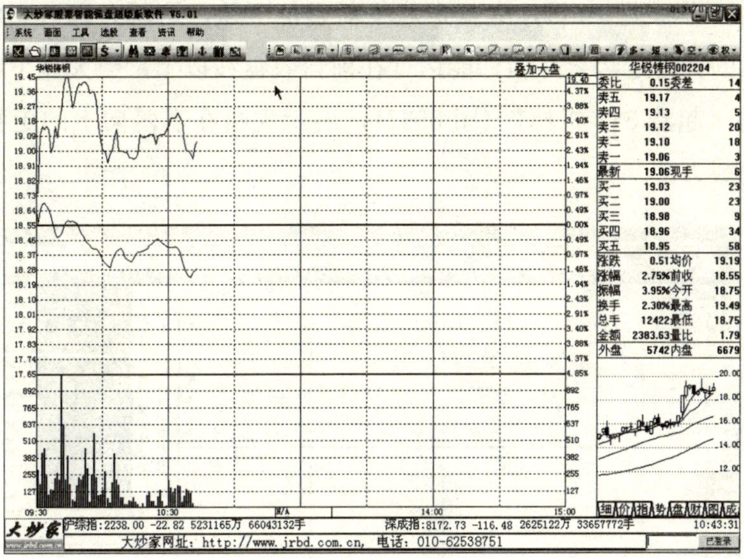

图 3-35 华锐铸钢分时

华锐铸钢(图 3-36)后市虽遭遇大盘又下几波的影响微下，但在一次长时间的窄幅横盘后，终随大盘回暖升至涨停。

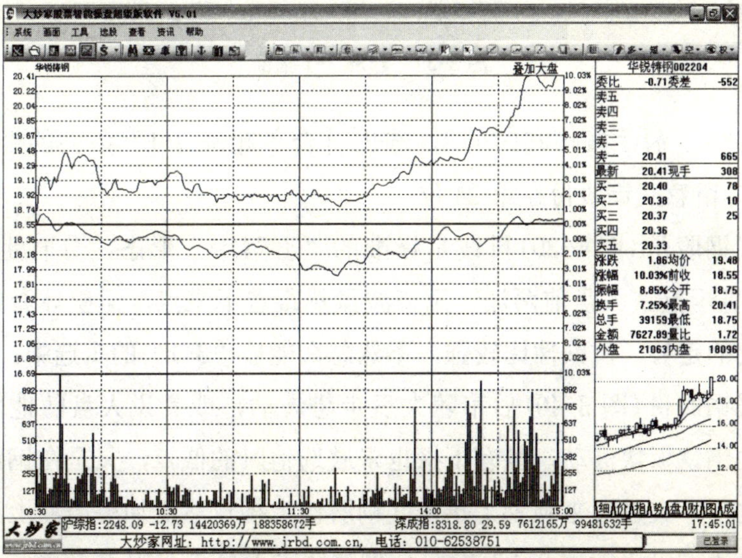

图 3-36 华锐铸钢后市

这是在大盘走势处于盘头阶段，担心大盘随时有破位开跌之时刻，实盘举例演示“起涨 3+1”指标的应用，能收到如此好的效果，而且选出的少而精，想必在平稳或向上的市道中更能凸显出其天助般的功效。

2009 年 2 月 16 日，大盘走势午前震荡下跌，这怎么说也比选华锐铸钢时的大盘走势要好些，能运行在前日收盘线以上，当大盘下跌三波后启用“起涨 3+1 指标”(图 3-37)，展示大盘在震荡向上的走势中其指标的威力。

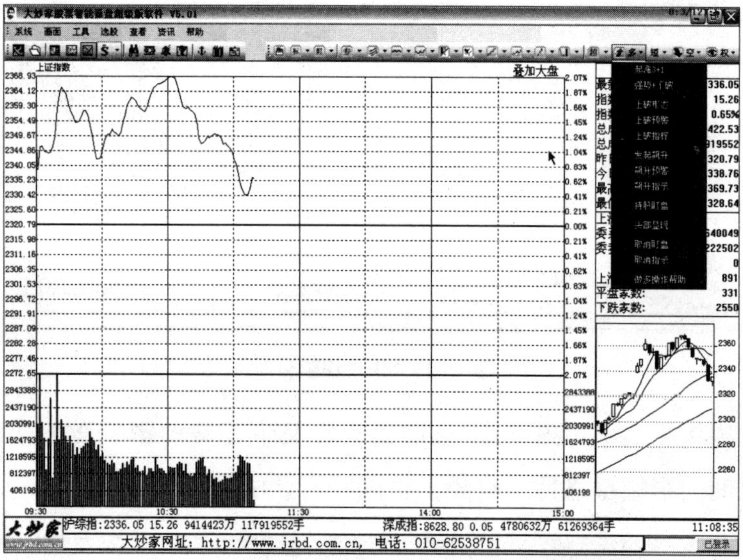

图 3-37　起涨 3+1 指标

省略显示“振幅和时间”，选出符合“起涨 3+1”条件的个股(图 3-38)，留意武钢股份在第 24 位。

武钢股份(图 3-39)日线是标准的“五弯十”形态，分时走势(右下)也显示抗跌大盘前两波，第三波虽然跟着下来点，但整体看是个窄幅波动的走势，抗跌性比较强，不然怎么能被“3+1”的 1 选中。

武钢股份(图 3-40)后市随大盘走势波动，或者说大盘随他们占权重大的钢铁板块波动，虽有下探也未破选他时的低点，又是在钢铁板块的带动下，大盘后来强劲上扬，武钢股份上扬自然更加凌厉冲上涨板。

此次增设“起涨 3+1”指标，我部技术人员下了很大功夫，不仅在

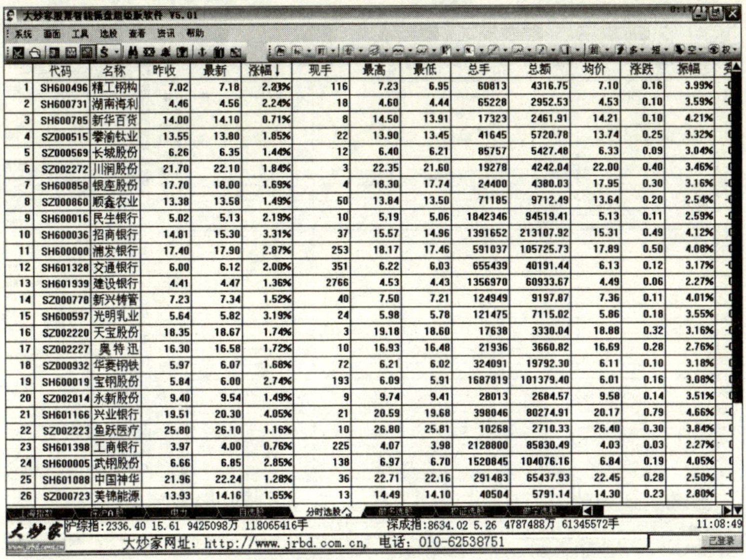

	代码	名称	昨收	最新	涨幅↓	现手	最高	最低	总手	总额	均价	涨跌	振幅
1	SH600496	精工钢构	7.02	7.18	2.23%	116	7.23	6.95	60813	4316.75	7.10	0.16	3.99%
2	SH600731	湖南海利	4.46	4.56	2.24%	18	4.60	4.44	65228	2952.53	4.53	0.10	3.59%
3	SH600785	新华百货	14.00	14.10	0.71%	8	14.50	13.91	17323	2461.91	14.21	0.10	4.21%
4	SZ000515	攀渝钛业	13.55	13.80	1.85%	22	13.90	13.45	41645	5720.78	13.74	0.25	3.32%
5	SZ000569	长城股份	6.26	6.35	1.44%	12	6.40	6.21	85757	5427.48	6.33	0.09	3.04%
6	SZ002272	川润股份	21.70	22.10	1.84%	3	22.35	21.60	19278	4242.04	22.00	0.40	3.46%
7	SH600858	银座股份	17.70	18.00	1.69%	4	18.30	17.74	24400	4380.03	17.95	0.30	3.16%
8	SZ000860	顺鑫农业	13.38	13.58	1.49%	50	13.84	13.50	71185	9712.49	13.64	0.20	2.54%
9	SH600016	民生银行	5.02	5.13	2.19%	10	5.19	5.06	1842346	94519.41	5.13	0.11	2.59%
10	SH600036	招商银行	14.81	15.30	3.31%	37	15.57	14.96	1391652	213107.92	15.31	0.49	4.12%
11	SH600000	浦发银行	17.40	17.90	2.87%	253	18.17	17.46	591037	105725.73	17.89	0.50	4.08%
12	SH601328	交通银行	6.00	6.12	2.00%	351	6.22	6.03	655439	40191.44	6.13	0.12	3.17%
13	SH601939	建设银行	4.41	4.47	1.36%	2766	4.53	4.43	1356970	60933.67	4.49	0.06	2.27%
14	SZ000778	新兴铸管	7.23	7.34	1.52%	40	7.50	7.21	124949	9197.87	7.36	0.11	4.01%
15	SH600597	光明乳业	5.64	5.82	3.19%	24	5.98	5.78	121475	7115.02	5.86	0.18	3.55%
16	SZ002220	天宝股份	18.35	18.67	1.74%	3	19.18	18.60	17638	3330.04	18.88	0.32	3.16%
17	SZ002227	奥特迅	16.30	16.58	1.72%	10	16.93	16.48	21936	3660.82	16.69	0.28	2.76%
18	SZ000932	华菱钢铁	5.97	6.07	1.68%	72	6.21	6.02	324091	19792.30	6.11	0.10	3.18%
19	SH600019	宝钢股份	5.84	6.00	2.74%	193	6.09	5.91	1687819	101379.40	6.01	0.16	3.08%
20	SZ002014	永新股份	9.40	9.54	1.49%	9	9.74	9.41	28013	2684.57	9.58	0.14	3.51%
21	SH601166	兴业银行	19.51	20.30	4.05%	21	20.59	19.68	398046	80274.91	20.17	0.79	4.66%
22	SZ002223	鱼跃医疗	25.80	26.10	1.16%	10	26.80	25.81	10268	2710.33	26.40	0.30	3.84%
23	SH601398	工商银行	3.97	4.00	0.76%	225	4.07	3.98	2128800	85830.49	4.03	0.03	2.27%
24	SH600005	武钢股份	6.66	6.85	2.85%	138	6.97	6.70	1520845	104076.16	6.84	0.19	4.05%
25	SH601088	中国神华	21.96	22.24	1.28%	36	22.71	22.16	291483	65437.93	22.45	0.28	2.50%
26	SZ000723	美锦能源	13.93	14.16	1.65%	13	14.49	14.10	40504	5791.14	14.30	0.23	2.80%

图 3-38 选出个股

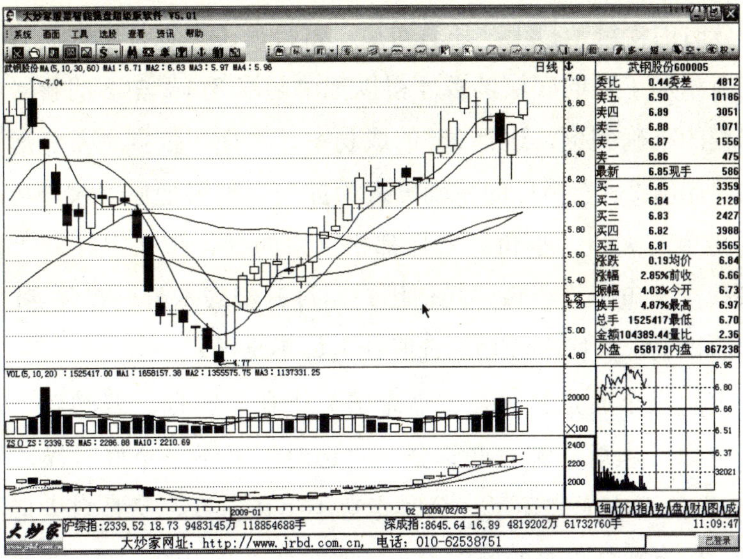

图 3-39 武钢股份

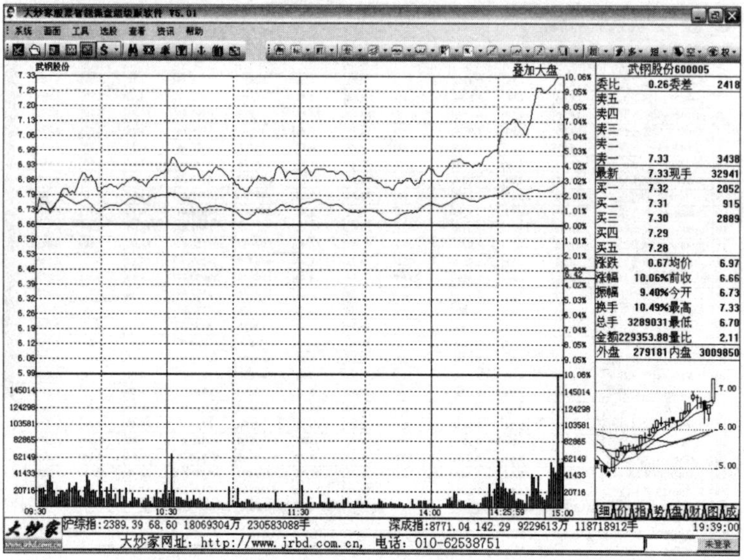

图 3-40 武钢股份后市

日线和分时的无缝衔接上，还有对原“蓄势形态”进行了大的修改和优化，创新添加了新的底层函数才得以把“起涨 3+1”中 3 的新“蓄势形态”编程的准确到位，达到 95%的成功率，也使所依据“蓄势形态”为基准的“起涨 3+1”指标的精确度大为提高。如果把原“蓄势形态”比作是网捞鱼，大鱼、小鱼、鱼仔都捞上来的话，那么现在新“蓄势形态”是只捞大鱼不捞小鱼，相信用户用过升级版本后会有强烈的同感。少而精的视觉、大概率成功的选股让人好不享受。

以上两只个股走势时逢大盘走势处于盘头时期，若联系“四个层次”其中哪一项意识都有些牵强，“选时”又不是个好时候，但就是“五弯十”的形态太完美了，分时走势不错还抗跌，又是自大形态第一天起涨，后市被打下来的概率很小，实在可以至少炒一把今买明卖的短线。由于操作此两例当时只是为验证“起涨 3+1”选股指标，所以未做跟踪盯盘。而在撰写“短线炒作套路及操作流程”赶上大盘和个股走势都调深了，无“起涨 3+1”个股可选，故借来演示。

在此再借用以前在网站首页“软件指标功能应用案例”中，展示利用“上破预警”功能选做的一只个股。“上破预警”相比“上破形态”

指标的好处是，只要开启“自动报出刚突破大形态”的个股，设上自动提醒的声音、发出令人振奋激昂的进军小号声，就是不看盘也无所谓，只要“哒哒哒”小军号响出，赶紧前来查看就可以。真是：小军号哒哒响，钞票黄金等人抢，用户朋友快点来，误了时辰别埋怨。

2008 年 12 月 1 日，大盘早市低开走高后较大幅度回落，此时将早已开启的“上破预警”功能打开(图 3-41)，从被选入的个股中查看是否有抗跌又突破形态的股票。

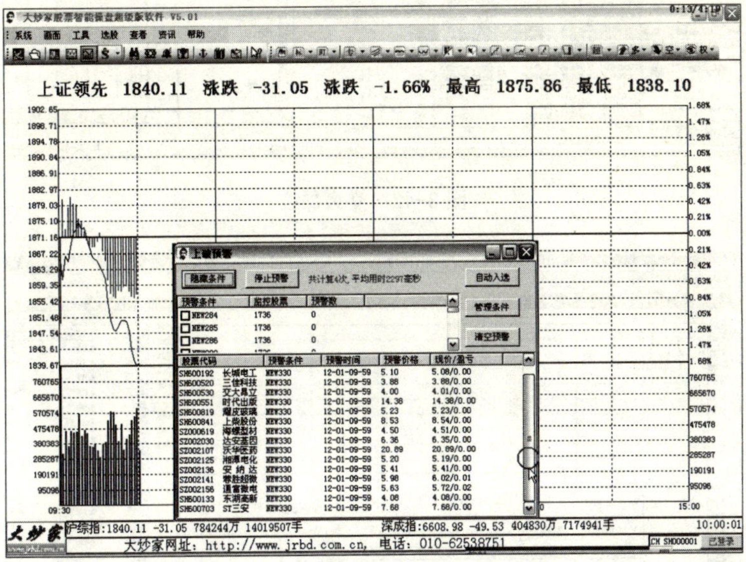

图 3-41 上破预警

近来大市稍暖，会有比较多的个股突破大形态起涨，被“上破形态”指标和“上破预警”功能选报出来，买进的时机仍当在大盘回调时为宜，即使早发现突破也要等回调时价低的好时候。

当点到框中的交大昂立时(图 3-42)，发现该股日线正当突破时，右下角的分时走势也像是在横盘，但为看究竟还是再展开一下分时。

交大昂立的分时走势果然在横盘(图 3-43)，展开分时看还可以和大盘走势相比较，这样更能出感觉。大盘在往下，交大昂立却在抗跌横盘，日线又是第一天上破起涨，所需条件都齐了，不买还考虑什么。

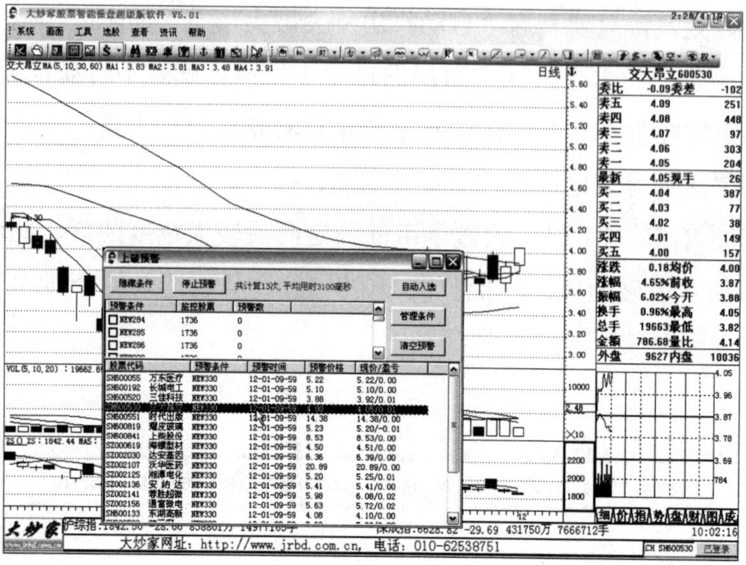

图 3-42　交大昂立

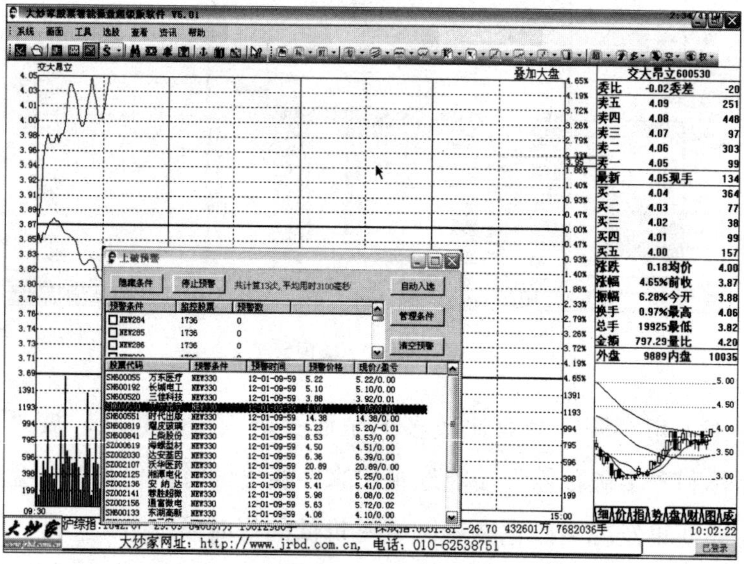

图 3-43　交大昂立分时

交大昂立后市顽强向上(图 3-44)，不努力上涨行吗！第一天上涨用了那么多银子，又抗跌又拉升，难道后市再砸进去套自己不成。

今天“上破预警”功能，报出的有一大批个股都升至涨停，如东湖高新、东方创业、金证股份、霞客环保等等，真是小喇叭一响，黄金万两。

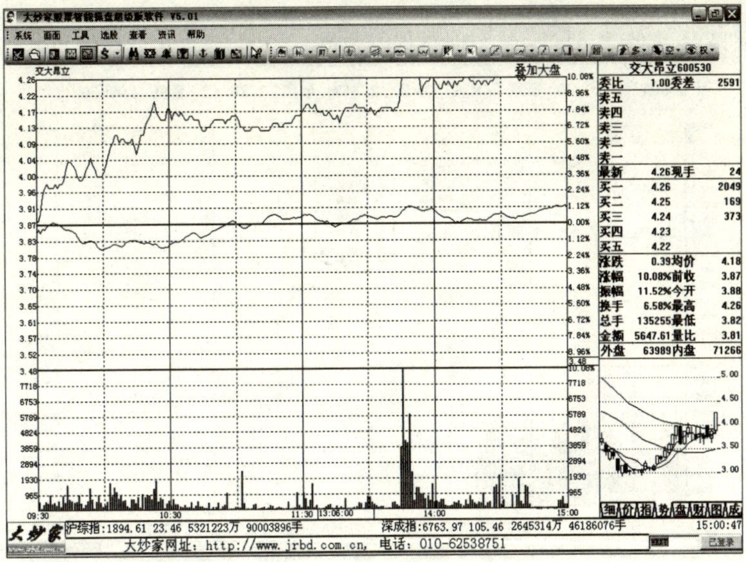

图 3-44 交大昂立后市

下面一例是最近利用“分时选横盘”功能选做短线操作个股的案例。

2009 年 3 月 4 日，大盘分时走势单边上扬、涨势如虹(图 3-45)，往往在这种情况下，有人因没买上票就慌神了，不知该怎么办了？还有人在等大盘回调下来时好选抗跌横盘的，殊不知就是干等不下来。其实这时不必再等，遇着这样单边上升势，盘中什么时候都可以选横盘股，因为有早涨也有晚涨的，大盘单边上扬也不是由一个板块从头带到尾，是板块轮动一波一波地带动。

选出无数只抗涨横盘的个股(图 3-46)，排到 4 点几涨幅的个股一大批。

查看到排第六位的中国平安(图 3-47)，发现其就在横盘小上，涨幅不是很大，4 个多点，早一点选就好了，那时正在横盘，不过现在也来得及，仍有不小上升空间，该股今天是“同态势”，大盘第一天反弹，他也是第一天涨，大盘很难下来，他也能不下而上。

抗涨横盘针对的是第一天上涨，切不要用在第二天抗涨横盘的走势上，前天的获利盘要随时闹事的，那可要等大盘回调看能不能抗跌再说。

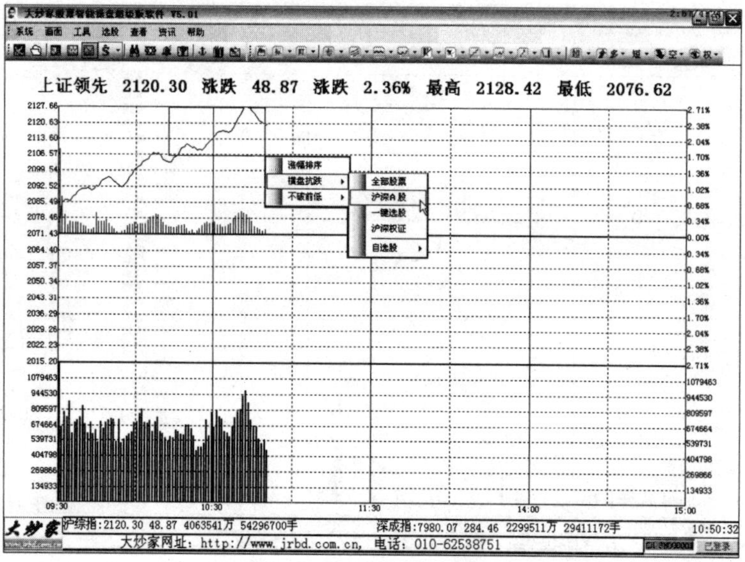

图 3-45 分时选横盘功能

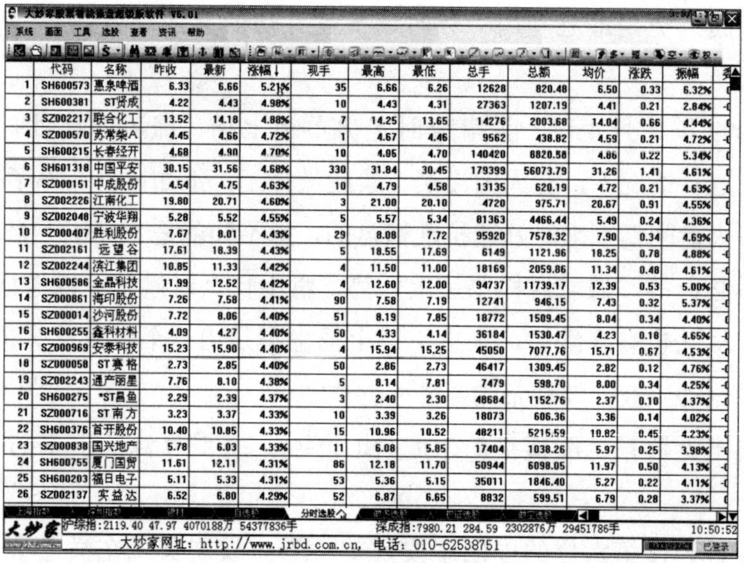

	代码	名称	昨收	最新	涨幅↓	现手	最高	最低	总手	总额	均价	涨跌	振幅
1	SH600573	惠泉啤酒	6.33	6.66	5.21%	35	6.66	6.26	12628	820.48	6.50	0.33	6.32%
2	SH600381	ST贤成	4.22	4.43	4.98%	10	4.43	4.31	27363	1207.19	4.41	0.21	2.84%
3	SZ002217	联合化工	13.52	14.18	4.88%	7	14.25	13.65	14276	2003.68	14.04	0.66	4.44%
4	SZ000570	苏常柴A	4.45	4.66	4.72%	1	4.67	4.46	9562	438.82	4.59	0.21	4.72%
5	SH600215	长春经开	4.68	4.90	4.70%	10	4.96	4.70	140420	6820.58	4.86	0.22	5.34%
6	SH601318	中国平安	30.15	31.56	4.68%	330	31.84	30.45	179399	56073.79	31.26	1.41	4.61%
7	SZ000151	中成股份	4.54	4.75	4.63%	10	4.79	4.58	13135	620.19	4.72	0.21	4.63%
8	SZ002226	江南化工	19.80	20.71	4.60%	3	21.00	20.10	4720	975.71	20.67	0.91	4.55%
9	SZ002048	宁波华翔	5.28	5.52	4.55%	5	5.57	5.34	81363	4466.44	5.49	0.24	4.36%
10	SZ000407	胜利股份	7.67	8.01	4.43%	29	8.08	7.72	95920	7578.32	7.90	0.34	4.69%
11	SZ002161	远望谷	17.61	18.39	4.43%	5	18.55	17.69	6149	1121.96	18.25	0.78	4.88%
12	SZ002244	滨江集团	10.85	11.33	4.42%	4	11.50	11.00	18169	2059.86	11.34	0.48	4.61%
13	SH600586	金晶科技	11.99	12.52	4.42%	4	12.60	12.00	94737	11739.17	12.39	0.53	5.00%
14	SZ000861	海印股份	7.26	7.58	4.41%	90	7.58	7.19	12741	946.15	7.43	0.32	5.37%
15	SZ000014	沙河股份	7.72	8.06	4.40%	51	8.19	7.85	18772	1509.45	8.04	0.34	4.40%
16	SH600255	鑫科材料	4.09	4.27	4.40%	50	4.33	4.14	36184	1530.47	4.23	0.18	4.65%
17	SZ000969	安泰科技	15.23	15.90	4.40%	4	15.94	15.25	45050	7077.76	15.71	0.67	4.53%
18	SZ000058	ST赛格	2.73	2.85	4.40%	50	2.86	2.73	46417	1309.45	2.82	0.12	4.76%
19	SZ002243	通产丽星	7.76	8.10	4.38%	5	8.14	7.81	7479	598.70	8.00	0.34	4.25%
20	SH600275	*ST昌鱼	2.29	2.39	4.37%	3	2.40	2.30	48684	1152.76	2.37	0.10	4.37%
21	SZ000716	ST南方	3.23	3.37	4.33%	10	3.39	3.26	18073	606.36	3.36	0.14	4.02%
22	SH600376	首开股份	10.40	10.85	4.33%	15	10.96	10.52	48211	5215.59	10.82	0.45	4.23%
23	SZ000838	国兴地产	5.78	6.03	4.33%	11	6.08	5.85	17404	1038.26	5.97	0.25	3.98%
24	SH600755	厦门国贸	11.61	12.11	4.31%	86	12.18	11.70	50944	6098.05	11.97	0.50	4.13%
25	SH600203	福日电子	5.11	5.33	4.31%	53	5.36	5.15	35011	1846.40	5.27	0.22	4.11%
26	SZ002137	实益达	6.52	6.80	4.29%	52	6.87	6.65	8832	599.51	6.79	0.28	3.37%

图 3-46 选出横盘个股

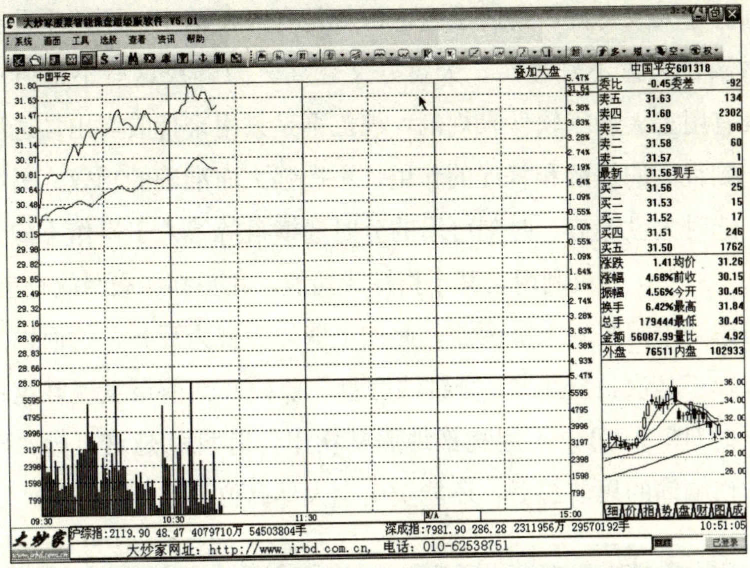

图 3-47　中国平安

可能是还没轮到中国平安(图 3-48)大涨，被赶回去了，老实呆了一会。后市该股还是表现不俗，亦步亦趋步步台阶地升上了涨停。

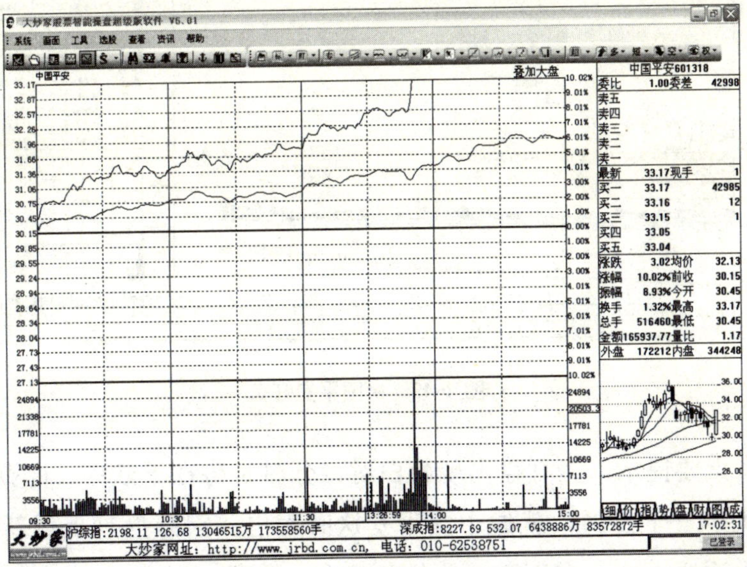

图 3-48　中国平安后市

别看今天大盘好、群股上涨，可就是有人在踏空，不涨不敢买、涨也不敢买，大盘不好埋怨、大盘好又恐高。为解决这些不知所措的矛盾，唯有用上大炒家软件来规范。规范不是只用来持股卖出，选股买入也能起到很大的提醒和督促的作用，不提强大而准确的功效，另有时间段上、选时大盘走势、时刻可用的分时选横盘等等人工操作不能为的方式方法。总之，随机利用上某个指标或功能，几乎都能撒网就有鱼上来。

考虑到中国平安下降两波，此次上涨先应视为反弹，因而以短线操作为宜，于是次日启用“5 分钟线盯盘”监控。当前市发现盯盘系统出现白框时(图 3-49)，不用犹豫地服从卖出，盯盘就是这点妙，不需人工操作伤脑筋的思前想后，还能卖出个大体高位。

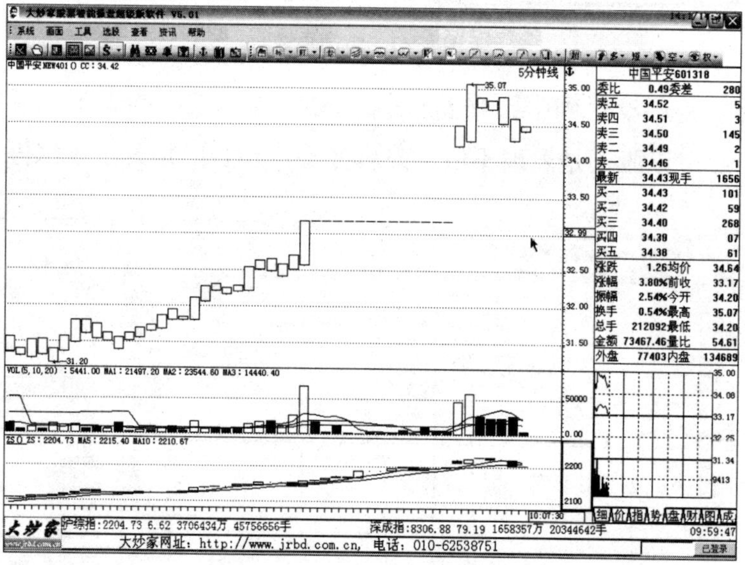

图 3-49　中国平安盯卖

有点要提示，当盯盘出现翻白时，分时走势在下跌中，刚跌即卖，若跌大等一下反弹，就像中国平安这时卖出，因盯盘赶上重新起涨 K 线，也许碰上寸劲在下跌的低位就显白，60 分钟线盯盘更是常遇这种事，做波段可不计较，但做短线要寸价必争，能多赚一点是一点。

中国平安(图 3-50)后来又有走高，显然是翻白时卖低了，但短线操作不应这样患得患失，假如下次该卖不卖等走高再卖，可能就没有走

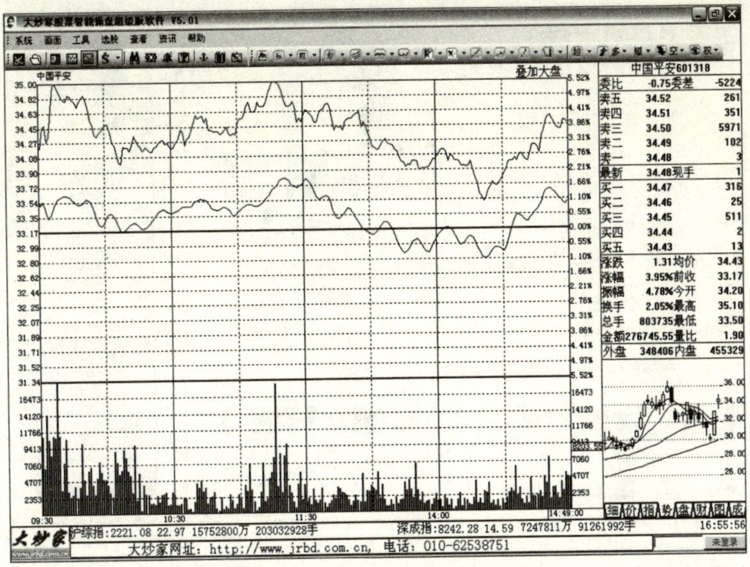

图 3-50 中国平安收市

高了，还可能打下去的更低，当天就有很多不走高接着下去的个股，上面举的大同煤业就没走高嘛。

该争的是刚才提到的翻白等反弹卖出，虽然争取到的利小，但应等该争，后市不一定有的，虽然利大但不应等不该争。若嫌 5 分钟线盯盘赚的少可改换 15 分钟线盯盘，不过要有得失的准备，有可能你碰上的个股，15 分钟线盯盘给你来个跌大的，再说不能老换盯盘时钟，要的就是统一规范，不要规范那就人工来吧，看能不能比软件更厉害。

第三天，中国平安(图 3-51)低开，反复震荡整理了一天，跟大盘的走势一样，明天大盘能否再上一步。

操作该股与“四个层次”意识、“选时”等策略都相吻合，要说是个什么走势什么形态呢？回调不是回调，跌破上升趋势下轨也下调过深，回升也暂不能定为回升，反弹不能完全说成是反弹，若后市创新高呢，但就是眼前值得炒一把，那就炒吧，炒完短线再说。

下面一组举例是利用“分钟线”指标选做短线操作的案例。

在一分钟线走势上利用“蓄势形态”指标选股，要求安排在早市的时间段里进行，大约在 9:40～10:00 之间，具体依大盘当时分时走势为准。

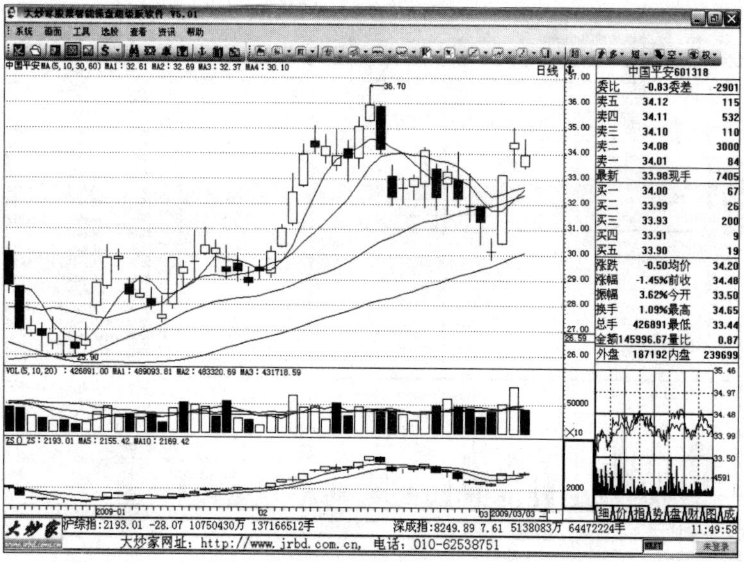

图 3-51　中国平安次日

2009 年 2 月 19 日，9:35，在大盘走势下调一波时，点击“短线操作”中的“日线大形态”(图 3-52)选股指标。

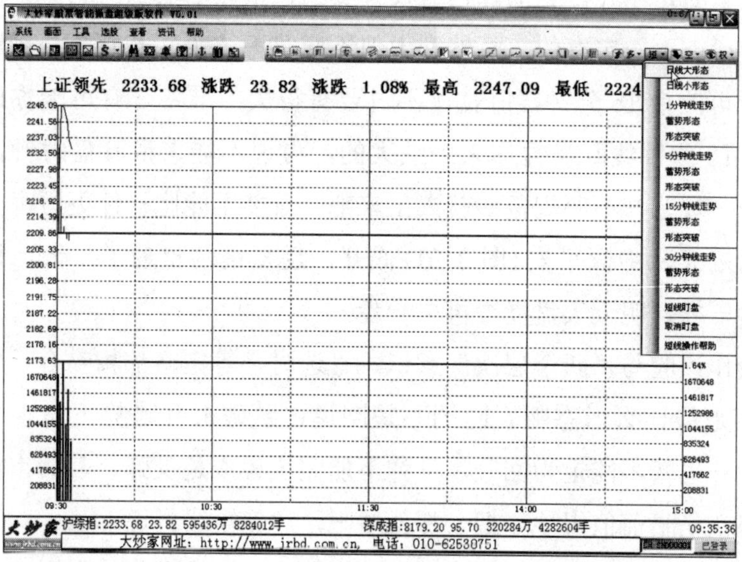

图 3-52　点击“日线大形态”

选出“日线大形态”即蓄势形态后，点击“1 分钟线走势”(图 3-53)，改日线为 1 分钟线走势。

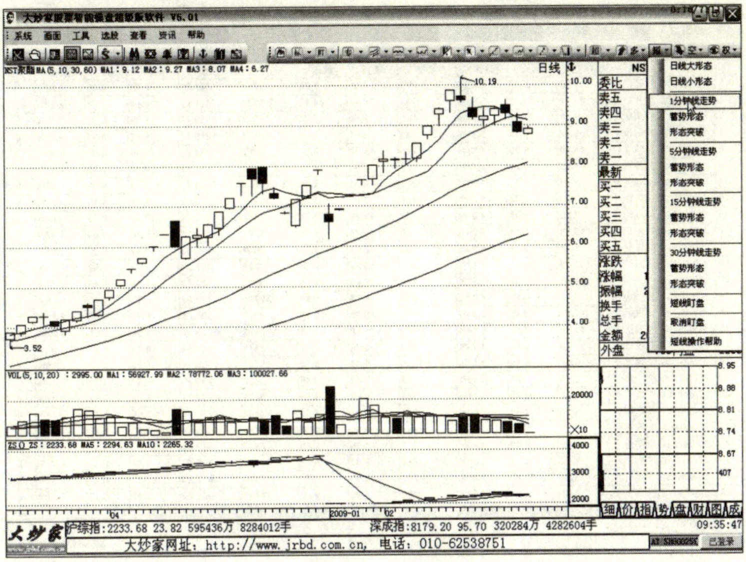

图 3-53 点“1 分钟走势”

在某个股 1 分钟线上，点“蓄势形态”指标(图 3-54)，以选出 1 分钟线符合蓄势形态的个股。

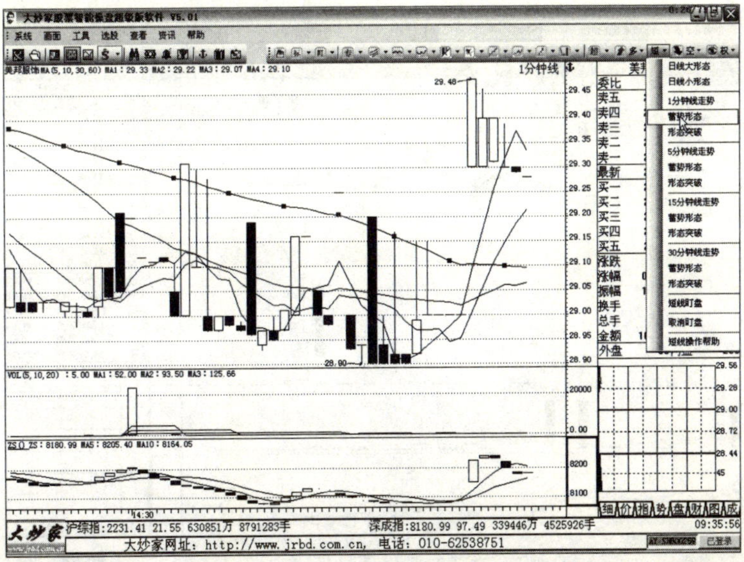

图 3-54 启用“蓄势形态”指标

选出不少 1 分钟线蓄势形态的个股(图 3-55)，时间紧任务重赶快从中查看。

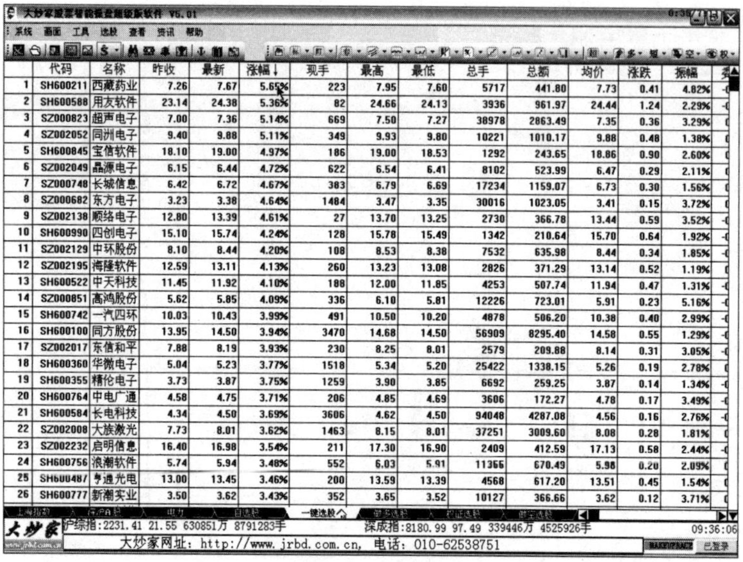

	代码	名称	昨收	最新	涨幅↓	现手	最高	最低	总手	总额	均价	涨跌	振幅
1	SH600211	西藏药业	7.26	7.67	5.65%	223	7.95	7.60	5717	441.80	7.73	0.41	4.82%
2	SH600588	用友软件	23.14	24.38	5.36%	82	24.66	24.13	3936	961.97	24.44	1.24	2.29%
3	SZ000823	超声电子	7.00	7.36	5.14%	669	7.50	7.27	38978	2863.49	7.35	0.36	3.29%
4	SZ002052	同洲电子	9.40	9.88	5.11%	349	9.93	9.80	10221	1010.17	9.88	0.48	1.38%
5	SH600845	宝信软件	18.10	19.00	4.97%	186	19.00	18.53	1292	243.65	18.86	0.90	2.60%
6	SZ002049	晶源电子	6.15	6.44	4.72%	622	6.54	6.41	8102	523.99	6.47	0.29	2.11%
7	SZ000748	长城信息	6.42	6.72	4.67%	383	6.79	6.69	17234	1159.07	6.73	0.30	1.56%
8	SZ000682	东方电子	3.23	3.38	4.64%	1484	3.47	3.35	30016	1023.05	3.41	0.15	3.72%
9	SZ002138	顺络电子	12.80	13.39	4.61%	27	13.70	13.25	2730	366.78	13.44	0.59	3.52%
10	SH600990	四创电子	15.10	15.74	4.24%	128	15.78	15.49	1342	210.64	15.70	0.64	1.92%
11	SZ002129	中环股份	8.10	8.44	4.20%	108	8.53	8.38	7532	635.98	8.44	0.34	1.85%
12	SZ002195	海隆软件	12.59	13.11	4.13%	260	13.23	13.08	2826	371.29	13.14	0.52	1.19%
13	SH600522	中天科技	11.45	11.92	4.10%	188	12.00	11.85	4253	507.74	11.94	0.47	1.31%
14	SZ000851	高鸿股份	5.62	5.85	4.09%	336	6.10	5.81	12226	723.01	5.91	0.23	5.16%
15	SH600742	一汽四环	10.03	10.43	3.99%	491	10.50	10.20	4878	506.20	10.38	0.40	2.99%
16	SH600100	同方股份	13.95	14.50	3.94%	3470	14.68	14.50	56909	8295.40	14.58	0.55	1.29%
17	SZ002017	东信和平	7.88	8.19	3.93%	230	8.25	8.01	2579	209.88	8.14	0.31	3.05%
18	SH600360	华微电子	5.04	5.23	3.77%	1518	5.34	5.20	25422	1338.15	5.26	0.19	2.78%
19	SH600355	精伦电子	3.73	3.87	3.75%	1259	3.90	3.85	6692	259.25	3.87	0.14	1.34%
20	SH600764	中电广通	4.58	4.75	3.71%	206	4.85	4.69	3606	172.27	4.78	0.17	3.49%
21	SH600584	长电科技	4.34	4.50	3.69%	3606	4.62	4.50	94048	4287.08	4.56	0.16	2.76%
22	SZ002008	大族激光	7.73	8.01	3.62%	1463	8.15	8.01	37251	3009.60	8.08	0.28	1.81%
23	SZ002232	启明信息	16.40	16.98	3.54%	211	17.30	16.90	2409	412.59	17.13	0.58	2.44%
24	SH600756	浪潮软件	5.74	5.94	3.48%	552	6.03	5.91	11366	670.49	5.98	0.20	2.09%
25	SH600487	亨通光电	13.00	13.45	3.46%	200	13.59	13.39	4568	617.20	13.51	0.45	1.54%
26	SH600777	新潮实业	3.50	3.62	3.43%	352	3.65	3.52	10127	366.66	3.62	0.12	3.71%

沪综指:2231.41 21.55 630851万 8791283手　深成指:8180.99 97.49 339446万 4525926手　09:36:06
大炒家网址：http://www.jrbd.com.cn，电话：010-62538751

图 3-55　选出“蓄势形态”个股

查看到同达创业(图 3-56)发现，该股 1 分钟线蓄势形态在盘整，股价走势强于大盘，图下方显示的是大盘 1 分钟线走势，还在下跌中，同达创业似乎有上攻迹象。

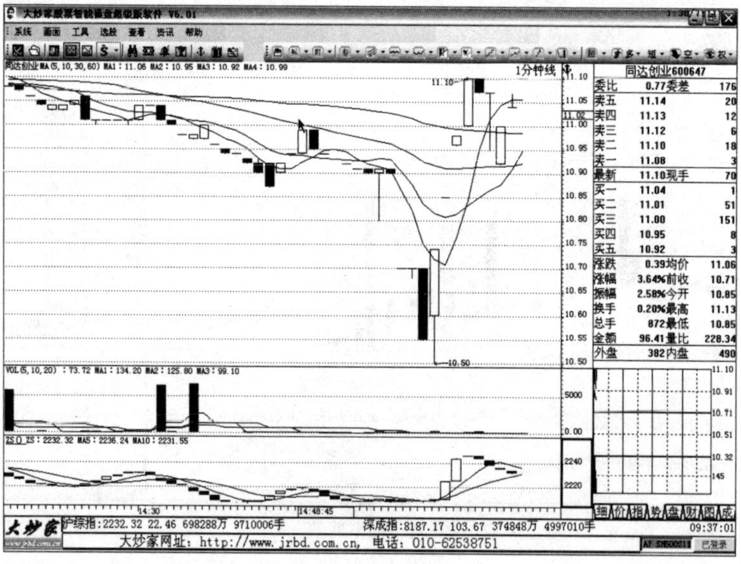

图 3-56　同达创业

可大盘只返上一点又连跌两波，好在同达创业能稳住横盘(图 57)，并在后市继续一定的抗跌，才有了尾市的直线强攻。

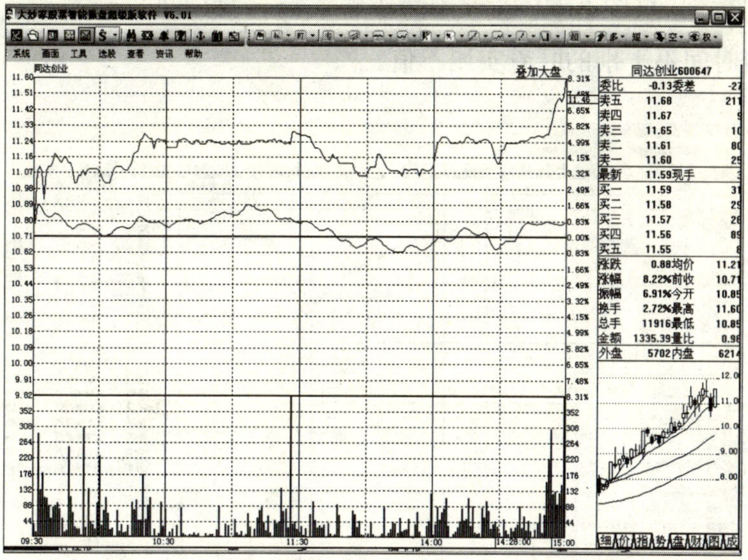

图 3-57 同达创业后市

次日，同达创业(图 3-58)开市后，就将短线持股盯盘设为 5 分钟线，翻白于 9 点 51 分出现，可卖出，开市虽有高点但得按规则办。

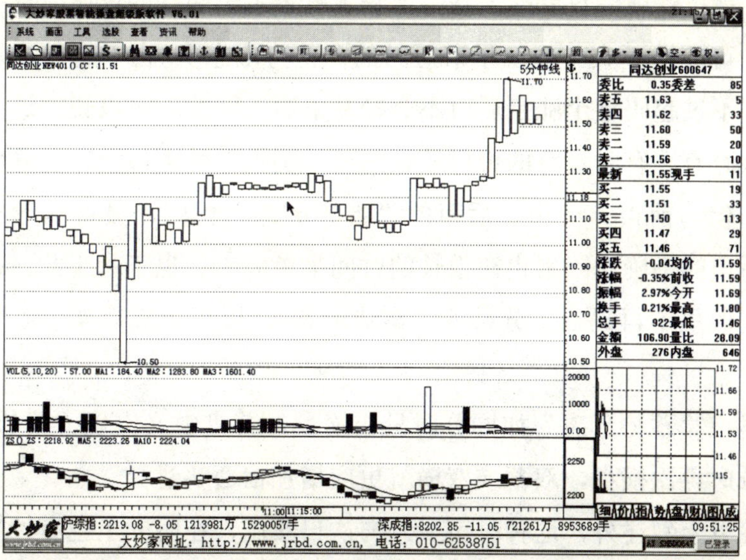

图 3-58 同达创业盯卖

短线操作今买明卖，持股盯盘设在5分钟线为宜，下面有更多的案例验证。

同达创业（图3-59）一天走势小幅震荡，盘中虽出现高一点价位，但浪费时间不干别的盯着实属不值。

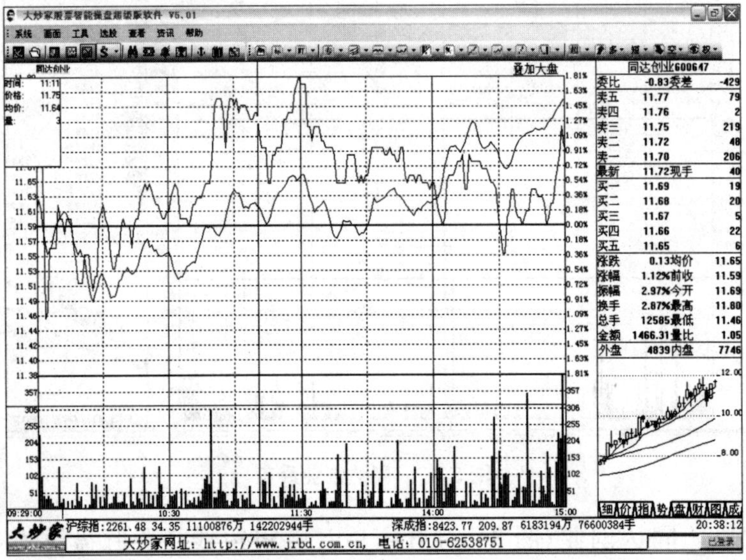

图3-59 同达创业收市

早市抗跌横完盘就能上涨，上涨了就表示出起涨的意愿，冒了头再缩回的可能性不大，但仅早市短时的“蓄势形态”，也不足以决定后市大涨，不过起码这个涨点后市不会轻易下穿。因此，可以说，这是个股走势有时有、有时没有的价位较低的第一买点，虽后市也有上升至涨停板的，但与前市、中市、后市的“蓄势形态”相比，显得基础态势单薄，后市的不确定因素也在很长的时间里考验着。也正基于此，在以后的时间段里不再设启1分钟线“蓄势形态”，以免走高后架子小擎不住股价。

早市“蓄势形态”如同分时早市横盘，若盘中又出现“蓄势形态”如同分时再次横盘，双蓄或双横就更应增加信心买进。

除以上叙述外，这种早市买入与次日卖出，在时间上也有冲突，总的来说，早市1分钟线蓄势形态买进，不作为全天操作主要依赖的手法，在日线同态势或个股形态非常完美情况下可用外，还是多靠5分钟线以上蓄势形态买进个股，那相对更稳定的态势对大涨个股的预期把握也大一些。

在5分钟线走势上利用“蓄势形态”指标选股，要求安排在前市的时间段里进行，2009年2月16日，大约在10：00～11:00之间，具体依大盘当时分时走势为准。

当大盘前市下跌两波时(图3-60)，准备启用“短线操作”中5分钟线“蓄势形态”指标，于是，先点“日线大形态”。

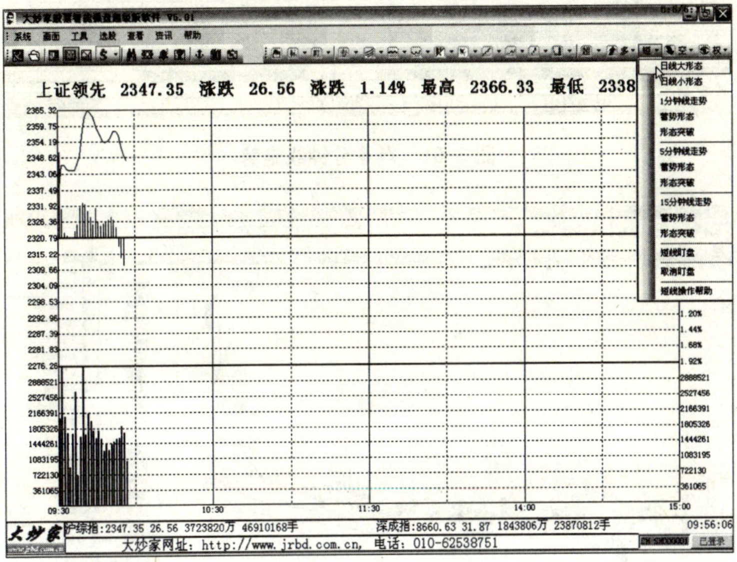

图3-60 日线大形态

点“5分钟线走势”(图3-61)，不用说也是为了把“日线大形态”选出的个股的日线走势变为5分钟线走势。

点出个股5分钟线走势，再点“蓄势形态”(图3-62)就选出基础是日线的蓄势形态，此时不是5分钟线走势的蓄势形态的个股被剔出去了。

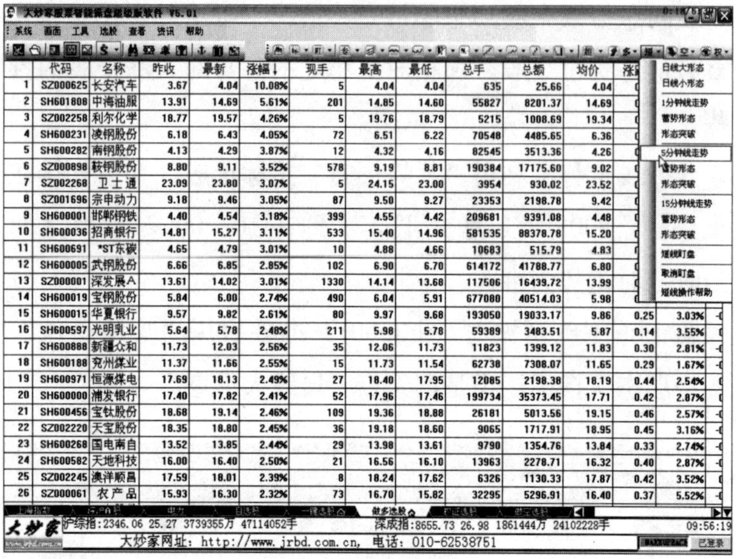

图 3-61 点 5 分钟线走势

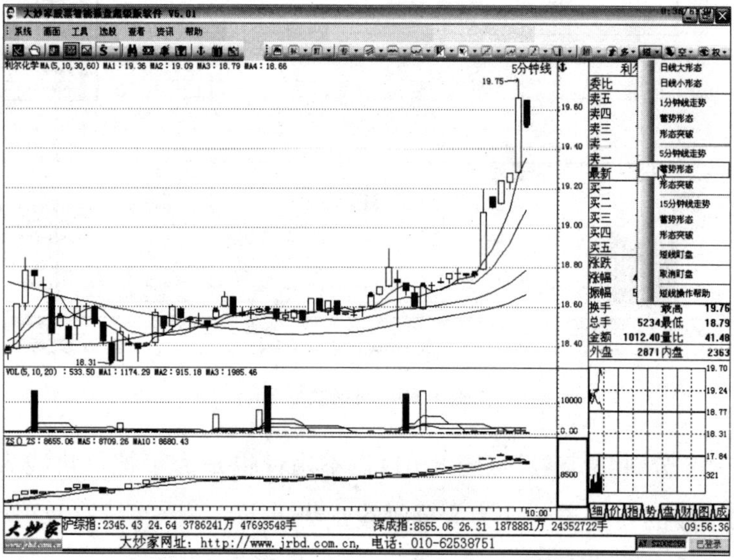

图 3-62 点“蓄势形态”

选出 5 分钟线符合“蓄势形态”条件的个股(图 3-63)。

排在第一个的中海油服(图 3-64)，5 分钟 K 线齐整地像一面墙，悬在跳空大缺口之上，在大盘下跌两波后竟能立而不倒，大盘回升在即，买入时机不可待。

前市抗跌横完盘应能上涨，一上涨就又红高了一截，不是过调整前

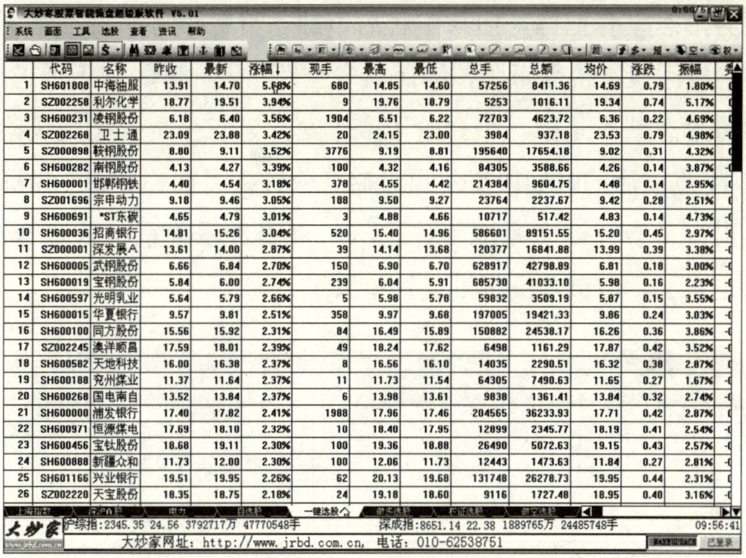

	代码	名称	昨收	最新	涨幅↓	现手	最高	最低	总手	总额	均价	涨跌	振幅
1	SH601808	中海油服	13.91	14.70	5.68%	680	14.85	14.60	57256	8411.36	14.69	0.79	1.80%
2	SZ002258	利尔化学	18.77	19.51	3.94%	9	19.76	18.79	5253	1016.11	19.34	0.74	5.17%
3	SH600231	凌钢股份	6.18	6.40	3.56%	1904	6.51	6.22	72703	4623.72	6.36	0.22	4.69%
4	SZ002268	卫士通	23.09	23.88	3.42%	20	24.15	23.00	3984	937.18	23.53	0.79	4.98%
5	SZ000898	鞍钢股份	8.80	9.11	3.52%	3776	9.19	8.81	195640	17654.18	9.02	0.31	4.32%
6	SH600282	南钢股份	4.13	4.27	3.39%	100	4.32	4.16	84305	3588.66	4.26	0.14	3.87%
7	SH600001	邯郸钢铁	4.40	4.54	3.18%	378	4.55	4.42	214384	9604.75	4.48	0.14	2.95%
8	SZ001696	宗申动力	9.18	9.46	3.05%	188	9.50	9.27	23764	2237.67	9.42	0.28	2.51%
9	SH600691	*ST东碳	4.65	4.79	3.01%	3	4.88	4.66	10717	517.42	4.83	0.14	4.73%
10	SH600036	招商银行	14.81	15.26	3.04%	520	15.40	14.96	586601	89151.55	15.20	0.45	2.97%
11	SZ000001	深发展A	13.61	14.00	2.87%	39	14.14	13.68	120377	16841.88	13.99	0.39	3.38%
12	SH600005	武钢股份	6.66	6.84	2.70%	150	6.90	6.70	628917	42798.89	6.81	0.18	3.00%
13	SH600019	宝钢股份	5.84	6.00	2.74%	239	6.04	5.91	685730	41033.10	5.98	0.16	2.23%
14	SH600597	光明乳业	5.64	5.79	2.66%	5	5.98	5.78	59832	3509.19	5.87	0.15	3.55%
15	SH600015	华夏银行	9.57	9.81	2.51%	358	9.97	9.68	197005	19421.33	9.86	0.24	3.03%
16	SH600100	同方股份	15.56	15.92	2.31%	84	16.49	15.89	150882	24538.17	16.26	0.36	3.86%
17	SZ002245	澳洋顺昌	17.59	18.01	2.39%	49	18.24	17.62	6498	1161.29	17.87	0.42	3.52%
18	SH600582	天地科技	16.00	16.38	2.37%	8	16.56	16.10	14035	2290.51	16.32	0.38	2.87%
19	SH600188	兖州煤业	11.37	11.64	2.37%	11	11.73	11.54	64305	7490.63	11.65	0.27	1.67%
20	SH600268	国电南自	13.52	13.84	2.37%	6	13.98	13.61	9838	1361.41	13.84	0.32	2.74%
21	SH600000	浦发银行	17.40	17.82	2.41%	1988	17.96	17.46	204565	36233.93	17.71	0.42	2.87%
22	SH600971	恒源煤电	17.69	18.10	2.32%	10	18.40	17.95	12899	2345.77	18.19	0.41	2.54%
23	SH600456	宝钛股份	18.68	19.11	2.30%	100	19.36	18.88	26490	5072.63	19.15	0.43	2.57%
24	SH600888	新疆众和	11.73	12.00	2.30%	100	12.06	11.73	12443	1473.63	11.84	0.27	2.81%
25	SH601166	兴业银行	19.51	19.95	2.26%	62	20.13	19.68	131748	26278.73	19.95	0.44	2.31%
26	SZ002220	天宝股份	18.35	18.75	2.18%	24	19.18	18.60	9116	1727.48	18.95	0.40	3.16%

图 3-63 选出“蓄势形态”个股

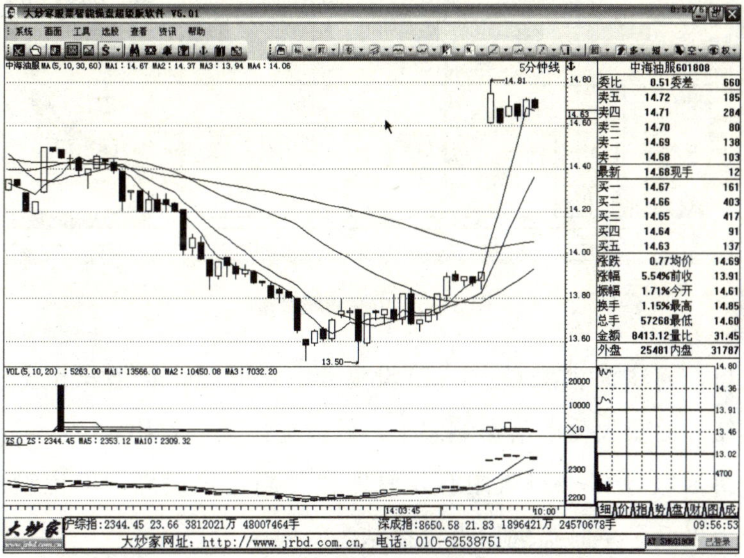

图 3-64 中海油服

高，就是填满了调整的空间，充分显出上攻的势头，挺起腰板再哈下腰的可能性不大了，继续做伸展运动乃至上至涨停也不为鲜见。但以此预断后市大涨不下也不见得，毕竟后市风云难测，还有挺长时间要熬，不过起码这个涨点后市不会轻易下穿，哪怕下穿了也不会损失多少，利大于风险颇值得一搏。因此可以说，这是个股走势价位不高的买点，比早市“蓄势形态”有把握，但与中、后市的“蓄势形态”大上难下相比，尚有不确定因素需接受考验，因而其安全性稍逊一筹。基于考虑后面再出现蓄势形态就不是第一个台阶了，上第二、三个台阶无疑风险加大，所以在 11 点以后的时间段里不再设启 5 分钟线“蓄势形态”指标。

选出没多会儿，中海油服(图 3-65)就直冲涨停板，若资金都打上了可以走人了，后市再没事可以钓鱼去了。

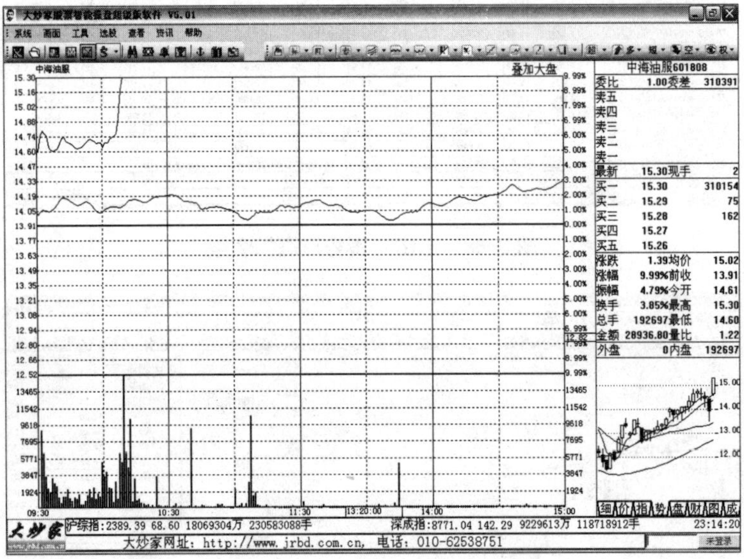

图 3-65　中海油服后市

次日，将中海油服(图 3-66)设为 5 分钟盯盘，该股早市上涨两波盯盘显红，后受大盘回落影响急下，盯盘显出翻白卖出。

中海油服(图 3-67)盘中有反复，也曾高过早卖点，但也没走高多少，收市以低于早盯盘翻白点位盘结。

在 15 分钟线走势上利用“蓄势形态”指标选股，要求安排在中市的时间段里进行，大约在 11:00～13:30 之间，具体依大盘当时分时走势为准。

因为中市形成的“蓄势形态”比前市时间长些，形成的“蓄势形态”较大而较稳固，如同分时走势选横盘在中、后市要求选较长时间以上的横盘一样，中、后市出现 1 分钟线、5 分钟线走势的蓄势形态，很

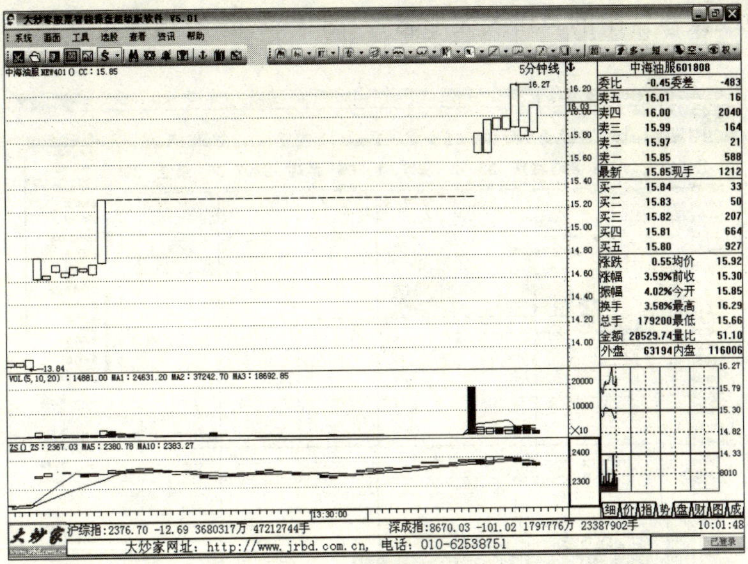

图 3-66 中海油服盯卖

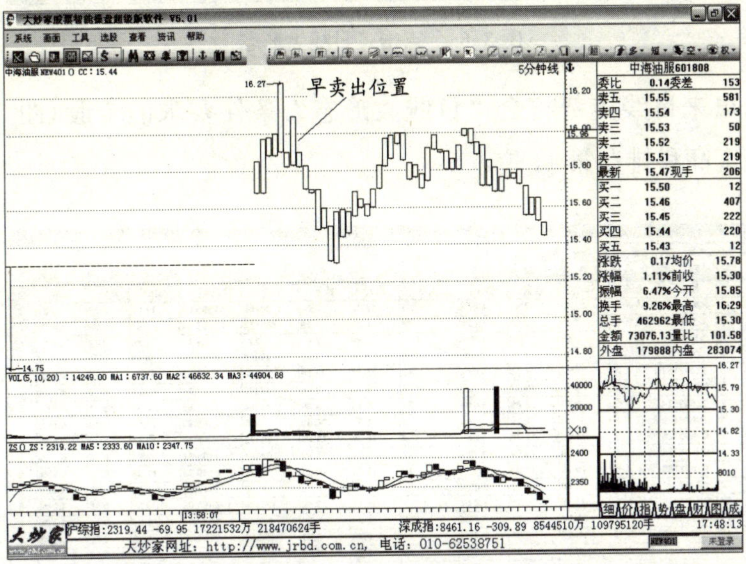

图 3-67 中海油服收市

容易被大盘走弱砸下来，特别是那时已涨高了的走势。再说早、前市尚未形成 15 分钟线蓄势形态，那时不是在上涨中就是在下跌中或在形成整理形态，而整理小形态没有调整蓄势形态有支撑力度，故不作为分钟线走势选股依据。

2009 年 2 月 13 日，下午开市不久，在大盘走势三小波下调时，点击“短线操作”中的“日线大形态”(图 3-68)选股指标。

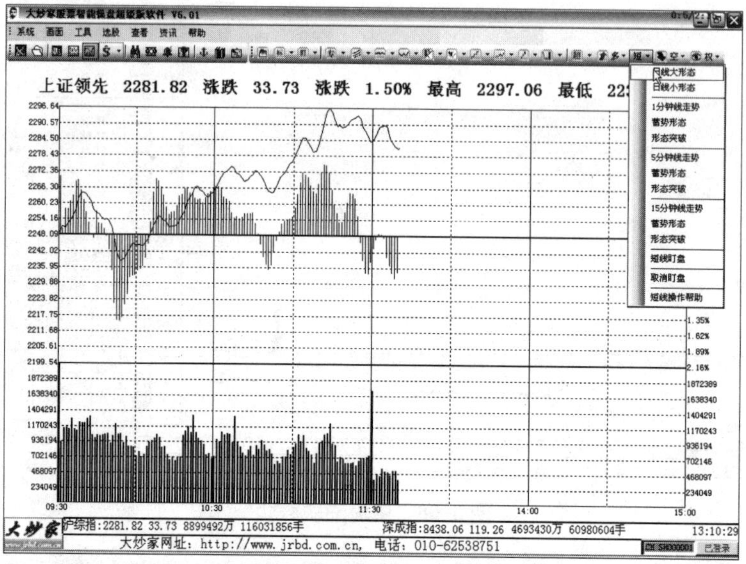

图 3-68 点击“日线大形态”

选出来日线走势符合“日线大形态”条件要求的个股(图 3-69)，其中莱宝高科排在第 11 位。

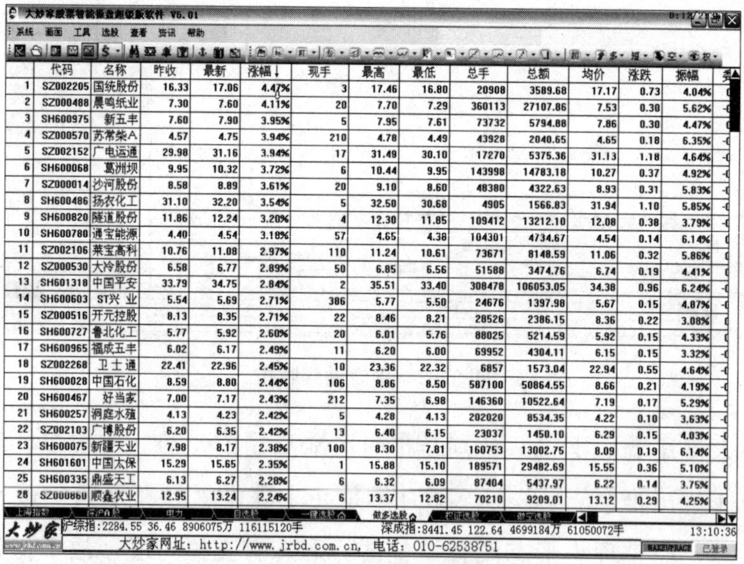

	代码	名称	昨收	最新	涨幅↓	现手	最高	最低	总手	总额	均价	涨跌	振幅
1	SZ002205	国统股份	16.33	17.06	4.47%	3	17.46	16.80	20908	3589.68	17.17	0.73	4.04%
2	SZ000488	晨鸣纸业	7.30	7.60	4.11%	20	7.70	7.29	360113	27107.86	7.53	0.30	5.62%
3	SH600975	新五丰	7.60	7.90	3.95%	5	7.95	7.61	73732	5794.88	7.86	0.30	4.47%
4	SZ000570	苏常柴A	4.57	4.75	3.94%	210	4.78	4.49	43928	2040.65	4.65	0.18	6.35%
5	SZ002152	广电运通	29.98	31.16	3.94%	17	31.49	30.10	17270	5375.36	31.13	1.18	4.64%
6	SH600068	葛洲坝	9.95	10.32	3.72%	6	10.44	9.95	143998	14783.18	10.27	0.37	4.92%
7	SZ000014	沙河股份	8.58	8.89	3.61%	20	9.10	8.60	48380	4322.63	8.93	0.31	5.83%
8	SH600486	扬农化工	31.10	32.20	3.54%	5	32.50	30.68	4905	1566.83	31.94	1.10	5.85%
9	SH600820	隧道股份	11.86	12.24	3.20%	4	12.30	11.85	109412	13212.10	12.08	0.38	3.79%
10	SH600780	通宝能源	4.40	4.54	3.18%	57	4.65	4.38	104301	4734.67	4.54	0.14	6.14%
11	SZ002106	莱宝高科	10.76	11.08	2.97%	110	11.24	10.61	73671	8148.59	11.06	0.32	5.86%
12	SZ000530	大冷股份	6.58	6.77	2.89%	50	6.85	6.56	51588	3474.76	6.74	0.19	4.41%
13	SH601318	中国平安	33.79	34.75	2.84%	2	35.51	33.40	308478	106053.05	34.38	0.96	6.24%
14	SH600603	ST兴 业	5.54	5.69	2.71%	386	5.77	5.50	24676	1397.98	5.67	0.15	4.87%
15	SZ000516	开元控股	8.13	8.35	2.71%	22	8.46	8.21	28526	2386.15	8.36	0.22	3.08%
16	SH600727	鲁北化工	5.77	5.92	2.60%	20	6.01	5.76	88025	5214.59	5.92	0.15	4.33%
17	SH600965	福成五丰	6.02	6.17	2.49%	11	6.20	6.00	69952	4304.11	6.15	0.15	3.32%
18	SZ002268	卫士通	22.41	22.96	2.45%	10	23.36	22.32	6857	1573.04	22.94	0.55	4.64%
19	SH600028	中国石化	8.59	8.80	2.44%	106	8.86	8.50	587100	50864.55	8.66	0.21	4.19%
20	SH600467	好当家	7.00	7.17	2.43%	212	7.35	6.98	146360	10522.64	7.19	0.17	5.29%
21	SH600257	洞庭水殖	4.13	4.23	2.42%	5	4.28	4.13	202020	8534.35	4.22	0.10	3.63%
22	SZ002103	广博股份	6.20	6.35	2.42%	13	6.40	6.15	23037	1450.10	6.29	0.15	4.03%
23	SH600075	新疆天业	7.98	8.17	2.38%	100	8.30	7.81	160753	13002.75	8.09	0.19	6.14%
24	SH601601	中国太保	15.29	15.65	2.35%	1	15.88	15.10	189571	29482.69	15.55	0.36	5.10%
25	SH600335	鼎盛天工	6.13	6.27	2.28%	6	6.32	6.09	87404	5437.97	6.22	0.14	3.75%
26	SZ000860	顺鑫农业	12.95	13.24	2.24%	6	13.37	12.82	70210	9209.01	13.12	0.29	4.25%

图 3-69 选出“日线大形态”个股

点到某只个股，再点“15分钟走势”就会将该股日线走势变为15分钟线走势(图3-70)。

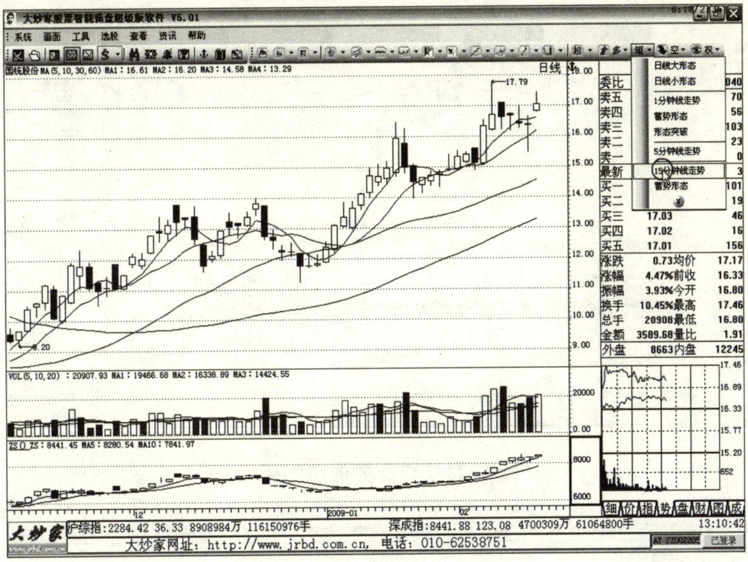

图3-70 点15分钟走势

选出的个股走势变成15分钟走势之后，既可以进行人工搜选“蓄势形态”个股，也可以利用“蓄势形态”指标直接快速选出来，有指标选当然省事，不过，若先选出日线大形态的个股不多，人工查很快就能完成，蓄势形态又不难认定，也就没有必要去麻烦用指标了。

这次日线大形态选出的个股多，就得用上“蓄势形态”指标选了，点击“蓄势形态”(图3-71)。

这次又经过一遍筛选，具备15分钟线蓄势形态条件的个股少了一些(图3-72)，莱宝高科仍在其中。

在逐查个股中，看到莱宝高科(图3-73)正在盘整，可以作为重点关注。

当时，大盘处于一个关键时刻，日线走势本来已趋盘整，按常理不是没有盘头的可能，但在盘中前市分时走势上涨显强，在中市分时走势盘而不下，这些反常现象几乎预示着有顶压力而上的可能，正是基于此预期的考虑，于中市启用15分钟线“蓄势形态”指标选股，别在这个

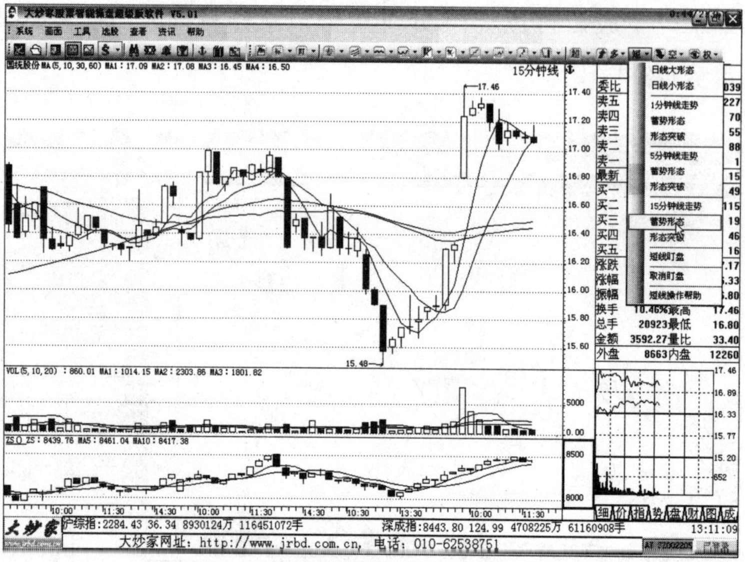

图 3-71 “蓄势形态”指标

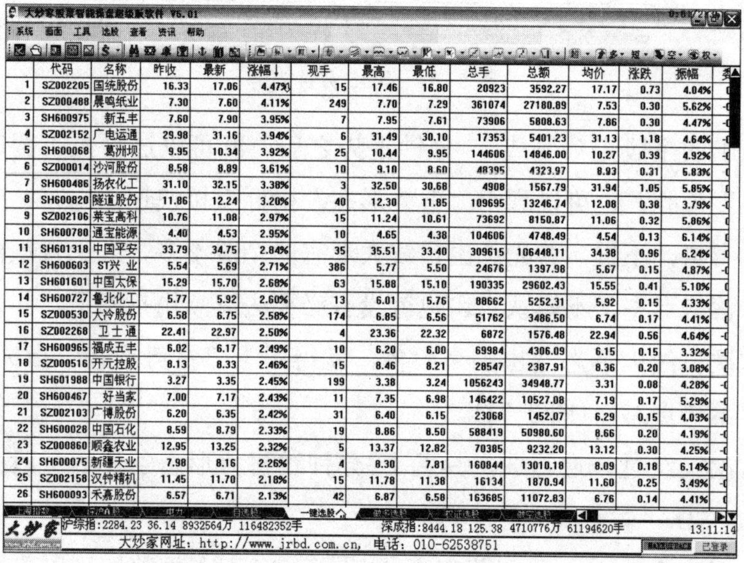

	代码	名称	昨收	最新	涨幅↓	现手	最高	最低	总手	总额	均价	涨跌	振幅
1	SZ002205	国统股份	16.33	17.06	4.47%	15	17.46	16.80	20923	3592.27	17.17	0.73	4.04%
2	SZ000488	晨鸣纸业	7.30	7.60	4.11%	249	7.70	7.29	361074	27180.89	7.53	0.30	5.62%
3	SH600975	新五丰	7.60	7.90	3.95%	7	7.95	7.61	73906	5808.63	7.86	0.30	4.47%
4	SZ002152	广电运通	29.98	31.16	3.94%	6	31.49	30.10	17353	5401.23	31.13	1.18	4.64%
5	SH600068	葛洲坝	9.95	10.34	3.92%	25	10.44	9.95	144606	14846.00	10.27	0.39	4.92%
6	SZ000014	沙河股份	8.58	8.89	3.61%	10	9.10	8.60	48395	4323.97	8.93	0.31	5.83%
7	SH600486	扬农化工	31.10	32.15	3.38%	3	32.50	30.68	4908	1567.79	31.94	1.05	5.85%
8	SH600820	隧道股份	11.86	12.24	3.20%	40	12.30	11.85	109695	13246.74	12.08	0.38	3.79%
9	SZ002106	莱宝高科	10.76	11.08	2.97%	15	11.24	10.61	73692	8150.87	11.06	0.32	5.86%
10	SH600780	通宝能源	4.40	4.53	2.95%	10	4.65	4.38	104606	4748.49	4.54	0.13	6.14%
11	SH601318	中国平安	33.79	34.75	2.84%	35	35.51	33.40	309615	106448.11	34.38	0.96	6.24%
12	SH600603	ST兴 业	5.54	5.69	2.71%	386	5.77	5.50	24676	1397.98	5.67	0.15	4.87%
13	SH601601	中国太保	15.29	15.70	2.68%	63	15.88	15.10	190335	29602.43	15.55	0.41	5.10%
14	SH600727	鲁北化工	5.77	5.92	2.60%	13	6.01	5.76	88662	5252.31	5.92	0.15	4.33%
15	SZ000530	大冷股份	6.58	6.75	2.58%	174	6.85	6.56	51762	3486.50	6.74	0.17	4.41%
16	SZ002268	卫士通	22.41	22.97	2.50%	4	23.36	22.32	6872	1576.48	22.94	0.56	4.64%
17	SH600965	福成五丰	6.02	6.17	2.49%	10	6.20	6.00	69984	4306.09	6.15	0.15	3.32%
18	SZ000516	开元控股	8.13	8.33	2.46%	15	8.46	8.21	28547	2387.91	8.36	0.20	3.08%
19	SH601988	中国银行	3.27	3.35	2.45%	199	3.38	3.24	1056243	34948.77	3.31	0.08	4.28%
20	SH600467	好当家	7.00	7.17	2.43%	11	7.35	6.98	146422	10527.08	7.19	0.17	5.29%
21	SZ002103	广博股份	6.20	6.35	2.42%	31	6.40	6.15	23068	1452.07	6.29	0.15	4.03%
22	SH600028	中国石化	8.59	8.79	2.33%	19	8.86	8.50	588419	50980.60	8.66	0.20	4.19%
23	SZ000860	顺鑫农业	12.95	13.25	2.32%	5	13.37	12.82	70385	9232.20	13.12	0.30	4.25%
24	SH600075	新疆天业	7.98	8.16	2.26%	4	8.30	7.81	160844	13010.18	8.09	0.18	6.14%
25	SZ002158	汉钟精机	11.45	11.70	2.18%	15	11.78	11.38	16134	1870.94	11.60	0.25	3.49%
26	SH600093	禾嘉股份	6.57	6.71	2.13%	42	6.87	6.58	163685	11072.83	6.76	0.14	4.41%

图 3-72 选出 15 分钟线“蓄势形态”个股

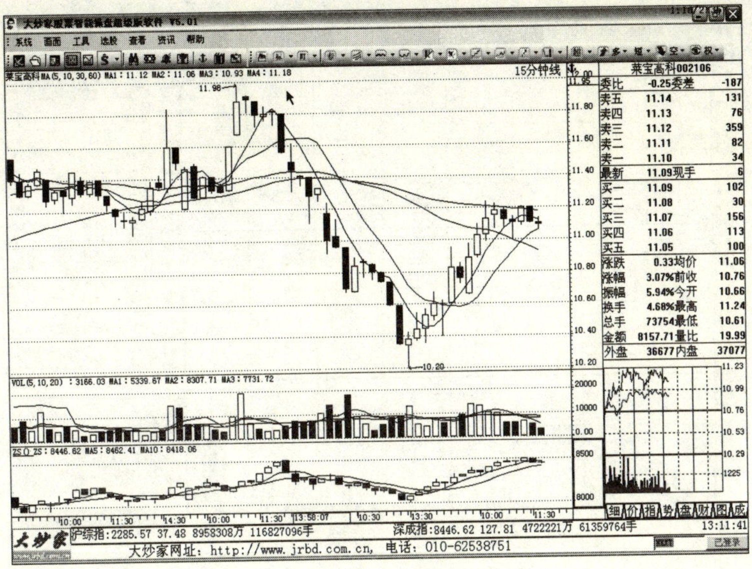

图 3-73 莱宝高科

时候踏空行情。

选出 15 分钟蓄势个股，要觉得某只好，特别是抗跌可当即买进，如需等等看可放入自选股留察，接下去的任务是看住了别让其溜掉。

中市抗跌横完盘通常都要上涨的，冲上涨停乃常有之事，好不容易耗时筑起的 15 分钟线的“蓄势形态”，一旦身板都挺直了再折下来的可能性不大，前市不够时形成，于中市抗跌已久而形成，岂能前功尽弃不为之继续努力。但也不是绝对性地都能上升至涨板，涨多涨少取决于当时市道的强弱，可放心的是这个涨点后市难以下破。因此可以说，这时个股走势安全性胜于早、前市的买点，比前市“蓄势形态”稳定也更有盼头，但所处价位往往比前市买点高些。

莱宝高科(图 3-74)虽然后市也随大盘下了点，但也能再随并强于大盘上涨，尾市以涨停报收。大盘走势也由盘转上，由此开始不知能再上多高的行情。

次日开市，将莱宝高科(图 3-75)设为 5 分钟线盯盘，当 9:44 时 5 分钟线出白，这之前还一直翻红，如果有细心看分时线(右下)，会觉察到大盘分时线过前高而该股未过，大盘这时下弯该股也差不多会弯下去，这些人工观察有心则察，与软件综合使用对盯盘卖出有帮助。

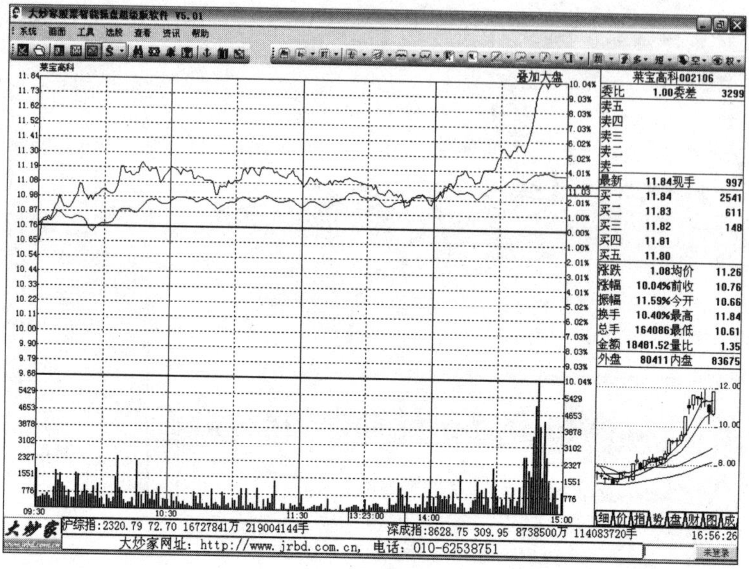

图 3-74　莱宝高科后市

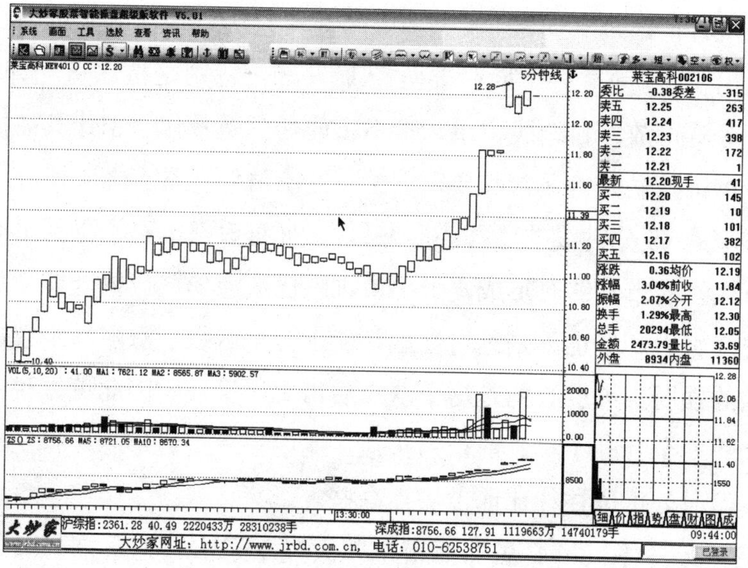

图 3-75　莱宝高科盯卖

莱宝高科(图 3-76)自 5 分钟线盯盘卖出的点位，其后随大盘跌下去不少，后来盘中虽有次冲高，没涨多大不说，但那是不可预知的，作为短线操作今买明卖策略已定，见不妙赶早卖是应该坚持的原则，省下时间去再选当天走强大涨的个股。这天钢铁股大涨，卖了莱宝买了武

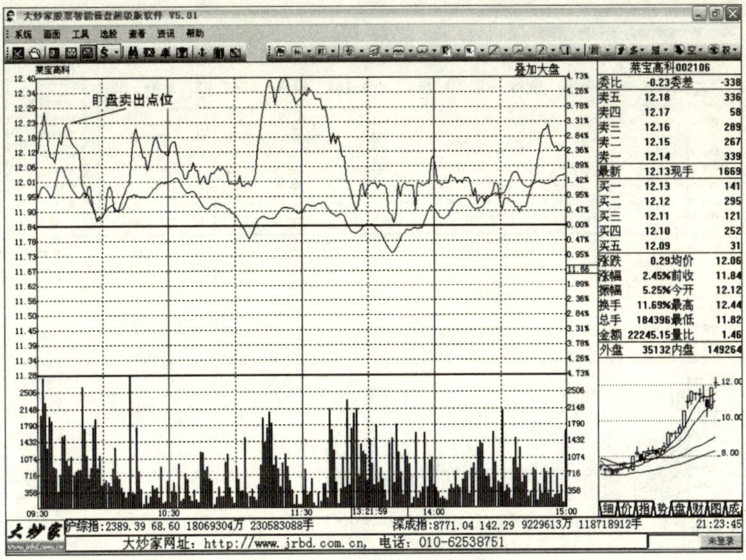

图 3-76 莱宝高科收市

钢，若不然仍捂着个宝不涨才窝火呢。

今买明卖“短线盯盘”设 5 分钟线为宜，设 1 分钟线太过敏感，像莱宝高科早市上涨下弯就翻白了，容易踏空返上或错失再能返过前高的赚头了，设 15 分钟线以上就晚了，又耽误时间。

2 月 19 日，盘中大盘走势连着跌五六波(图 3-77)，这时应启用 15 分钟线“蓄势形态”指标选股，于是开头先点“日线大形态”。

选出个股后，直接点“蓄势形态”指标(图 3-78)，选出个股后查看。

江苏通润(图 3-79)15 分钟线“蓄势形态”显示是个平台盘整，这个平台无论跟下面的大盘 15 分钟线比，还是跟右下的个股与大盘分时走势相比，一比就比出了该股是多么抗跌，这个抗跌的平台能坍塌吗？大盘都下了这么多波没塌，难道再下一波就能塌吗？大盘还能下的没完没了吗？得出不能塌的结论就买上吧。

如拿不准再看看分时(图 3-80)，江苏通润的分时走势也受看得很，但不会看的也照样瞧不出个名堂，就是这个再简单不过的抗跌横盘，抗多波横盘，却让多少人不感冒而望而却步。

考察个股分钟线走势，同时结合再看一下分时走势，或倒过来考察个股分时走势，同时结合再看一下分钟线走势，这样固然好，能多相互

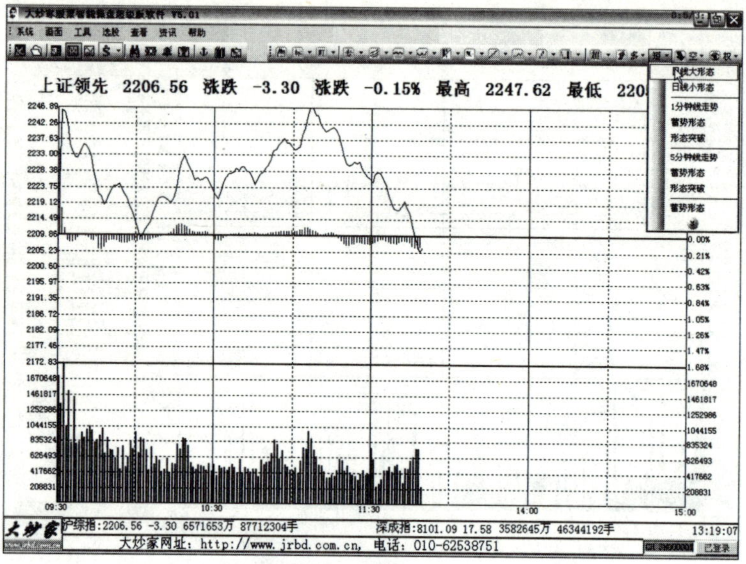

图 3-77 大盘连跌几波

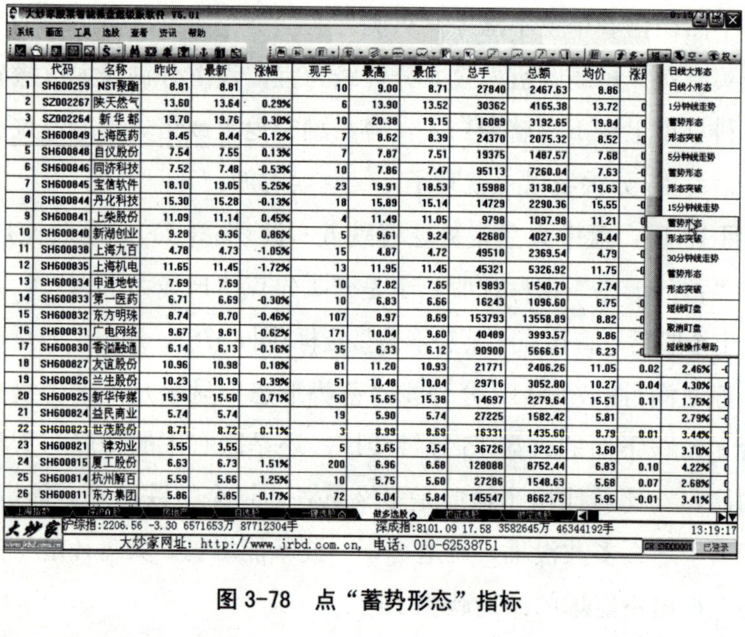

图 3-78 点“蓄势形态”指标

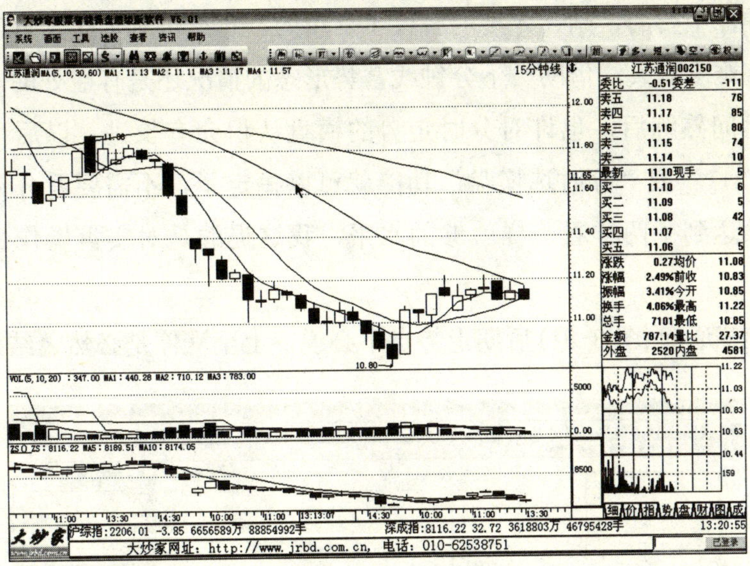

图 3-79 江苏通润

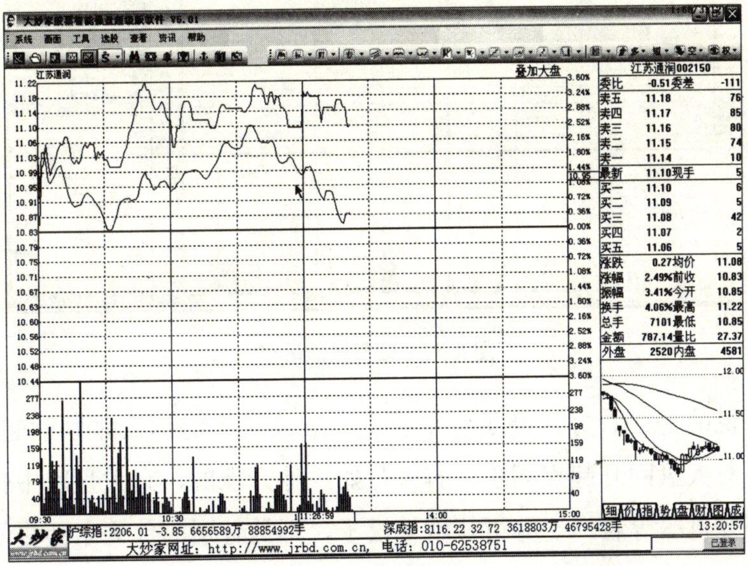

图 3-80 江苏通润分时

印证，也多出一些感觉。但若能靠看分钟线再稍带扫一眼同图右下的小框分时，一举就能够定夺下来又何必多此二举，盘中瞬间即逝的个股机会要求操作人：看盘精道手法干练，能看一眼不多看两眼，能用一个方法不多用两个方法，越看越麻烦，越用越糊涂。在实盘操作中能简捷就简捷，至于辅助功能的技术指标、外内盘和换手率等能免则免，别让次要的冲撞主要的，别让无用的替代了有用的。不过，对于认定分时走势好坏有难度的人，借助一下分钟线蓄势形态的情况还是有益处的，经过一段时间熟练后，也许对分时走势的横盘认识会有长进，以后可能用“起涨 3+1”或“分时选横盘”功能就可以搞定了，不需要看分钟线走势了，达到了两样看一样就够的水平，我这提的是对实盘操作真有用的。

江苏通润(图 3-81)后期走势自不必说，上至涨停是必然之结果。

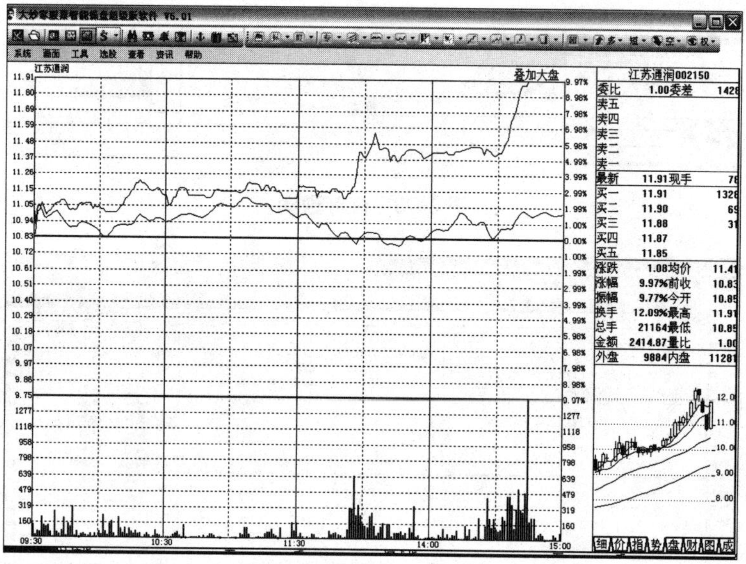

图 3-81　江苏通润后市

要说的是：看好认准了就早买上，股价说不定什么时候就起来了，不一定与大盘回升起点同步，有大盘始跌他开涨的，有大盘跌中他先起的，不要再等等看，一等可能就等没了，不是看别的什么东西去了，再不就有阵子精神溜号了，错过了时机，等涨起来再追抓股价就上高点了。

2 月 20 日，过午不久，大盘走势下调两波后欲做双底，在刚上翘时点击“日线大形态”(图 3-82)，想借时利用“形态突破”指标选股。

选出“日线大形态”个股后，又点击“形态突破”指标(图 3-83)，看有多少刚突破 15 分钟线“蓄势形态”的个股。

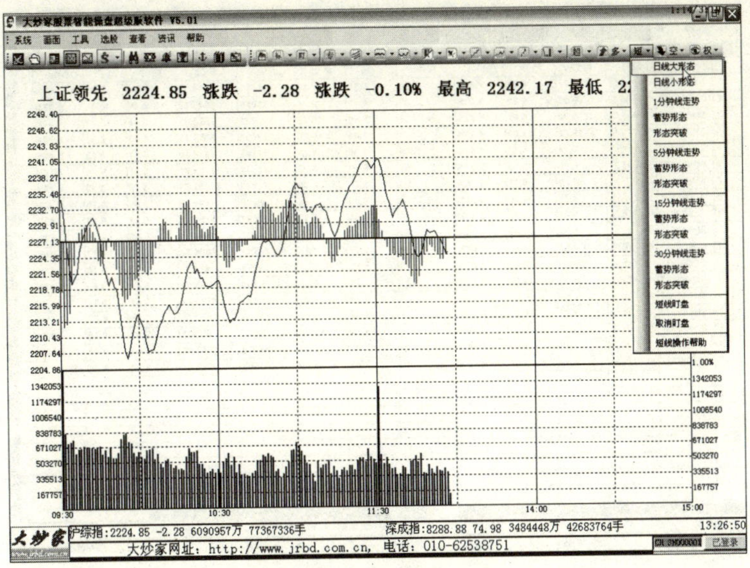

图 3-82　点“日线大形态”

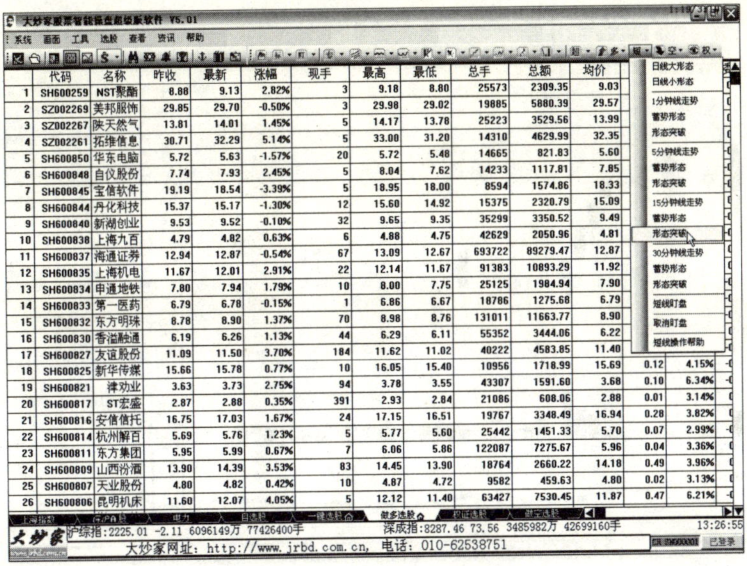

	代码	名称	昨收	最新	涨幅	现手	最高	最低	总手	总额	均价		
1	SH600259	NST聚酯	8.88	9.13	2.82%	3	9.18	8.80	25573	2309.35	9.03		
2	SZ002269	美邦服饰	29.85	29.70	-0.50%	3	29.98	29.02	19885	5880.39	29.57		
3	SZ002267	陕天然气	13.81	14.01	1.45%	5	14.17	13.78	25223	3529.56	13.99		
4	SZ002261	拓维信息	30.71	32.29	5.14%	5	33.00	31.20	14310	4629.99	32.35		
5	SH600850	华东电脑	5.72	5.63	-1.57%	20	5.72	5.48	14665	821.83	5.60		
6	SH600848	自仪股份	7.74	7.93	2.45%	5	8.04	7.62	14233	1117.81	7.85		
7	SH600845	宝信软件	19.19	18.54	-3.39%	5	18.95	18.00	8594	1574.86	18.33		
8	SH600844	丹化科技	15.37	15.17	-1.30%	12	15.60	14.92	15375	2320.79	15.09		
9	SH600840	新湖创业	9.53	9.52	-0.10%	32	9.65	9.35	35299	3350.52	9.49		
10	SH600838	上海九百	4.79	4.82	0.63%	6	4.88	4.75	42629	2050.96	4.81		
11	SH600837	海通证券	12.94	12.87	-0.54%	67	13.09	12.67	693722	89279.47	12.87		
12	SH600835	上海机电	11.67	12.01	2.91%	22	12.14	11.67	91383	10893.29	11.92		
13	SH600834	申通地铁	7.80	7.94	1.79%	10	8.00	7.75	25125	1984.94	7.90		
14	SH600833	第一医药	6.79	6.78	-0.15%	1	6.86	6.67	18786	1275.68	6.79		
15	SH600832	东方明珠	8.78	8.90	1.37%	70	8.98	8.76	131011	11663.77	8.90		
16	SH600830	香溢融通	6.19	6.26	1.13%	44	6.29	6.11	55352	3444.06	6.22		
17	SH600827	友谊股份	11.09	11.50	3.70%	184	11.62	11.02	40222	4583.85	11.40		
18	SH600825	新华传媒	15.66	15.78	0.77%	10	16.05	15.40	10956	1718.99	15.69	0.12	4.15%
19	SH600821	津劝业	3.63	3.73	2.75%	94	3.78	3.55	43307	1591.60	3.68	0.10	6.34%
20	SH600817	ST宏盛	2.87	2.88	0.35%	391	2.93	2.84	21086	608.06	2.88	0.01	3.14%
21	SH600816	安信信托	16.75	17.03	1.67%	24	17.15	16.51	19767	3348.49	16.94	0.28	3.82%
22	SH600814	杭州解百	5.69	5.76	1.23%	5	5.77	5.60	25442	1451.33	5.70	0.07	2.99%
23	SH600811	东方集团	5.95	5.99	0.67%	7	6.06	5.86	122087	7275.67	5.96	0.04	3.36%
24	SH600809	山西汾酒	13.90	14.39	3.53%	83	14.45	13.90	18764	2660.22	14.18	0.49	3.96%
25	SH600807	天业股份	4.80	4.82	0.42%	10	4.87	4.72	9582	459.63	4.80	0.02	3.13%
26	SH600806	昆明机床	11.60	12.07	4.05%	5	12.12	11.40	63427	7530.45	11.87	0.47	6.21%

图 3-83　点“形态突破”指标

选出 18 只个股(图 3-84)，下面仔细查看一下个股突破形态的具体情况。

当翻到长江投资(图 3-85)时发现，第一根阳 K 线自平台突破上涨，但随即被阴 K 线砸回，发现时又吞掉阴线欲重拾上涨，这是从 18 只选出中突破上涨幅度最小的个股，其他大多已涨高不能追了，这还是在大

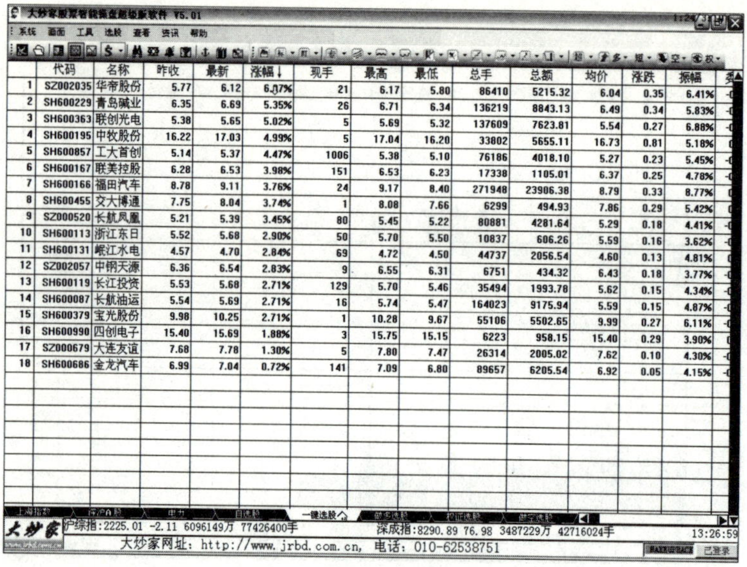

	代码	名称	昨收	最新	涨幅↓	现手	最高	最低	总手	总额	均价	涨跌	振幅
1	SZ002035	华帝股份	5.77	6.12	6.07%	21	6.17	5.80	86410	5215.32	6.04	0.35	6.41%
2	SH600229	青岛碱业	6.35	6.69	5.35%	26	6.71	6.34	136219	8843.13	6.49	0.34	5.83%
3	SH600363	联创光电	5.38	5.65	5.02%	5	5.69	5.32	137609	7623.81	5.54	0.27	6.88%
4	SH600195	中牧股份	16.22	17.03	4.99%	5	17.04	16.20	33802	5655.11	16.73	0.81	5.18%
5	SH600857	工大首创	5.14	5.37	4.47%	1006	5.38	5.10	76186	4018.10	5.27	0.23	5.45%
6	SH600167	联美控股	6.28	6.53	3.98%	151	6.53	6.23	17338	1105.01	6.37	0.25	4.78%
7	SH600166	福田汽车	8.78	9.11	3.76%	24	9.17	8.40	271948	23906.38	8.79	0.33	8.77%
8	SH600455	交大博通	7.75	8.04	3.74%	1	8.08	7.66	6299	494.93	7.86	0.29	5.42%
9	SZ000520	长航凤凰	5.21	5.39	3.45%	80	5.45	5.22	80881	4281.64	5.29	0.18	4.41%
10	SH600113	浙江东日	5.52	5.68	2.90%	50	5.70	5.50	10837	606.26	5.59	0.16	3.62%
11	SH600131	岷江水电	4.57	4.70	2.84%	69	4.72	4.50	44737	2056.54	4.60	0.13	4.81%
12	SZ002057	中钢天源	6.36	6.54	2.83%	9	6.55	6.31	6751	434.32	6.43	0.18	3.77%
13	SH600119	长江投资	5.53	5.68	2.71%	129	5.70	5.46	35494	1993.78	5.62	0.15	4.34%
14	SH600087	长航油运	5.54	5.69	2.71%	16	5.74	5.47	164023	9175.94	5.59	0.15	4.87%
15	SH600379	宝光股份	9.98	10.25	2.71%	1	10.28	9.67	55106	5502.65	9.99	0.27	6.11%
16	SH600990	四创电子	15.40	15.69	1.88%	3	15.75	15.15	6223	958.15	15.40	0.29	3.90%
17	SZ000679	大连友谊	7.68	7.78	1.30%	5	7.80	7.47	26314	2005.02	7.62	0.10	4.30%
18	SH600686	金龙汽车	6.99	7.04	0.72%	141	7.09	6.80	89657	6205.54	6.92	0.05	4.15%

图 3-84　选出突破形态个股

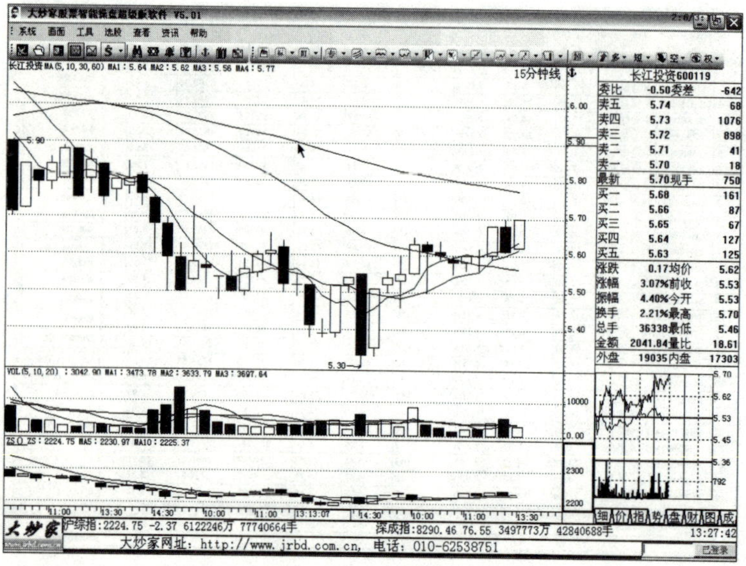

图 3-85　长江投资

盘刚翘头时选的，若再晚可能都升高了。

从长江投资分时走势看(图 3-86)，在大盘做双底、一波还在下时，长江投资就断断续续往上蹭，大盘刚翘起就有加速上涨的迹象，这张图比图 3-85 显示的大盘刚上翘时的情形明显多了。

因此，鉴于个股自 15 分钟蓄势形态突破时起涨速度之快，所以要

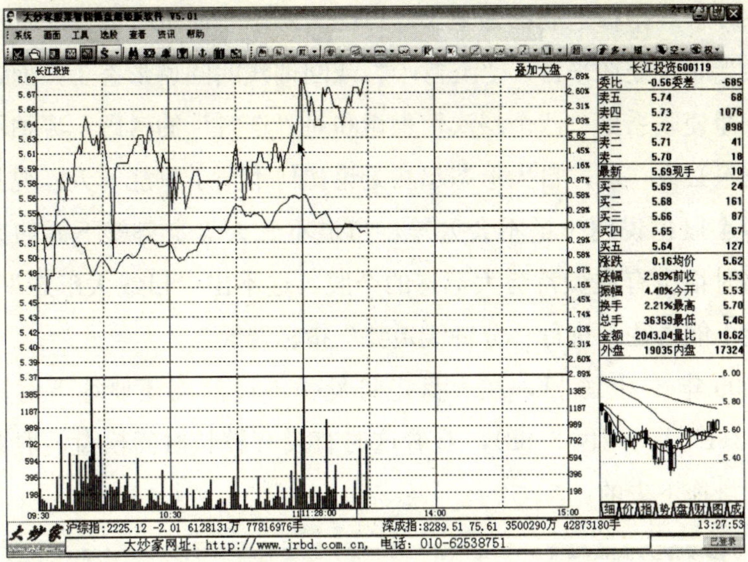

图 3-86 长江投资分时

求启用“形态突破”指标，起码要赶在大盘下跌企稳或刚翘头之时，不能等到已翘过高时。

长江投资(图 3-87)是加速了，却又遭大盘回调下跌，但能抗跌横盘，后来直线拉升，遗憾没冲上涨停，先直完了再上冲的劲没了，尽管大盘尾市又继续回升。

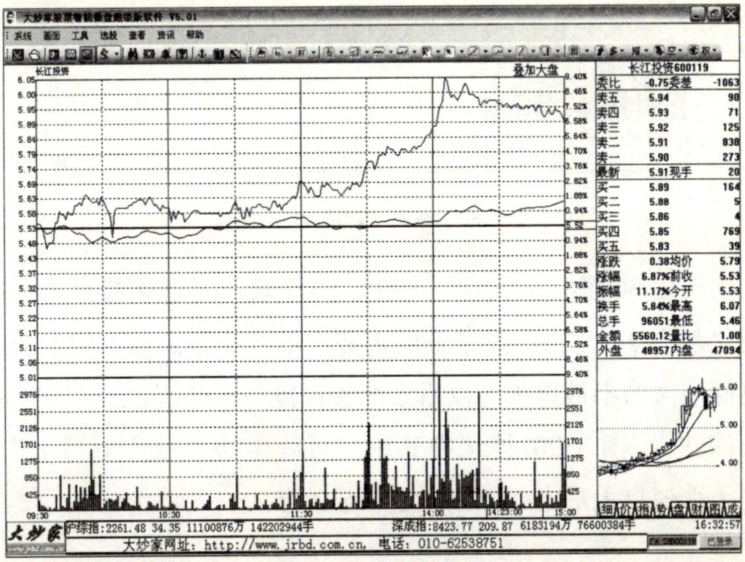

图 3-87 长江投资后市

各分钟线指标选股都是基于“日线大形态”而进行的，即选股的对象必须当时是处在平台、“五弯十”或回调浅的回调形态上，而具备了这一点即使联系到“四个层次”意识和对“选时”的考虑，哪怕不十分相符也不必太在意，自大形态起涨无论如何不至于只涨一天，况且能选到不少个股也说明市道不会太差，市道不好大盘走势就下调的比较深了，那时很少有在做蓄势大形态的个股，选不出“日线大形态”个股，自然就不能再往下进行“分钟线走势”指标选股。

2009 年 3 月 16 日，在大盘走势反弹不过前高还要往下时，启用“起涨 3+1”指标(图 3-88)，看看这时有没有较长时间横盘的股票，不会被大盘拖下去的。

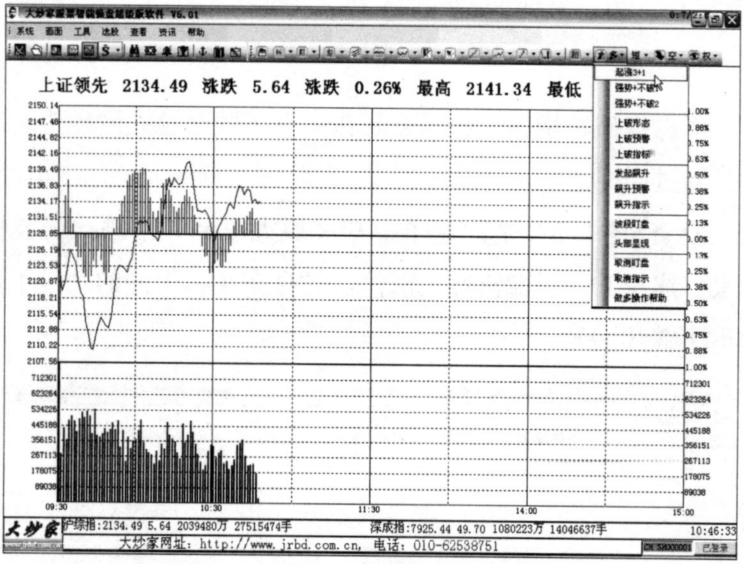

图 3-88　点启“起涨 3+1”指标

大约选出 30 多只个股(图 3-89)，这个表不是涨幅排序的图表，是为说明“起涨 3+1”指标只选分时走势上涨 0.5 个点以上的个股，往下不大可能涨大的不被选中，以后还准备再提高一些。

宏润建设(图 3-90)被选在其中，日线走势正处“五弯十”形态，上午的上涨使自大形态起涨出现了明显的苗头。

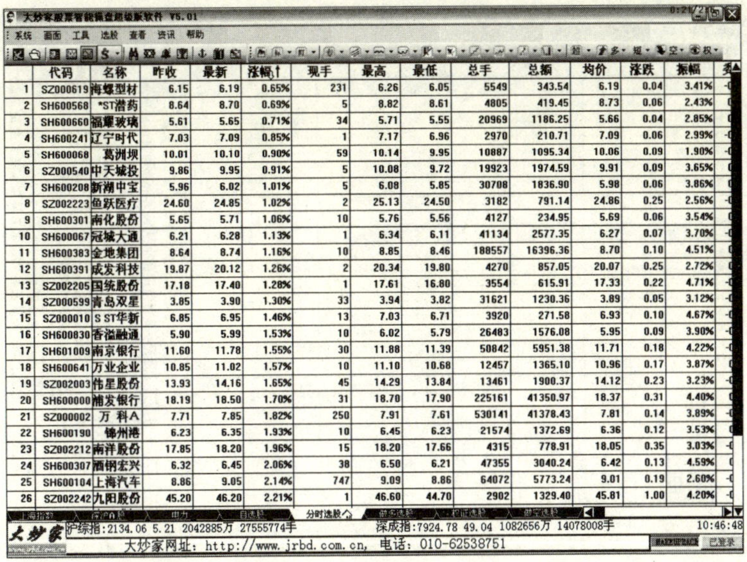

	代码	名称	昨收	最新	涨幅↑	现手	最高	最低	总手	总额	均价	涨跌	振幅
1	SZ000619	海螺型材	6.15	6.19	0.65%	231	6.26	6.05	5549	343.54	6.19	0.04	3.41%
2	SH600568	*ST潜药	8.64	8.70	0.69%	5	8.82	8.61	4805	419.45	8.73	0.06	2.43%
3	SH600660	福耀玻璃	5.61	5.65	0.71%	34	5.71	5.55	20969	1186.25	5.66	0.04	2.85%
4	SH600241	辽宁时代	7.03	7.09	0.85%	1	7.17	6.96	2970	210.71	7.09	0.06	2.99%
5	SH600068	葛洲坝	10.01	10.10	0.90%	59	10.14	9.95	10887	1095.34	10.06	0.09	1.90%
6	SZ000540	中天城投	9.86	9.95	0.91%	5	10.08	9.72	19923	1974.59	9.91	0.09	3.65%
7	SH600208	新湖中宝	5.96	6.02	1.01%	5	6.08	5.85	30708	1836.90	5.98	0.06	3.86%
8	SZ002223	鱼跃医疗	24.60	24.85	1.02%	2	25.13	24.50	3182	791.14	24.86	0.25	2.56%
9	SH600301	南化股份	5.65	5.71	1.06%	10	5.76	5.56	4127	234.95	5.69	0.06	3.54%
10	SH600067	冠城大通	6.21	6.28	1.13%	1	6.34	6.11	41134	2577.35	6.27	0.07	3.70%
11	SH600383	金地集团	8.64	8.74	1.16%	10	8.85	8.46	188557	16396.36	8.70	0.10	4.51%
12	SH600391	成发科技	19.87	20.12	1.26%	2	20.34	19.80	4270	857.05	20.07	0.25	2.72%
13	SZ002205	国统股份	17.18	17.40	1.28%	1	17.61	16.80	3554	615.91	17.33	0.22	4.71%
14	SZ000599	青岛双星	3.85	3.90	1.30%	33	3.94	3.82	31621	1230.36	3.89	0.05	3.12%
15	SZ000010	S ST华新	6.85	6.95	1.46%	13	7.03	6.71	3920	271.58	6.93	0.10	4.67%
16	SH600830	香溢融通	5.90	5.99	1.53%	10	6.02	5.79	26483	1576.08	5.95	0.09	3.90%
17	SH601009	南京银行	11.60	11.78	1.55%	30	11.88	11.39	50842	5951.38	11.71	0.18	4.22%
18	SH600641	万业企业	10.85	11.02	1.57%	10	11.10	10.68	12457	1365.10	10.96	0.17	3.87%
19	SZ002003	伟星股份	13.93	14.16	1.65%	45	14.29	13.84	13461	1900.37	14.12	0.23	3.23%
20	SH600000	浦发银行	18.19	18.50	1.70%	31	18.70	17.90	225161	41350.97	18.37	0.31	4.40%
21	SZ000002	万 科A	7.71	7.85	1.82%	250	7.91	7.61	530141	41378.43	7.81	0.14	3.89%
22	SH600190	锦州港	6.23	6.35	1.93%	10	6.45	6.23	21574	1372.69	6.36	0.12	3.53%
23	SZ002212	南洋股份	17.85	18.20	1.96%	15	18.20	17.66	4315	778.91	18.05	0.35	3.03%
24	SH600307	酒钢宏兴	6.32	6.45	2.06%	38	6.50	6.21	47355	3040.24	6.42	0.13	4.59%
25	SH600104	上海汽车	8.86	9.05	2.14%	747	9.09	8.86	64072	5773.24	9.01	0.19	2.60%
26	SZ002242	九阳股份	45.20	46.20	2.21%	1	46.60	44.70	2902	1329.40	45.81	1.00	4.20%

图 3-89 选出来个股

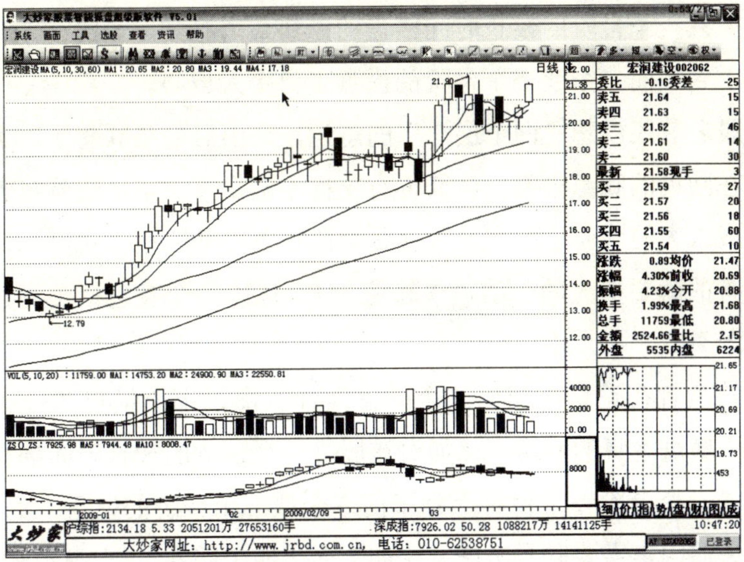

图 3-90 宏润建设

再看宏润建设(图 3-91)的分时，早市一条腿支上来后一直在走势横盘，大盘早市急下也没跟着跌大，大盘后来强劲反弹也没跟着涨大，现在大盘看样要下，他想干什么？

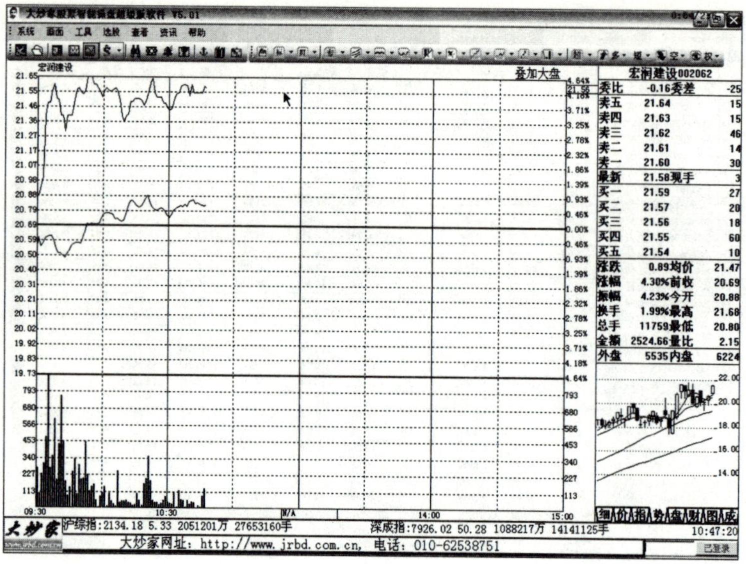

图 3-91　宏润建设分时

这类只一个台阶的较长时间横盘的走势最为稳当，远比一个台阶一个台阶上到午前二个或三个台阶的横盘走势令人放心。

选股之前还没想“四个层次”的意识，选出后需要联想了，大盘走势现正在回调的底部盘整，前低位有支撑不然早下破了，既然盘整对个股不造成太大的威胁，那么这时就是个股可表现的时机，抗跌、同步的个股中有的就要率先动一动，“起涨 3+1”选出的个股包括宏润建设就属于此一类。

有的读者在论坛上问，这个横盘为什么涨，那个横盘为什么不涨等。除了横盘本身的问题，比如对该股“一个台阶的较长时间横盘的走势”与“一个台阶一个台阶上到午前二个或三个台阶的横盘”的比较，还有相关的因素需要联系考虑，比如上面“四个层次”、大盘走势分析、对个股的影响及个股可能的反应，不借多方面的辅助分析，可能不敢进，或有时盲目进了后市被施下去，就算今天的“一个台阶的较长时间横盘的走势”遇着大盘变盘向下，即便之后上涨了后市也太有可能下来，就算今天“一个台阶一个台阶上到午前二个或三个台阶的横盘”，遇着大盘单边上扬，也太有可能后市捅上涨停板。

大盘双头成立、后市走势下来了，而宏润建设却就此开涨起来（图

3-92)，所以有时不能等大盘跌大了再用指标选，起码选这一类走势个股，当然那时会选上别的，也许更低更好。该股上两波后又是长时间横盘，第一台阶 4 个点中短线进都好，长横盘算第三台阶 6、7 个点了，短线操作就算了吧，再找低一点的去吧，起涨 3+1 指标这么高都不选了。

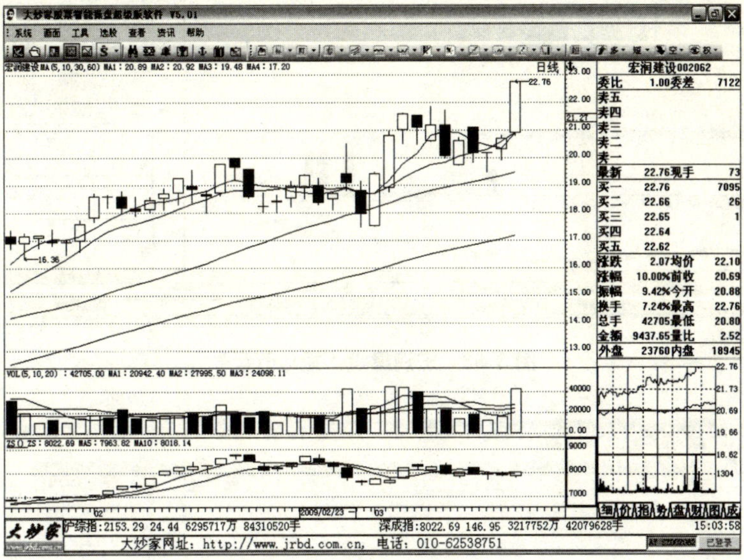

图 3-92　宏润建设后市

可能有人嫌麻烦，赚钱不麻烦点行吗，哪有白捡的，不过就是那几个惯常固定的套路，想多了养成习惯了，也就不怎么费事。

次日开市后，宏润建设就表现出上下震荡之势，不像有意思接昨日大上的架势，如果对做短线还是中线持有拿不定主意，见早市这个松散的样子就该处理掉，先把昨天的获益兑现，即使想对这只个股波段操作，后市也自有机会寻低再入。

于是对宏润建设实施了“短线盯盘”(图 3-93)，差几分十点翻白出来了，若想卖的仔细点再看一下分时走势。

这时大盘走势反弹，宏润建设到前高不过弯头(图 3-94)，两个卖出规则都出来了，卖吧。

宏润建设(图 3-95)真是昨天累了今天要歇息了，大盘单边上扬，多少“同态势”突破底部盘局的个股随市蜂拥而上，若耽误在该股上实

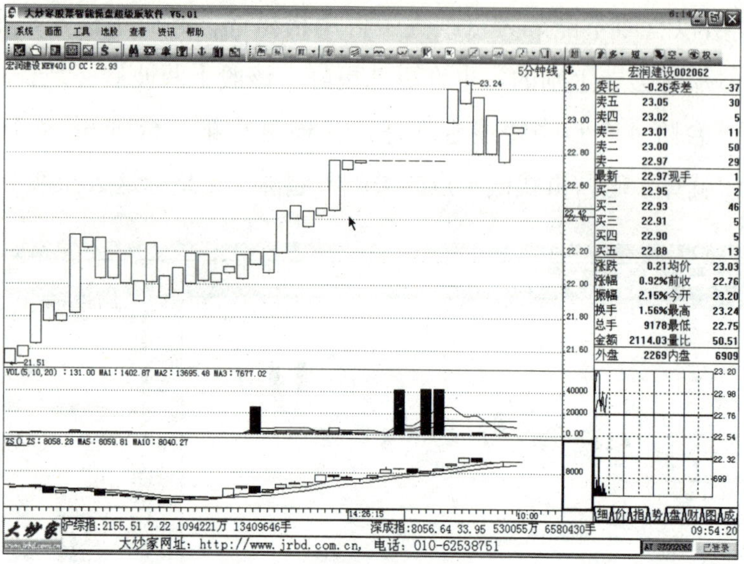

图 3-93 宏润建设“短线盯盘”

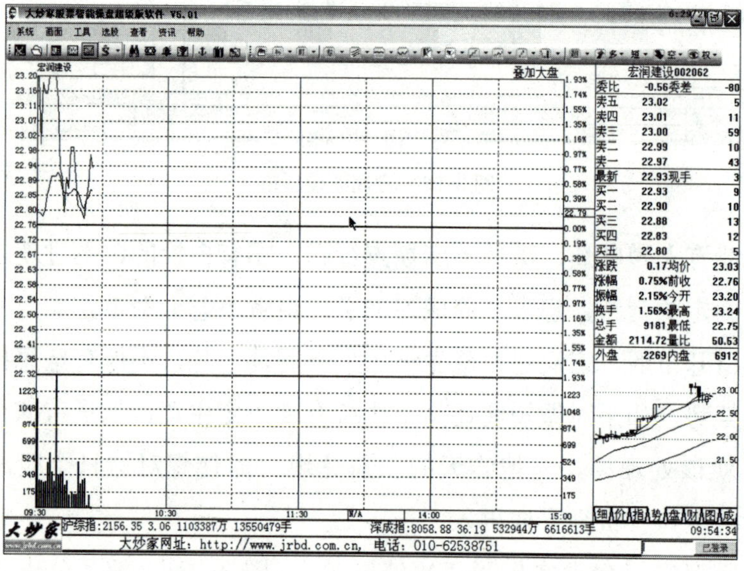

图 3-94 宏润建设分时卖点

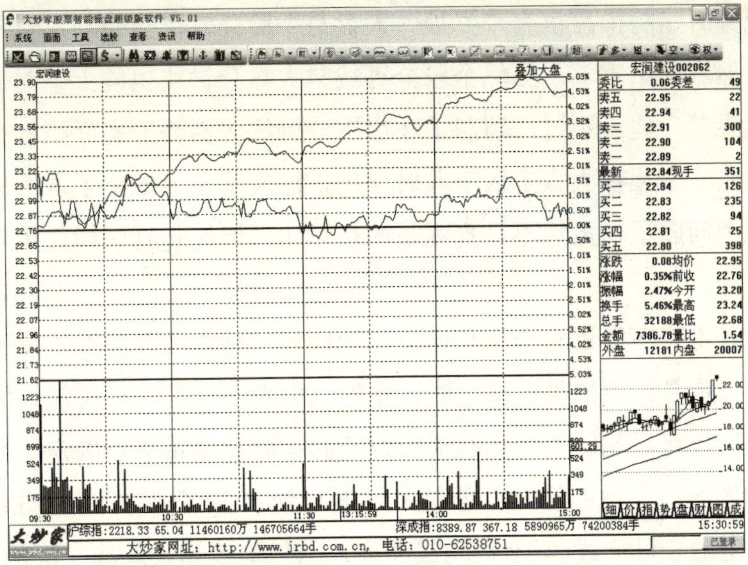

图 3-95 宏润建设收市

在是浪费大好时光。

在我所有的方法中，从读者和用户的应用情况反馈中得出：个股分时走势横盘对于他们来说是操作难度最大的。即便是看个股也对照了大盘显示有抗跌的行为，但表现出来的样式多数不尽相同，不由得难辨好坏，为取舍大伤脑筋。有人能悟出蹊跷，不太费劲就能认准抓着好票；有人却始终找不到感觉，总是错过一次次的机会，对这些人而言还不如不晓得横盘的概念，知道又抓不着、过后看又是那样上去的，简直气煞人也。

此次推出“短线操作”的指标，其中分钟线“蓄势形态”无疑能开解他们的苦恼，摆脱分时走势上对横盘识别的困扰，殊途同归较为容易地抓到好票。各分钟线蓄势形态中的平台其实就是分时上的走势横盘，以K线走势形式表现就显得有个盘的架，像个横的样，齐整的不像分时走势横盘曲线那样走的乱。蓄势形态中的五弯十形态也好认，但在分时走势上表现的下跌了一些，不免就令人下意识地给弃舍了。这就是说分钟线“蓄势形态”指标，不但可以取代分时走势上抓“横盘”，而且还很容易抓到；另对不是横盘同样有可能上涨的下跌着的分时走势，有了在分时走势上不敢抓不愿做变为在分钟线走势上，敢抓愿做并大有可能突破起涨，这无疑给分钟线“蓄势形态”增色不少。

看分时走势横盘也有个好处，大盘与个股分时走势叠加，对比起来一目了然容易出感觉，虽然个股分钟线与大盘分钟线也能上下对比，但感觉效果差一些。不过，别忘了在启用分钟线“蓄势形态”指标时，有要求在先——须在大盘走势下跌时才用，这就基本上解决了看个股抗不抗跌这个问题了，虽然不是直观是间接对比，但能起到同样作用，不误事就可。

分时走势横盘还有个不知何时起的疑难，有点经验的看大盘下跌上翘，认为那是结束横盘上涨之时，是的，但那不过是一种可能，因还有先起的也还有后起的，这就给提前判断和即时把握带来不确定。而分钟线“蓄势形态”下面设有5分钟K线的均线和10分钟K线的均线，就像日线上的5日均线和10日均线一样，当短均线和长均线交汇的夹当，乃是股价自“蓄势形态”起涨的主要时刻，为什么个股在分时横盘上有早起、同时起、晚起，是跟分钟线“蓄势形态”调整到没到位有关系。这样看来分钟线“蓄势形态”要比在分时走势横盘上较易地把握起涨的时刻。由此，相信以前对分时走势横盘鉴定感到束手无策、把握不准起涨机会的朋友，现在来依靠分钟线“蓄势形态”能实现抓第一起涨点的久违愿望。

除了抓分时走势横盘的一大难题，还有个连带的对大盘当天走势不确定的第二大难题。通过分钟线“蓄势形态”解决了一大难，但二大难也不能轻视，个股上有办法了，但大盘后市能怎么样不知道？无不存有要买上不涨或被砸下来的担忧，大盘不给阳光个股怎么灿烂。于是乎，对当天大盘走势的预断，又成了很多人(多的要比不会抓分时横盘的人更多)感到是个极其困扰的难题，似乎不搞定这个二大难，就是看准了个股分时横盘也不敢抓呀，抓了被后市大盘变坏祸及秧池怎么办？

当天买票要顾及大盘后市的好坏，是我针对“不预测大盘当天走势买了票跌下去”普遍存在的问题而提出的，我也就看大盘日线上升中走势的乖离、盘整时阴阳上下的箱体运行规律、分时走势上早市第一个多空回合、盘中的双底和头肩底图形等等，通过对这些前市状况的观察以预测当天大盘后市好与坏，提出过有关一些可参考的依据，照顾全了也能测出个大概。

但不知投资者能不能领会，是不是能照做，我想收效一定是有限的，能养成全面考察的习惯是不容易的，特别在盘中选股买进决策的紧张之时，再说个股盘口的诱惑远大于对其他因素的顾盼。觉得光凭说道即使是照图说法也难以奏效，我出了这么多书还有光盘视频也深有此感，如能和软件联系上加以配套，也许才能彻底解决二大难，规范的作用才是伟大的。不过此课题暂时还未想妥，待哪天出灵感再说。

预测当天大盘走势有必要，但对于抓自大形态第一天起涨的个股来说，也不是绝对不可或缺的，当然懂联系是有好处，不预测也没什么了不得，只要能在大盘分时走势下跌时启用分钟线“蓄势形态”指标，或启用带有分时用抓横盘指标的功能就行。要想到：我们不是在有获利盘纷纷出逃的波段上涨后半段上启用，更不是在大盘冲头危险的时候启用，绝不是在大盘向下变盘要命的时候启用，是在经过大洗筹调整到位、重新起涨的大形态上启用。即使是有第一选择不为第二选择的“日线小形态”指标，也是在经过震仓了一两天的再返点位上启用，是在大盘走势下跌显示出抗跌行为的个股走势上启用，这类个股当天往上涨的欲望第一强烈，而且是不骗人，走坏只能坑其主力自己。即便大盘后来下跌，不过也是震荡走势，坏不到哪里，主力不会在单边下跌势中死扛着，这一点人家自己最清楚，毋须杞人忧天，就是万一后市被拖累下跌收上影，次日亦会报复性大涨……还能说出好多好多，难道这些还不足以让你壮起胆量买进吗！

我这套分钟线指标选股短线操作的路子，并不完全是为我国证券市场而设计的，若只用于不能 T+0 交易、又没有杠杆倍率的 A 股市扬未免有些大材小用。我有两个学员在加拿大电子即日操盘公司工作，每天专事美股 T+0 操作，我已叫他们在那着手开一家电子即日操盘公司，门槛很低，20 万美金就可注册。

同时，我正咨询有关部门，如允许我要把炒美股引进来，组建国内的电子即日操盘公司，让我们在国内炒外盘赚老外的钱。外国资本可以跑到中国来大赚人民币，难道我们的资本就不能赚美金吗？

美盘数据源不是问题，现在的关键是买卖交易系统用在国内，远程交易能否顺畅，炒权证、炒 A 股一比一太没劲了，反正我决心已下，万一国内推不了炒美股就推炒港股，还有炒汇、炒现货黄金、炒期货(这些软件我部已完成在即，不久推向市场)。有人借教会徒弟饿死师傅那句话来劝我，从哪方面讲都不可能，就算可能我怕什么，全世界包括任何市场我都有把握去炒好；还有人说，炒股能挣到钱还出什么书卖什么软件，燕雀安知鸿鹄之志哉。

流程链条：

指标功能选股→买入短打个股→启用短线盯盘→翻白卖出

注解：

“指标功能选股”是指依据个股行情四个层次的意识，利用“四个层次”功能，或“起涨 3+1”、“上破形态”、分钟线“蓄势形态”、“分时选横盘”等指标、功能选股。

“买入短打个股”，是指从某一指标或功能选出的个股中，择优买进符合“契合 3+1”起涨及其他适合短线操作条件的个股。

“短线盯盘”，是指对买进个股的今买明卖，启用“短线盯盘”功能实施监视。

“翻白卖出”，是指走势翻出白框卖出个股，红框表示继续持有。

第四章 股票炒作套路四
——瞄上强势股飞身骑飙升

飙股炒作取之于上升趋势中的波段，针对的是持续上涨的强势个股，区别于抓第一起涨点的波段操作，也不同于今买明卖的短线操作。从初显强势抓起至之后的波段持有形成了一个独立的操作体系，既能避免波段操作介入后遇强遇弱没选择，也能避免短线操作可能痛失一大段犀利的走势，是一左右逢源的炒作选择，能在市场难得出现的火热行情时期，不误战机积极主动地去争取出类拔萃的飙股行情，有办法去实现任何投资者都梦寐以求的幸运之事。

通常个股走势是在一个既定的上升通道中运行，上有压力下有支撑、不破上轨不穿下轨，这就有了一些技术指标对个股常规走势中高位低位、量大量小含义的指示，标值高了超买提示注意头部，标值低了超卖提示别卖个地板价，这对一般性持股而言不无益处，但对买入个股可算是低级的做法。对买入即刻大涨的走势个股更是缺乏相关的根据，而这些技术指标在高低值钝化时却出现大涨或大跌的现象，就不免令人大跌眼镜了，也使那些迷信和遵从指标操作的人错失大涨行情或蒙遭巨大的损失。

凡指标应跌不跌反而大涨就是飙股的特性，一改循规蹈矩变为超常发挥，后续一发不可收拾的飙升行情令人惊羡不已，于是怎样才能骑上飙股乘飞大段飙升行情，就成了广大投资者可遇不可求而又十分向往的期盼了。

这得先把飙股的走势分为几类，分好了才能对应找出介入点位，因为其操作方法不是像波段和短线买入那样统一，举例讲解和演示也只能一对一地展开，以使读者在今后赶上有飙股炒作的时候能清晰地按照相应的套路进行。

安凯客车(图 4-1)自正式起涨大阳后连续大幅飙升，上升中每日几乎不给买入的机会，开市后高开下打，瞬间拉上涨停，在书中我对这种走势交待过对应的战法，前提是在大盘走势向好的波段上涨中，逢个股初期大阳上涨次日可利用早市下打的机会买进，低买通常套不了人，远比大阳后追高在分时走势的危险性要小的多，哪怕是后市不涨停、走势震荡，过日也有回摸的时机出来，也可在波段盘头时不赚不亏地卖出。

这类连着高开下打返板的走势在几种飙股走势中算是顶级的，在每

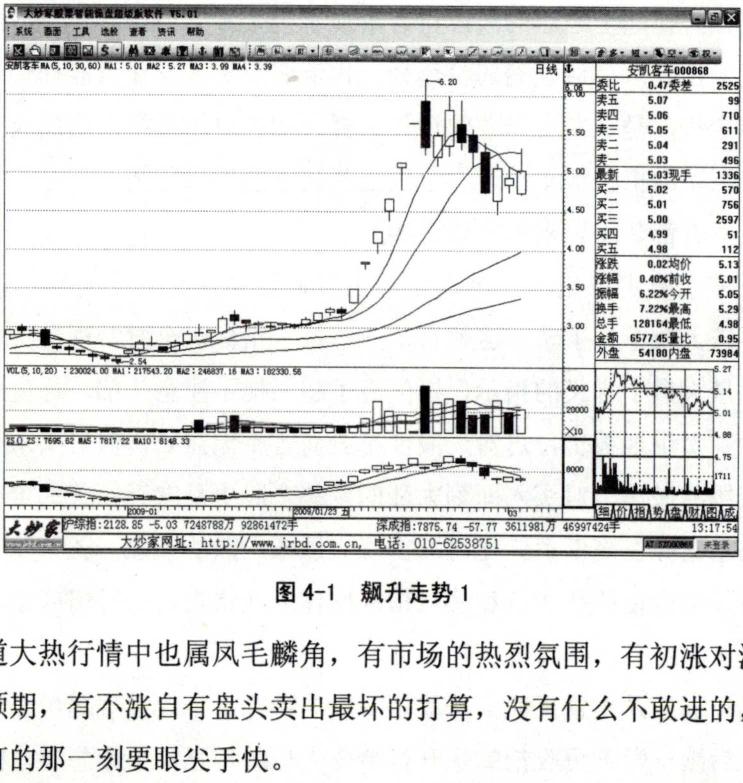

图 4-1 飙升走势 1

次市道大热行情中也属凤毛麟角，有市场的热烈氛围，有初涨对波段未了的预期，有不涨自有盘头卖出最坏的打算，没有什么不敢进的，就是在下打的那一刻要眼尖手快。

罗平锌电(图 4-2，图上箭头是大炒家软件选出所示)的飙升走势抓起来相比高开下打就容易一些，毕竟能给人缓过劲来有较长时间考虑的时间，而往往在分时上出现横盘或早市冲高后市回落不破前低的买点走势，又使人对后市向好的判断增多了有把握买入的胆量(图 4-3)。

以上两例同属连续大阳飙升的个股走势，安凯客车少见，罗平锌电也不多见，多见的是起步后不是连续大涨，而是中间有整理或不规则走势，前期没有飙兆仅有强势特征，尔后可能看大市不坏还有涨头，于是

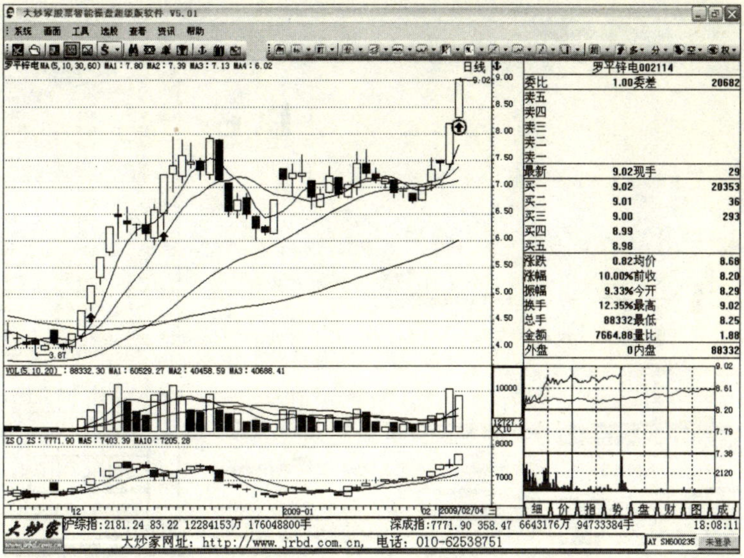

图 4-2 飙升走势 2

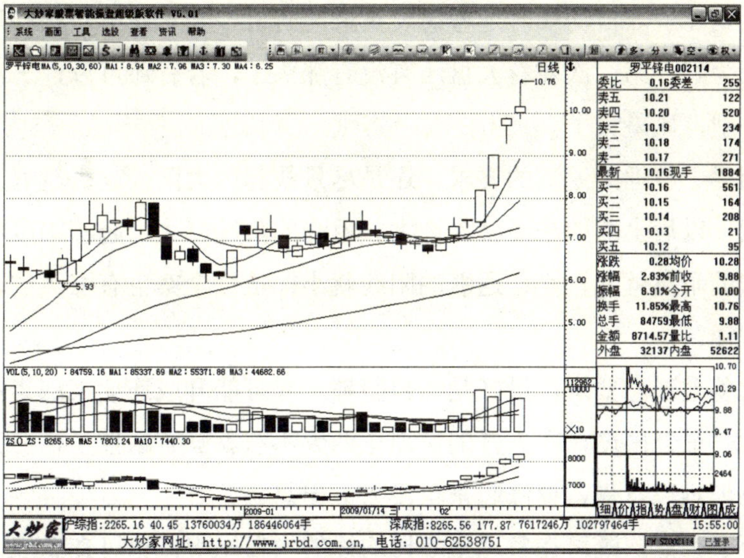

图 4-3 罗平锌电后市

乎接着又涨或跟着发疯了起来。

海星科技(图 4-4)同步于大盘起涨，一日大涨后做了两日整理又再返涨，按着就此形成的斜率时而上涨时而整理，直到冲至最大乖离才停止飙升的波段行情。

这种波段中有整理形态的走势很有规律，也易于把握和寻机介入，

图 4-4　飙升走势 3

每整理到靠近 5 日均线时是考虑要买进的时机，要求在第一次整理返涨时买进为好，第二次要看大盘还有没有涨头了，若有还可以，三次以上就免了吧，风险大了。

相对于整理后返涨的要求，还是尽量找起涨大阳，越大越好。起涨幅度大，以后上涨的乖离就允许大、返涨的阳线就大；起涨幅度小，以后上涨的乖离就允许小、返涨的阳线就小。虽然个案也有涨大的，但那不成规律。

对整理形态要求，最好是一日整理，有可能升成连续大涨走势，两日整理是最低限度，在大好的市道歇两天不涨就够有耐性了，三天以上不涨不但难以忍受，返涨起来也没太大出息。

至于买点，既可在整理至 5 日均线的当日尾市，也可在返涨那天分时走势出横盘时，这都是在个股起涨大阳之后和赶在大盘波段走势起来的初期，安全问题不大。

华天酒店(图 4-5)的飙升走势不是很飙，但在起涨 6 个多点的中大阳线后，接着还能以如此大的步子上涨，算起来涨幅也跟有整理形态的飙股走势的涨幅差不多，介入在偏大阳起涨后，以持股等待后期大冲，也能获得这个时期的不小收益，比更小起涨、中小幅上升的个股强的

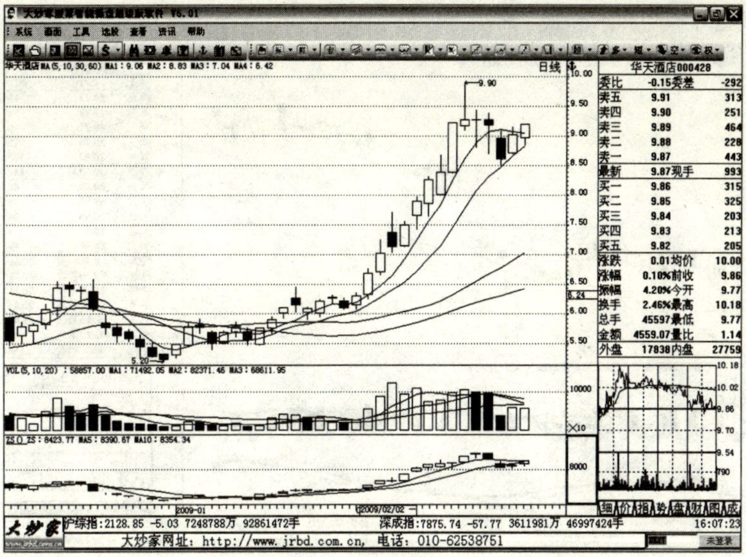

图 4-5 飙升走势 4

多，虽然后者个别也有多冲几天的，但前者也有多冲几天的，就是没发生在该股身上而已，做什么还得讲个概率，讲个眼前既得利益。

虽然以上几例是在前段大市好光景时出现的，请相信多少年来如遇市道好，飙股的飙升走势也就是那四类的表现形式，不信就翻翻历史上的走势看看，如同契合买点 3+1 一样恒久不变。除以上四类典型的飙升走势外，还有其他比较强势的个股走势，但比较起来就算不上飙了，不值得在轰轰烈烈的市道中浪费宝贵时间选做，有了以上足够大赢特赚的了，就四类而言还是应以前二类为主，尽管少也要努力寻找机会下手，不枉机会难得也不枉我教了一场。

大家千万不要以为在大盘持续上涨的时候，拿什么持什么股票都能大涨，统计了一下在今年 2 月 3 日起的行情中，有一半的股票没跑赢大盘，飙股的数量就更少了。

宏润建设(图 4-6)在那段好日子里过得不风光，还有比他更艰难的，人家有的几近翻番，他才爬了个 10 来点，可能这有点前期先涨了些的原因，也许还有以后轮涨的希望，不过那阵谁进或持有可能要骂他无能了，不知道究竟是谁无能。

对于买入飙股之后的持股和卖出，如同波段炒作持股卖出一样没有

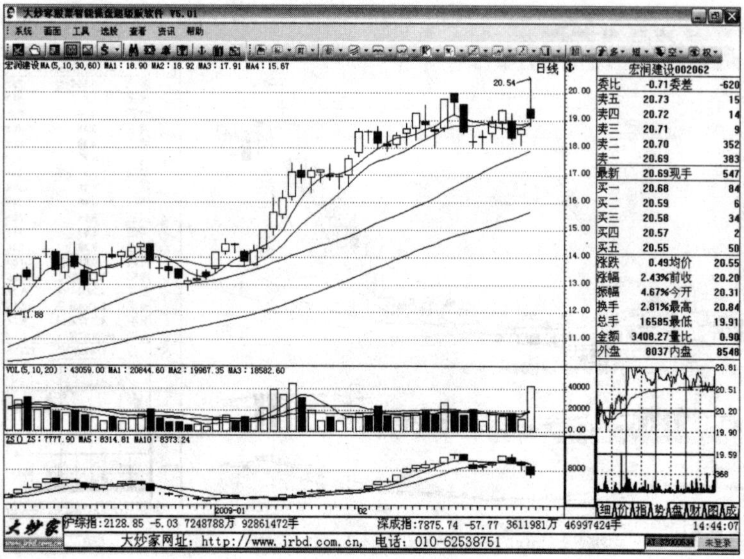

图 4-6 非飙升走势

什么特别要交待的，而且作为强者恒强的飙股来说，有的大盘行情完了仍在上冲，至少每只飙股到顶自会有盘头，到那时大可从容地卖出。飙股走势与大盘走势的同步上行在没有显示到顶迹象之前，也会给持有者放心待涨的安全感觉。

在买入飙股时有必要联系“个股行情四个层次”，而且是太有必要、不联系绝对不行，这是个大大的前提，从以上案例中也可以清楚地看到，哪只飙股的产生都与“同态势”不无关联。因为我们提出的是在起涨大阳后介入，不同于中短线的起涨一日介入，那至少有涨了获利的回旋余地，次日见不好大不了出来，介入只是预想飙股，还不能肯定会飙升就被当天给砸了进去，岂不冤哉。脑子里装有“四个层次”的意识，就不至于盲目地介入起涨大阳后不符“选时”的走势个股上。

要求对预想飙股的买入，一定要个股走势与大盘走势“同态势”自大形态起涨大阳，差前差后倒也不必计较。诚然也有轮涨、逆市上涨的走势个股成为飙股，但那完全可以用那时层次的意识和相应的手法去实现抓起涨，没必要在大阳过后冒险行事，即使大阳后有机会有把握介入，也要以平常心对待强势股那样，别有高期望值，毕竟市场不火爆。对“率先起涨”的个股视情况另眼看待，多数到“同态势”之时还会借机大涨，但那也只是早先买上而赶上“同态势”更坚定持股决心而已，早买上也是与“率先”有关，不是起因于飙股。紧密联系自大形态起涨“同态势”，对应“选时”，个股做波段也好做短线(如有整理)也罢，就毋须多加顾虑了。

飙股炒作的着眼点，于是就由从一般波段炒作的自大形态起涨，上移到了自大形态起涨的大阳，弃中小阳，因为大阳之后再连续大涨的几率远大于起涨中、小阳。如此看炒“飙股”须有冒险精神了，但不意味着在什么情形下都可以冒险追涨。追对了侥幸，追错了认栽，逢低买进逢高派发，追涨不追高也都只是中听不中做的无用论。若低，又涨不起来有什么用？若涨，涨到哪为高？哪有标准尺度可量。杀入飙股显然不是逢低，低在没突破起涨的蓄势形态里边，上涨一两天也可说不高，但涨一天也有昙花一现的。高低是相对的，不应以此而论，关键在于得有个依据，得符合股市客观规律长期形成的大概率上涨的基本依据，而我们有选择地主动介入在波段走势初起仅涨一日的大阳后，并有着“同态势”意识一贯准确的支持，这个基本依据可说是既聪明地甩去了不大可能大涨的走势个股，又睿智地精选出大有可能成为飙升走势个股，获取当期火爆市场的最大化收益已在不远的将来。

通过以上主要对几类飙股走势炒作买入时机的举例描述，让我们了解到个股“同态势”自大形态起涨一日大阳，是关注强势股成为飙股走势早期的恰当着眼处；过日继续大涨和自小形态返涨的当日分时买点上，是参与飙股炒作最适度的买入点位；虽然没再有重复演示，同样是依托 5 日均线斜向而上，是不为所扰不为所骗的持股待涨期；天量冲顶或盘头，不同程度标志着飙股行情的完结，是个人酌情了结飙股炒作的卖点。

如此这般飙升个股的炒作套路，再利用大炒家软件的指标和功能变为实盘操作流程，相信广大投资者会在市场大有可为之时，有意识有准备地主动去抓骑飙股，以不误那时可赚取暴利的不寻常机会。

实盘操作流程：

先介绍一下抓飙股的软件指标，一是“强势＋不破”1选飙股指标；二是“强势＋不破”2选股指标。“强势”是指选股对象日线已突破上涨，并表现出日涨幅5%以上到强劲的势头；“不破”是指当时分时走势出有横盘或不破前低买点，不破是不破前低的简称，本指标中的不破前低其中包括了“横盘”，故“强势＋不破”1或“强势＋不破”2选飙股指标，都省去了单独横盘一项的设置。

“强势＋不破”1选飙股指标，同时兼顾日线、分时走势，“起涨3+1”选股指标日线针对的是蓄势大形态，分时针对的是单一的横盘，“强势＋不破”1选股指标日线针对的是起涨后的强势股，分时针对的是分时走势不破前低。“强势＋不破”1组合形成的选股指标，既省去了原指标一步步选股操作的麻烦，也同时相互限制一些日线符合条件、分时不符合的个股、或符合分时但日线不符飙升潜力的个股，使合二为一的选股指标趋于合理化。选出的比原来“发起飙升”单项指标选出的少，减少了用户人工鉴别的时间和精力，更重要的是使选飙股的成功率大为提高。

同时，考虑到这个“强势＋不破”1选飙股指标，存在着有的个股先小幅上涨后冲顶的情况，给应用操作带来一定的风险，但倘若把指标编的收紧一些，很多个股就选不出来，用户会提意见，怪大涨的个股为啥选不出来。

这样看来一个选飙股指标难能两全，为此，我们再增设一个“强势＋不破”2的指标，包含“强势＋不破”1指标的优处，除去“强势＋不破”1指标不能顾及的弱处，所选个股是大涨启动的飙升走势，不选先小幅后冲顶的个股，这方面的风险是控制住了，但选出的个股非常之少，少也许是精确的表示，未必不是件好事。

“强势＋不破”2指标当启用在大盘走势自大形态起涨大阳后的第二天，再多天就选不出来了，这还是为了防范风险，的确操作起来也比较保险，选出的个股视当时的市场状况为数多少，一般情况较少，再受分时“不破前低”走势的约束，剩下的真可谓是极品了。选出买进后5日均线助涨、支撑有效、放心持股，也就用不着空仓急着去找走高的个股追涨了。

两项选飙股指标各有所长、各有所短，要求用户在选用的时候，一定要联系“个股行情四个层次”的意识，考察是否符合选飙股操作的“选时”，虽然不是启用“四个层次”中的软件功能，选的又是起涨大阳后或大阳整理后，但非常需要市场强烈的做多氛围配合。而且飙股行情多发生在市场的主行情期，即在大盘走出一段像样的波段大涨中，过后即有自大形态起涨，也可能仅是短暂的回抽行情，那时的同态势个股只是轮涨，缺少大盘一定程度的支持，以轮涨心态对之，少点飙股奢望为好。

由于几项有关于选飙股的指标，不能替人顾及到当时大盘走势的状况，那么“四个层次”中哪个意识可利用指标选股？利用这些指标逢不逢时?或干脆就不应该利用这些指标选飙股操作？这些在于操作者本人，如果利用指标选的话，有可能在恰当不恰当的时候皆能选出大阳个股，因而有必要在此予以警示。

有关短线操作，什么时候都可以利用指标和功能选股操作，个股能有一日行情就值得利用、值得操作；有关波段操作，除了“补涨”层次意识，其他层次“选时”选股都是时候，都可利用指标和功能选股操作，个股有波段走势行情的机会，大可利用、大可操作；有关长线操作，把局部的“率先启动”，“同态势”意识，扩大范围到更广的趋势走势中联系，是长线走势个股选股操作的时候，那利用“四个层次”功能就不是只框局部的走势形态了，要框起周期更长的趋势走势；有关“飙股”操作，只有“同态势”这一个层次的意识，是“飙股”选时的时候，其他三个层次的意识都不可以“选时”，因为与个股走势不同步不同态、大盘走势不稳定，难能确保其个股走势飙升，或维持长一点时间，故不敢强用选“飙股”指标。

同时，在符合“同态势”意识，到了选飙股指标可利用的时候，还要务必参考大盘的走势状况，是起涨大阳就适用“强势 + 不破”2 指标；是起涨了两三天就适用“强势 + 不破”1 指标；再以上天数最好就什么也不要启用了，虽然“强势 + 不破”1 指标还能继续选出，但只给有冒险精神的人去做吧。记住一点：快进快出，看不妙赶紧跑；眼见大盘走高快要见顶了，再大胆的也不要强用了，套进去可不是闹着玩的。

还有早先设置现也保留的“发起飙升”选股指标，只针对日线走势不兼顾分时走势，虽然糙点，但能照着上几段话的要求去做不会有大的风险，也许在1、2指标的严格要求下被漏网的大鱼被这项指标捕到了。

还有“下打5日线”中“下打支撑”和“强势助涨”指标，“下打支撑”指昨日大阳，今早市高开下打；“强势助涨”指昨日大阳，今盘中分时出现横盘或不破前低走势，虽那是为抓强势股而设，但也适用于抓飙股。

还有“日线小形态”中的分钟线“蓄势形态”、“形态突破”可利用，针对的是波段中有一或两日整理的首次返涨的走势，设计的原意是为了介入个股波段走势的初期，是对抓自大形态起涨的一个补充，也适合于抓飙股。

以上这些指标用在选飙股上，也同样须在个股与大盘“同态势”的时期。其他如“起涨3+1”等选股指标几乎不存在什么大的风险，因为大都抓的是起涨，而只有强势、飙升的指标是带些轻度的追涨，故此，广大投资者在利用时还须慎重从事。

打开“多”图标，点击“强势+不破”1选飙股指标(图4-7)，平时应用当选在大盘走势下调时，这时启用是看大盘走势长时间盘而不跌有上的可能。

随后出来一框(图4-8)，系统默认分别是2.0和30，于是点“确定”。

选出“强势+不破”1个股的排序(图4-9)，即使限制了涨幅5%以上和1%以下个股不选，也选出的较多，说明当前市道挺火。

2009年2月9日，选择在午后选股，以防午前上涨午后下落。在查看排在17位的唐钢股份中发现能较长时间横盘(图4-10)，起涨大阳后整理两天，再涨还不再给个大阳啊。

唐钢股份比大盘起涨晚上一天，虽然不是与大盘同态势起涨，但只少一天也算能挂上，“选时”也不成问题，第一次自小形态返涨，后市

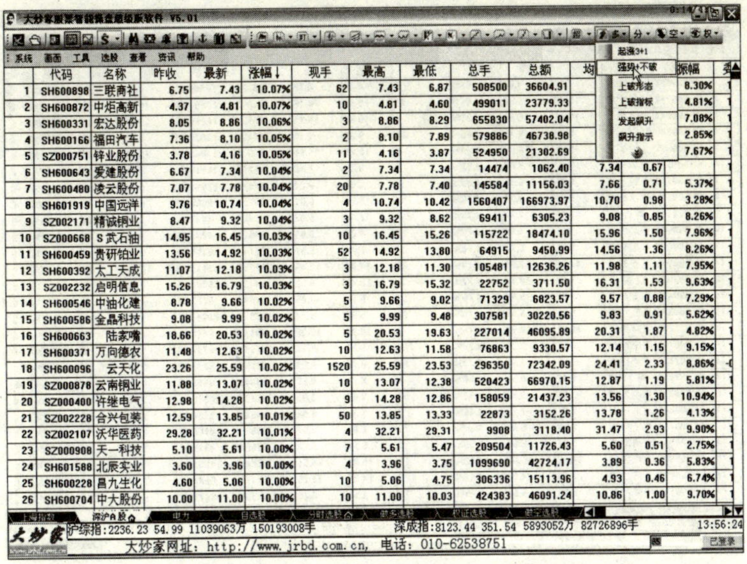

图 4-7 启用“强势+不破”1 指标

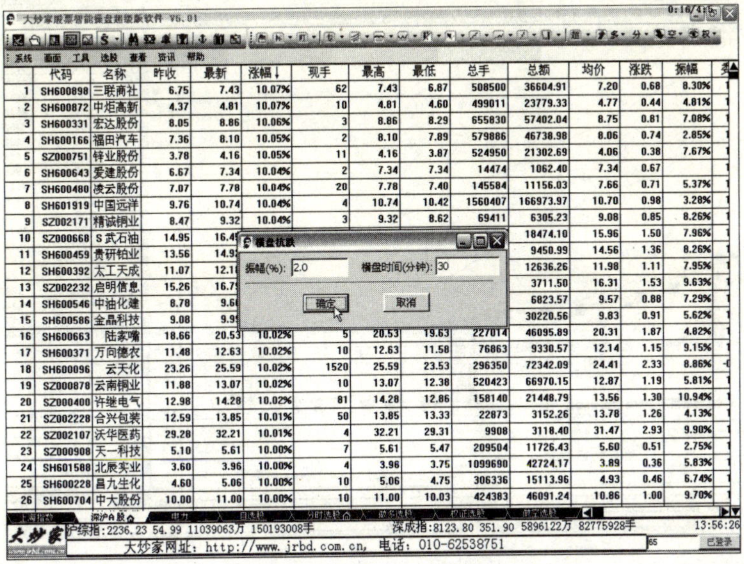

图 4-8 振幅和时间

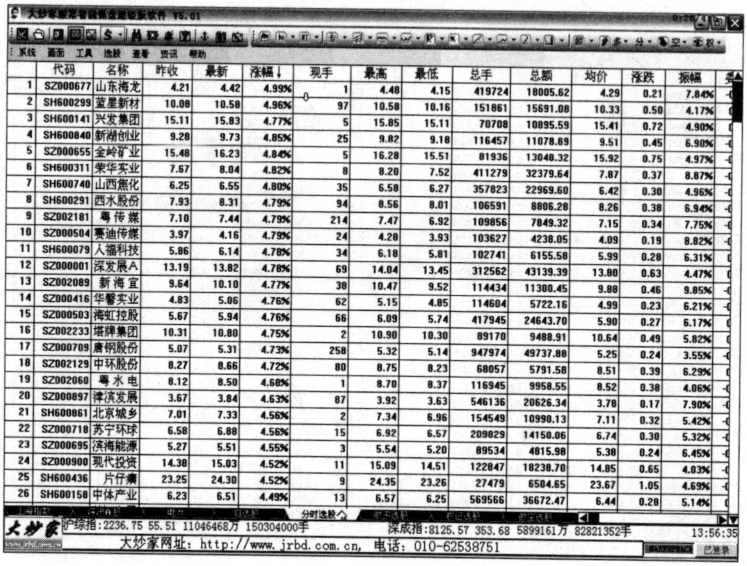

	代码	名称	昨收	最新	涨幅↓	现手	最高	最低	总手	总额	均价	涨跌	振幅
1	SZ000677	山东海龙	4.21	4.42	4.99%	1	4.48	4.15	419724	18005.62	4.29	0.21	7.84%
2	SH600299	蓝星新材	10.08	10.58	4.96%	97	10.58	10.16	151861	15691.08	10.33	0.50	4.17%
3	SH600141	兴发集团	15.11	15.83	4.77%	5	15.85	15.11	70708	10895.59	15.41	0.72	4.90%
4	SH600840	新湖创业	9.28	9.73	4.85%	25	9.82	9.18	116457	11078.89	9.51	0.45	6.90%
5	SZ000655	金岭矿业	15.48	16.23	4.84%	5	16.28	15.51	81936	13048.32	15.92	0.75	4.97%
6	SH600311	荣华实业	7.67	8.04	4.82%	8	8.20	7.52	411279	32379.64	7.87	0.37	8.87%
7	SH600740	山西焦化	6.25	6.55	4.80%	35	6.58	6.27	357823	22969.60	6.42	0.30	4.96%
8	SH600291	西水股份	7.93	8.31	4.79%	94	8.56	8.01	106591	8806.28	8.26	0.38	6.94%
9	SZ002181	粤传媒	7.10	7.44	4.79%	214	7.47	6.92	109856	7849.32	7.15	0.34	7.75%
10	SZ000504	赛迪传媒	3.97	4.16	4.79%	24	4.28	3.93	103627	4238.05	4.09	0.19	8.82%
11	SH600079	人福科技	5.86	6.14	4.78%	34	6.18	5.81	102741	6155.58	5.99	0.28	6.31%
12	SZ000001	深发展A	13.19	13.82	4.78%	69	14.04	13.45	312562	43139.39	13.80	0.63	4.47%
13	SZ002089	新海宜	9.64	10.10	4.77%	38	10.47	9.52	114434	11300.45	9.88	0.46	9.85%
14	SZ000416	华馨实业	4.83	5.06	4.76%	62	5.15	4.85	114604	5722.16	4.99	0.23	6.21%
15	SZ000503	海虹控股	5.67	5.94	4.76%	66	6.09	5.74	417945	24643.70	5.90	0.27	6.17%
16	SZ002233	塔牌集团	10.31	10.80	4.75%	2	10.90	10.30	89170	9488.91	10.64	0.49	5.82%
17	SZ000709	唐钢股份	5.07	5.31	4.73%	258	5.32	5.14	947974	49737.88	5.25	0.24	3.55%
18	SZ002129	中环股份	8.27	8.66	4.72%	80	8.75	8.23	68057	5791.58	8.51	0.39	6.29%
19	SZ002060	粤水电	8.12	8.50	4.68%	1	8.70	8.37	116945	9958.55	8.52	0.38	4.06%
20	SZ000897	津滨发展	3.67	3.84	4.63%	87	3.92	3.63	546136	20626.34	3.78	0.17	7.90%
21	SH600861	北京城乡	7.01	7.33	4.56%	2	7.34	6.96	154549	10990.13	7.11	0.32	5.42%
22	SZ000718	苏宁环球	6.58	6.88	4.56%	15	6.92	6.57	209829	14150.06	6.74	0.30	5.32%
23	SZ000695	滨海能源	5.27	5.51	4.55%	3	5.54	5.20	89534	4815.98	5.38	0.24	6.45%
24	SZ000900	现代投资	14.38	15.03	4.52%	11	15.09	14.51	122847	18238.70	14.85	0.65	4.03%
25	SH600436	片仔癀	23.25	24.30	4.52%	9	24.35	23.26	27479	6504.65	23.67	1.05	4.69%
26	SH600158	中体产业	6.23	6.51	4.49%	13	6.57	6.25	569566	36672.47	6.44	0.28	5.14%

沪综指:2236.75 55.51 11046468万 150304000手　深成指:8125.57 353.68 5899161万 82821352手 13:56:35

大炒家网址：http://www.jrbd.com.cn，电话：010-62538751

图 4-9　选出“强势 + 不破”1 个股

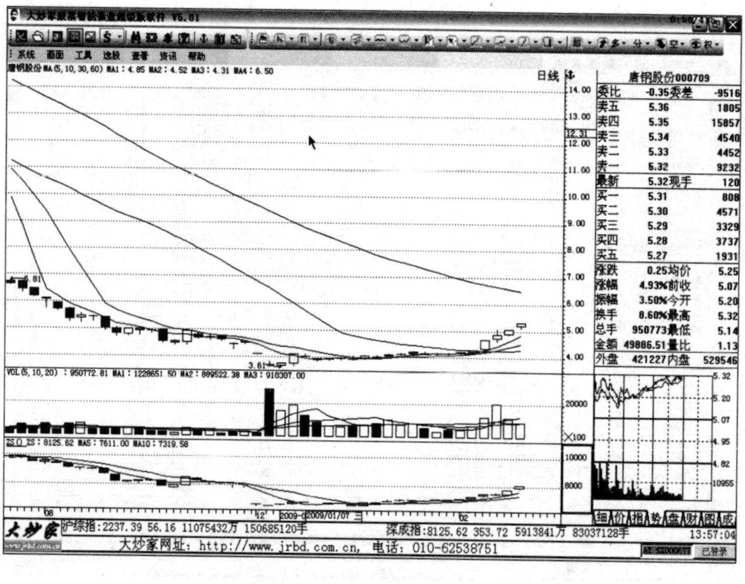

图 4-10　唐钢股份

应有波段上升空间，大盘波段走势方兴未艾，还恐该股不随之而上不成。

规律就是规律，唐钢股份又重拾起涨大阳的幅度（图 4-11）。虽然后市大盘有落，该股也曾被打下，但还是能爬起来冲过高点上涨停，长时间横盘和两日整理都有不小的功劳。

次日开市就启用“波段盯盘”（图 4-12），一天下来四个红框无一

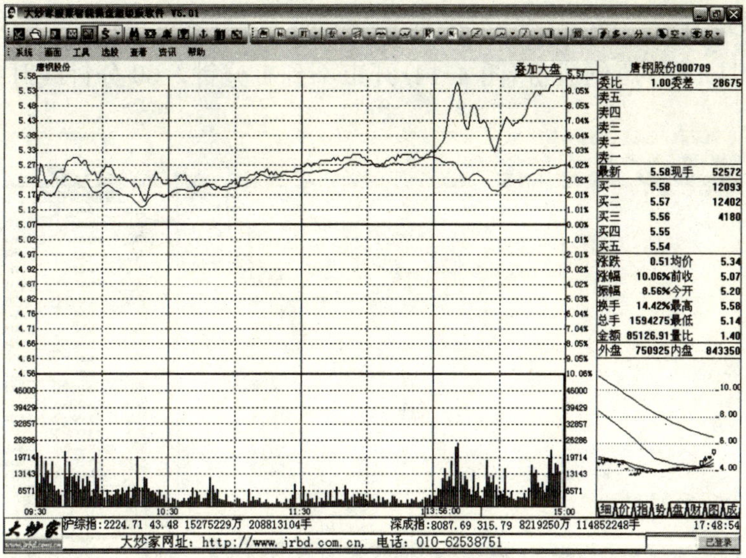

图 4-11 唐钢股份后市

翻白，一直可以安心持股到收市涨停，轻轻松松地获取了进入飙升后的一天大涨。

下个交易日唐钢股份(图 4-13)整理，60 分钟线盯盘显红，未见翻

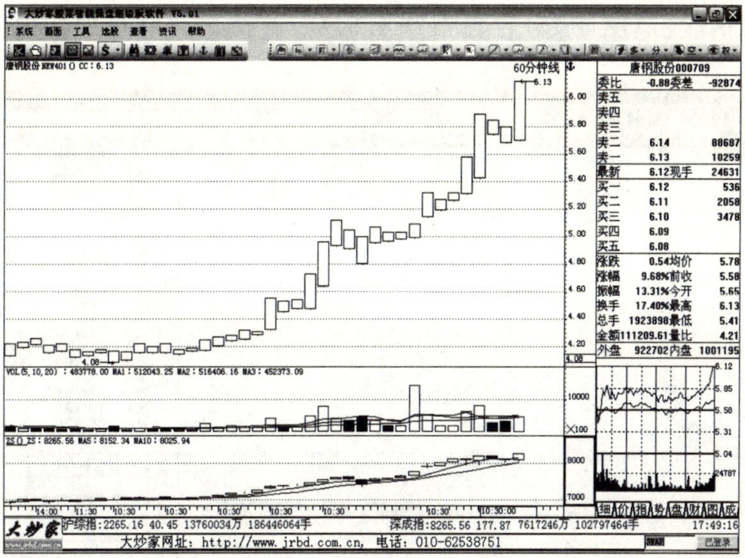

图 4-12 “60 分钟线”盯盘

白继续持有。

2 月 12 日唐钢股份(图 4-14)开市不到 1 分钟，60 分钟线盯盘就显

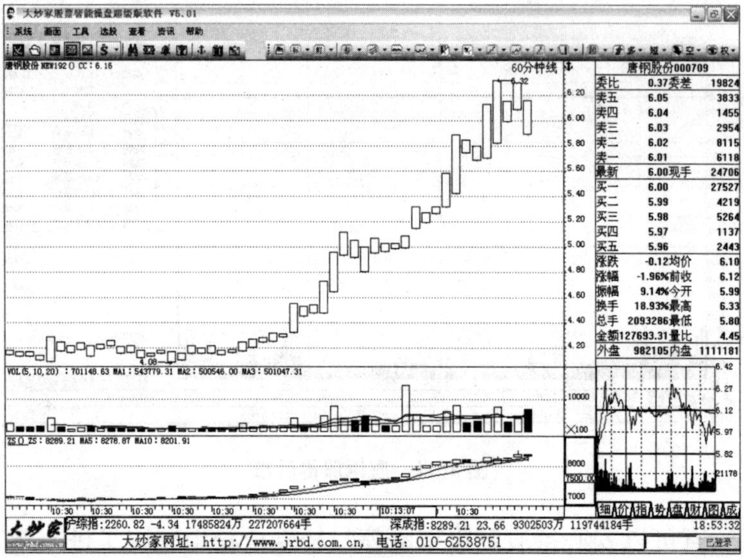

图 4-13 唐钢股份盯盘

示出来翻白，应放弃持股当即卖出。

唐钢股份(图 4-15)收盘报跌 4.67%，若按日线盯盘现在也没翻白

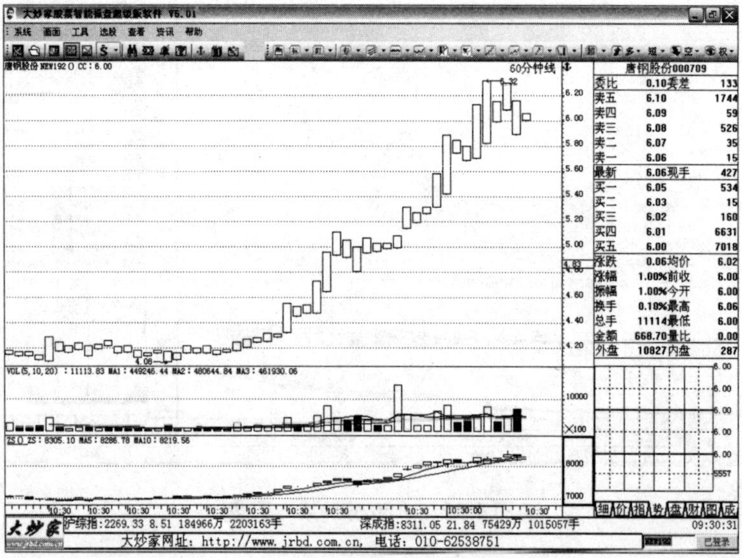

图 4-14 唐钢股份卖出

(图 4-16)，看来 60 分钟线盯盘能卖在波段的高点。持股不用焦躁地度日，为日线、分时走势的变化闹心，红框放心拿着白框狠心扔掉，就是这么简单。

2009 年 3 月 18 日，在大盘走势上涨回落两波时，启用“下打 5 日

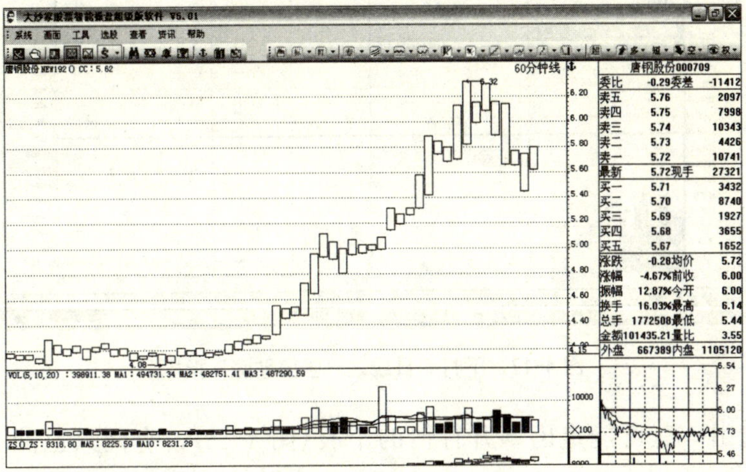

图 4-15　唐钢股份 60 分钟盯盘收市

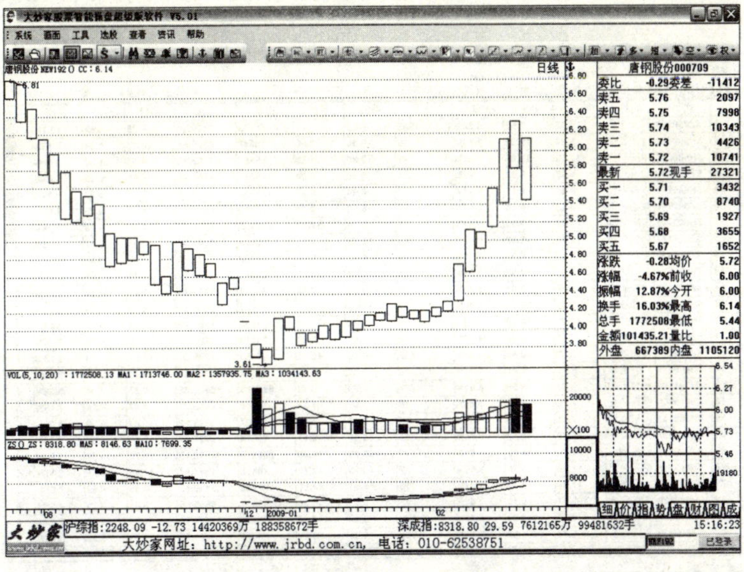

图 4-16　唐钢股份日线盯盘

线”图标中的“强势助涨”指标(图 4-17)，此指标专为抓昨日起涨大阳次日还可能连续大阳上涨的强势股而设，当然飙股亦更在被抓之列。

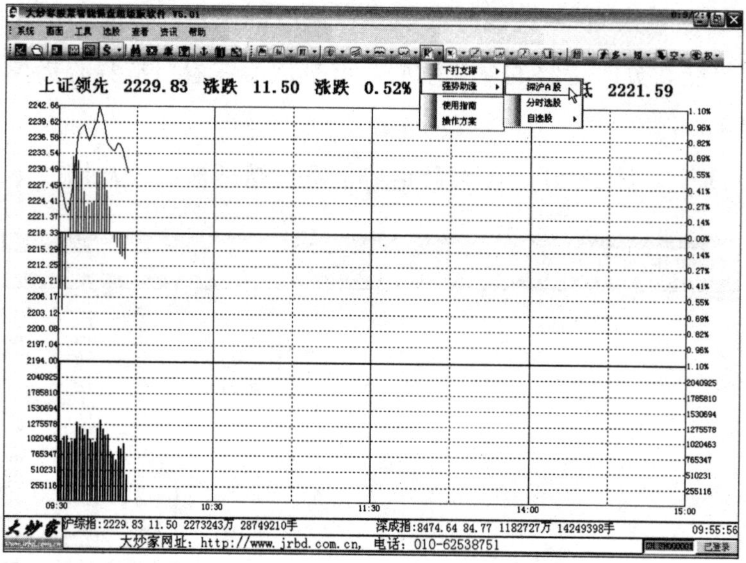

图 4-17 下打 5 日线之“强势助涨”指标

选出一些可能走出飙升行情的个股(图 4-18)，有两只已冲上涨停板，可见市场存在着产生飙股的衍生土壤。

排在 21 位的云南铜业分时走势显示(图 4-19)，早市曾三波上扬，

	代码	名称	昨收	最新	涨幅↓	现手	最高	最低	总手	总额	均价	涨跌	振幅
1	SZ000953	河池化工	5.02	5.52	9.96%	1583	5.52	5.14	71653	3786.50	5.28	0.50	7.57%
2	SH600823	世茂股份	9.44	10.38	9.96%	15	10.38	9.65	58042	5900.68	10.17	0.94	7.73%
3	SH600536	中国软件	17.55	18.85	7.41%	41	19.00	17.58	25952	4757.18	18.33	1.30	8.09%
4	SZ000980	金马股份	5.60	5.98	6.79%	1	6.16	5.80	46613	2801.26	6.01	0.38	6.43%
5	SH600183	生益科技	5.82	6.15	5.67%	152	6.26	5.89	119391	7319.29	6.13	0.33	6.36%
6	SZ002146	荣盛发展	8.15	8.60	5.52%	52	8.89	8.40	72118	6214.72	8.62	0.45	6.01%
7	SH600348	国阳新能	14.18	14.96	5.50%	57	15.10	14.52	112253	16674.38	14.85	0.78	4.09%
8	SZ002177	御银股份	12.00	12.62	5.17%	14	12.63	12.11	10823	1341.02	12.39	0.62	4.33%
9	SZ000430	S ST张股	6.05	6.35	4.96%	31	6.35	6.35	1389	88.20	6.35	0.30	
10	SH600139	ST绵高	13.85	14.53	4.91%	5	14.54	14.12	11419	1644.71	14.40	0.68	3.03%
11	SZ000034	ST深泰	2.90	3.04	4.83%	2	3.05	2.98	46522	1413.78	3.04	0.14	2.41%
12	SH600812	华北制药	9.59	10.05	4.80%	72	10.08	9.66	122501	12132.98	9.90	0.46	4.38%
13	SH600971	恒源煤电	18.30	19.14	4.59%	4	19.30	18.42	29926	5681.19	18.98	0.84	4.81%
14	SZ000591	桐君阁	6.17	6.45	4.54%	12	6.52	6.19	28010	1787.82	6.38	0.28	5.35%
15	SZ000527	美的电器	10.19	10.63	4.32%	532	10.75	10.22	68508	7239.85	10.57	0.44	5.20%
16	SH600745	ST天华	5.57	5.81	4.31%	10	5.85	5.65	13591	784.46	5.77	0.24	3.59%
17	SH601168	西部矿业	9.48	9.86	4.01%	1005	10.00	9.49	800306	78163.85	9.77	0.38	5.38%
18	SH600666	西南药业	7.20	7.48	3.89%	10	7.55	7.35	30110	2250.73	7.47	0.28	2.78%
19	SH600241	辽宁时代	7.61	7.90	3.81%	15	8.10	7.62	12537	989.12	7.89	0.29	6.31%
20	SH600997	开滦股份	16.02	16.62	3.75%	21	16.90	16.11	46524	7727.74	16.61	0.60	4.93%
21	SZ000878	云南铜业	15.26	15.82	3.67%	178	15.98	15.40	200969	31612.15	15.73	0.56	3.80%
22	SH600056	中国医药	12.60	13.06	3.65%	2	13.10	12.70	15419	1997.67	12.96	0.46	3.17%
23	SH600123	兰花科创	17.86	18.48	3.47%	228	18.51	18.00	51405	9436.13	18.36	0.62	2.86%
24	SH600120	浙江东方	5.57	5.76	3.41%	66	5.95	5.68	60861	3550.80	5.83	0.19	4.85%
25	SH600322	天房发展	4.77	4.93	3.35%	683	5.04	4.90	351496	17427.28	4.96	0.16	2.94%
26	SZ000739	普洛股份	5.74	5.92	3.14%	182	6.02	5.81	70690	4189.96	5.93	0.18	3.66%

沪综指:2230.04 11.71 2276672万 28791884手 深成指:8474.64 84.77 1182727万 14249398手 09:56:02
大炒家网址：http://www.jrbd.com.cn, 电话：010-62538751

图 4-18 选出可能走出的飙股

此时正抗跌横盘，右下日线走势显示已突破前期高点，给未来打开了上升空间，这在两市“同态势”上涨个股中较为少见。而处在相对较低位置的大盘走势自起涨后无疑不会止步，这些都给介入该股增添了很大的信心。

云南铜业(图 4-20)随即与大盘走势同步回升，后在盘中一直抗跌

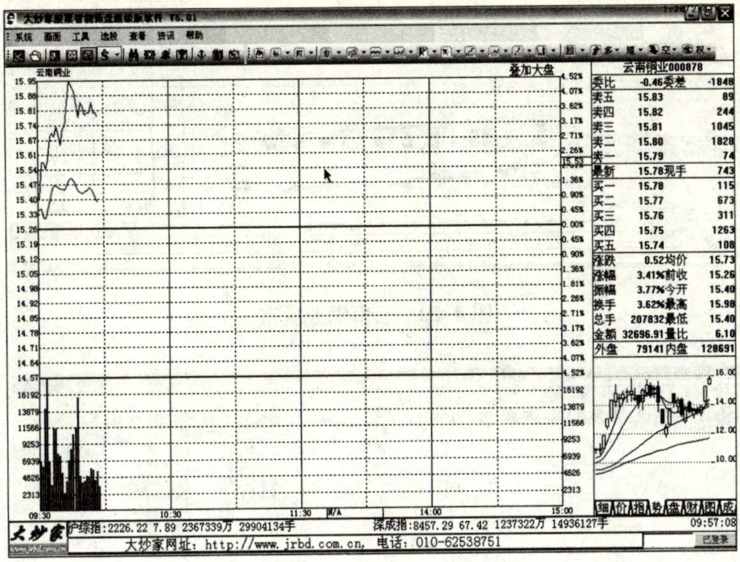

图 4-19 云南铜业

横盘，在大盘回落做完双底反弹时又拉升至涨停，尾市大盘走势跳水受到拖累略松涨板。从该股全天走势看，逢大盘回落抗跌横盘，逢大盘反弹不失时机回升，充分表现出自起涨大阳后仍强势上升的飙股风姿，这与同大盘携步整理的大多个股的走势形成了鲜明的对比。

大盘走势昨天整理今天又会怎样？对云南铜业(图 4-21)两天大涨还得有防备之心，尽管有“波段盯盘”在线监控，还须不时逢大盘下跌的时候启开看看。

该股与大盘走势大半天基本保持震荡格局，盯盘显示也一直在红着，可就在尾市竞价前几秒钟突然那根红框由红变白，之前在分时走势冲高回落的几波时还没变白。这是因为 60 分钟线盯盘系统的走势框体，是按上涨与下跌的大小比例而随时变化的，不是起头红就一直红，之前

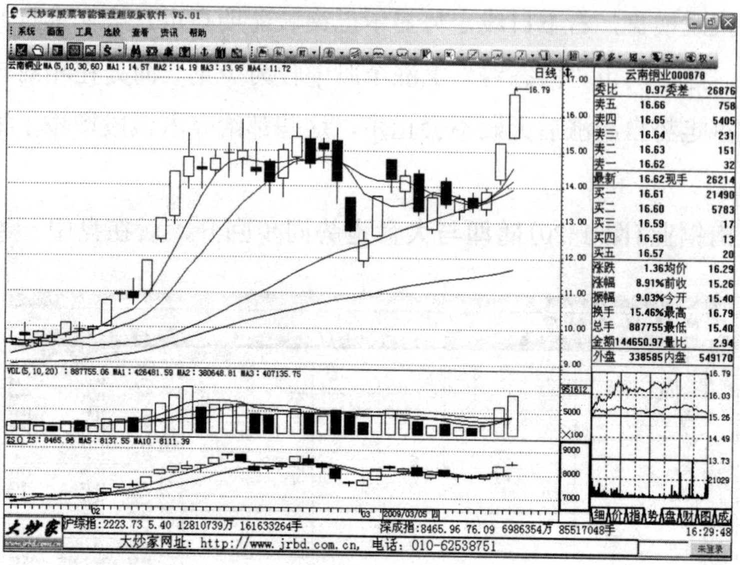

图 4-20　云南铜业后市

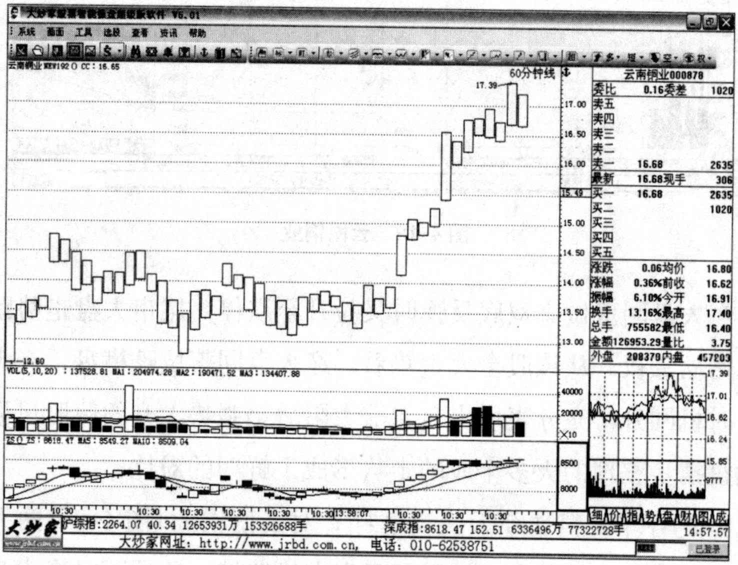

图 4-21　云南铜业盯盘

是上涨加横盘的比例大于下跌，于是还红着，57 分 57 秒的一笔卖单把下跌的比例加大了，于是就骤然由红变白了，若是在盘中再有一笔回单买多也许又把下跌的比例缩小，使框体由白变红，可恰巧这时赶在寸劲的尾盘竞价不交易的时刻，既不能等反弹视情况再说也不能即刻卖出，都得无可奈何拖到次日处理。

由此也引来对盯盘系统(短、中线盯盘一样)出现同一时间内的框体红白有变情况的解释，本来也想找个机会给用户说明，以免应对不知所措。这似乎是个不该发生的变化，应该红就红、白就白一直保持到框体限定的分钟完，过时再变对卖出也容易决断，但以上说过“分钟线盯盘系统的走势框体，是按上涨与下跌的大小比例而随时变化”，似乎这又是一个更合情合理的变化依据，毕竟客观上的事实就是如此。

我们设在各分钟线上的盯盘翻白，是对应在各分钟线走势的关键点位，不是变盘向上继续翻红，就是变盘向下予以翻白。而在分钟线关键点位上是有争夺的，多空有番较量，这就使得盯盘系统随之出现戏剧性的变化，有时在固定的分钟线盯盘框体内红白变换。我为此跟踪给出了一个相应的办法，即以前多次提到过的：分时走势下跌，这时盯盘系统翻白，不计较图省事就卖，因大多时候翻白卖出是对的，盯盘是针对大概率而设定的，不能周全到百分之百；如想还做得更好或遇到时红时白的秒间变化现象，可再等分时走势反弹不过前高时卖出，除了能赚点就赚点的小市民意识之外，其实还有个更大的期望就是别为“一个偶尔瞬间的暂时变化影响一个整体大的比重失衡”，也许有次较大的反弹使白变红又持续下去，就因一个闪一下的白而错失仍有的不小行情，不免令人惋惜故等片刻为好，反弹弱仍不变回红再作处置。

3 月 20 日，依据“可再等分时走势反弹不过前高时卖出”的办法，在云南铜业(图 4-22)开市后上涨每次过前高不卖，到 10 点整不过前高时卖出。

云南铜业(图 4-23)后来并没有大跌，而是经过了盘中的震荡小跌又顽强地上升涨停，从而全天带动金属板块个股的走强。

飙股的特点是强者恒强，不等大盘走势明确表现方向性改变的时候不肯收手，非得显出在一次市场行情中的霸主地位不可。为此，如果对飙股实施“波段盯盘”的 60 分钟线设定不满意，怕踏空行情，对“可再等分时走势反弹不过前高时卖出”的办法也觉得参与了人工难把握，也可以利用日线设定盯盘卖出，那样有利的是绝对踏空不了行情，但有

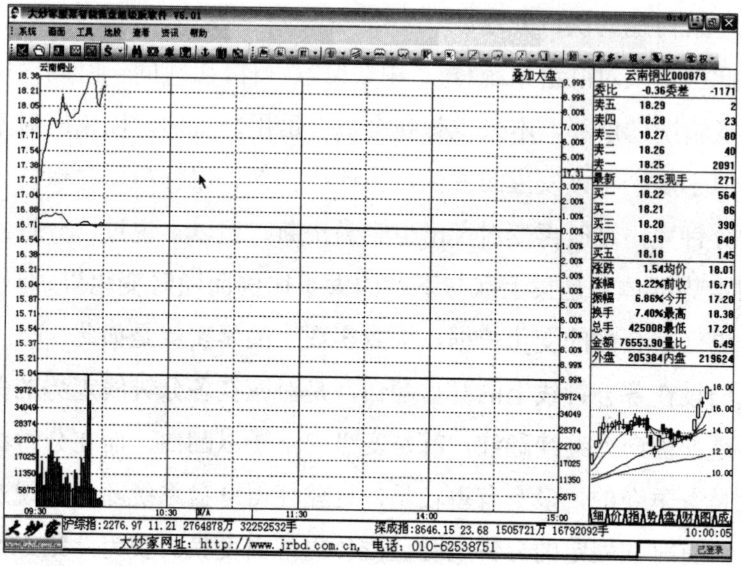

图 4-22 云南铜业卖出

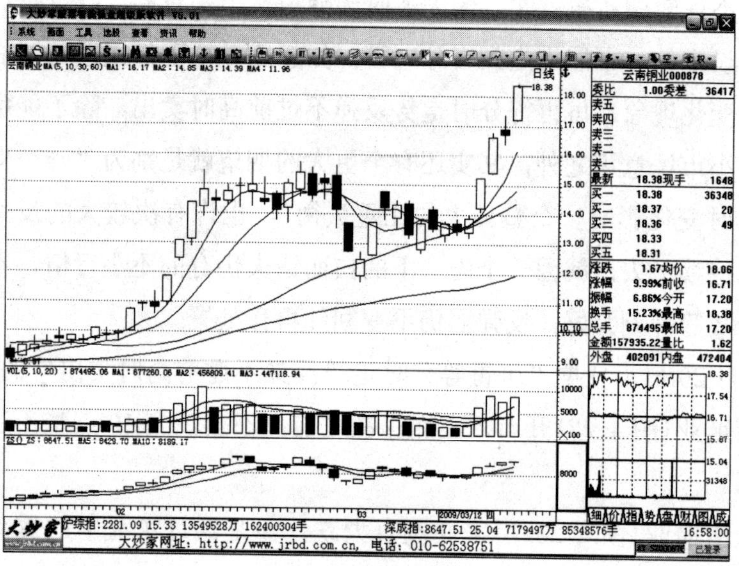

图 4-23 云南铜业收市

弊的是要等待更长的时间，才会在日线盯盘上出现翻白，想知道究竟？那么就跟着云南铜业的后期走势，看一看日线盯盘的结果是什么样。

自 2009 年 3 月 20 日之后，云南铜业在大盘走势盘整期间又继续上涨，3 月 26 日又冲出全阳，之后进入长达五日的高位盘整。4 月 2 日早市开盘后，云南铜业日线盯盘即显翻白(图 4-24)，当时分时走势处于下跌中，待反弹不过前高时再作处置。

云南铜业(图 4-25)分时走势反弹至开盘点位弯头，大盘走势此时

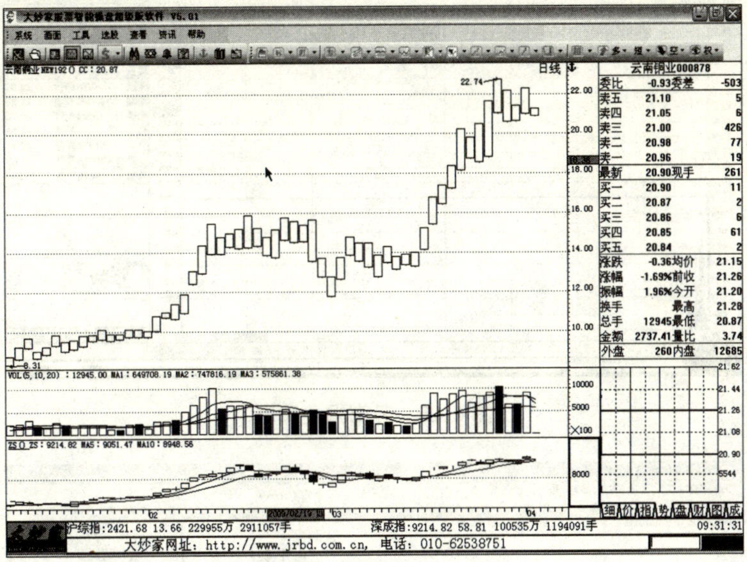

图 4-24 云南铜业日线盯盘

也正弯头，卖出该股正当时节。

云南铜业(图 4-26)后来在前日收盘线下震荡，大盘走势盘中走高也未拉动该股上涨，往日雄风不再一显颓势，而近期表现的是前期没涨该“轮涨”层次的个股集群。

该股在尾市又有拔高，但那不过是盘头上下而已，再靠在里边就有些多余了，趁是“轮涨”个股表现的时候，还是跑那边去赚些大钱吧。

日线盯盘翻白是显在波段走势头部盘局下破之时，波段行情是完整赚满了，但不利的是盘头期间熬时过长，影响赚此间其他层次个股表现的机会。60 分钟线盯盘翻白通常是显在波段走势头部的次高点，刚要进入头部盘整之时，但由于飙股在那一段时期内走强于大盘，只要大盘不坏或不赶上“层次”转换就会依然上攻，使本来原以为到头却又有上拉出一段或大或小的行情，若赶早的 60 分钟线盯盘卖出就不可避免地踏空了这段走势。因而在对待飙股持股的卖出上，是利用 60 分钟线盯

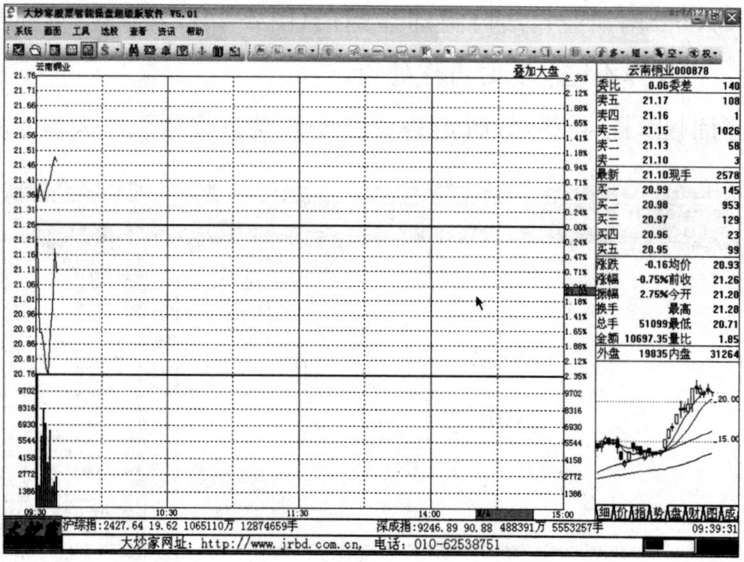

图 4-25　云南铜业卖出

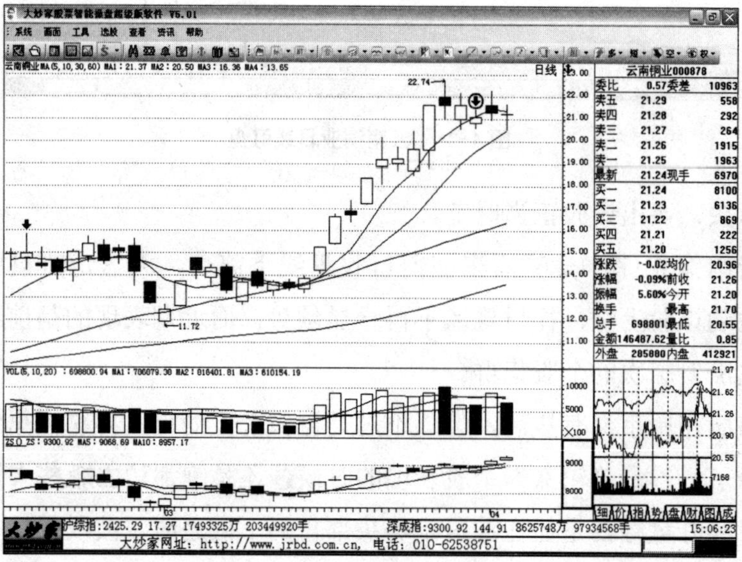

图 4-26　云南铜业后来

盘还是日线盯盘，就要看操作者或取或舍的意愿了。显然在就云南铜业本身的走势上合适启用日线盯盘，但用在别的飙股走势上就未必是这样了。因此，两种盯盘因各有各的利弊和难以确定的未知状况，须加以酌情考虑再定。如果不怕等非要在一只飙股上赚个爆满就不啰嗦启用“日线盯盘”。

另外，还有两可之间的“头部显现”功能可以补充考虑选用，该功能介于60分钟线盯盘与日线盯盘之间，比前者出现的晚显现在波段走势头部的盘整期，既可部分避免可能出现的踏空行情，又不必等到经过更长日期的盘头下破，但由于多麻烦应用一个功能，没有盯盘系统一项就可以一路盯下来搞定省事，可实实在在也是个两全之策不妨利用。上图显现在云南铜业盘整中间的下箭头，就是点开“头部显现”功能出现的指示。

流程链条：

“指标、功能”选股→买入飙股→启用波段盯盘(或60分钟线改日线)→翻白卖出。

注解：

利用“强势+不破”1、“强势+不破”2、“发起飙升”，或“下打5日线”中“下打支撑”和“强势助涨”，或“日线小形态”中分钟线“蓄势形态”，或“分时选横盘”指标、功能选股。

“买入飙股”，是指从某一指标或功能选出的个股中，择优买进符合“飙股”要件的个股。

“波段盯盘”，是指对买进飙股的持股待涨，启用“波段盯盘”功能实施监视。

“翻白卖出”，是指走势翻出白框卖出飙股，红框表示继续持有。

第五章 高杠杆放大倍数的现货黄金炒作

相比股指期货、大宗商品期货七八倍十几倍更加令人刺激的是伦敦现货黄金。其杠杆倍率高达 1 比 100，那真是赚得快赔得也快，眼见账面赢利分秒激增令全身血脉扩张，干什么也没有比这钱来的如此之快；瞅着账面亏损分秒骤减令头皮发麻，有甚倾刻间化为乌有恍如做了一场噩梦。套换一句话：谁想快速暴富就去炒现货黄金，谁想快速破产也去炒现货黄金。

国内上海现货黄金市场，杠杆倍率不到十倍，比期货交易还温和，分日间和晚间开市，次日早市受相关国际影响常跳空开盘。伦敦市场昼夜开市顺接前日走势，两市金价日线走势除有无缺口其他没大区别，跟股票期货也没什么不同，倒是分时上伦敦现货黄金锯齿式地走势别开生面，磨蹭起来没完没了，痛快起来一发不可收拾。

目前国内炒伦敦现货黄金的人还不多，涉谈传授实战技术、体验感受方面的书籍更是见所未见。笔者称不上行中老手，但凭多年对股票期货的操作经验，尚能较易较顺地进入到状态，对相同或有所不同金价走势变化规律的把握，该顺用则用，该加以调整的必不执拗，虽入市不长但颇有一番心得，愿与同行一起交流探讨，也算给初入行人的一点提示。也赶上我的股票全集出版，补上这金融市场搏弈中最复杂多变、最难于把握的一门操作技术，把我的金融操作学继股票期货再提升到一个更高境界。

高风险、高回报的现货黄金交易，不论表现在瞬息万变的走势上，还是体现在凶悍无比的手法上，看起来都较比股票、期货的炒作更具挑战性，在百倍赔率诱使下为追逐短线获利而引发的走势变化可谓诡异多端，是单纯从事股票炒作的人难以想象的，其操作难度之大远非无杠杆作用的1∶1股票可比，有时出现的反常规逼多逼空走势更是不按常理出牌，连期货与之相比都小巫见大巫了。能让较劲的或来不及改弦易辙的炒手，遭受到不顺势而为所付出的巨大损失，而随机应变也未必都能如望所至，不时尝着左右挨巴掌的滋味，让本来就矛盾着的定力和应变在走势的变异中难确其时。如果缺乏一定的经验，现货黄金真是像刺猬一样触碰不得。

轻仓手数打少了，如期涨跌赚少了懊之过于谨慎，重仓手数打多了，在上下波动中就给吃进的变负值悔之粗莽，倘遇反向更是暴仓没商量。尚不确定小试牛刀反可大赚，似觉准成大打出手却背而亏大，对仓位控制如何是好不由令人发愁。现货黄金走势有时走慢的像蜗牛，老半天也不迈开步伐，有时走快的又像脱缰的野马，不涨不跌时让人好不生烦，突奔起又让人难逮时机，升降中还使人不易把持，到底怎样来驾驭这静动无常的走势变化不禁令人发怵。

尽管如此，现货黄金的走势还是有规律可循的，至少表现在日线走势的主线轨迹上是循规蹈矩的，毕竟在影响国际政经形势中占主导地位的美元在起作用。就是分时走势不太安分，在一日K线中大起大落，虽由来于大炒家玩弄小炒客于股掌或是短线客之间的撕杀，再怎样也都是由人来参与的市场炒作，其根本脱离不了人性使然的有着同股票、期货炒作一样的行为特征。人性体现在行为上有正常也有过激之举，何况无倍率的股票走势都有超常规运行的时候，那上百倍率的现货黄金走势有时走的出格一些也就不足为怪。走势正常也好非常也罢，终究还是上上下下潮涨潮落，上下长短快慢自有着运行规律可寻，涨落尽头也必然会有变向的拐点显现，这就不免给把握运行规律捕捉变向之机的人以可乘之机，会使那些不重视运行规律，不识变向追逐明显涨跌的人纷纷落败。

评说股票、期货、现货黄金三大类走势，参与过的人都会说期货比股票凶之有过，现货黄金又比期货悍之有甚，期货和现货黄金比股票走势凶悍明显是指在波段的走势上，有时上下行斜率陡峭势头凌厉，有时到了预期的常规涨跌幅度仍照行不止被称为逼多逼空。可是股票走势也有波段最后冲刺的时候，那情景也是十分的凌厉，怎么就视而不见了呢？这是在人觉得的现货黄金比股票期货走势凶悍，不是感性于表象的走势而实属内里乾坤对心理的影响，是加了杠杆作用的倍率放大了对实际走势的如常看待。又因炒金多是短线搏杀，而短周期分时分钟线的走势波动显然要比长周期日线走势波动剧烈许多，参与其中也难免不会那么轻松自然。加了杠杆和没加杠杆操作时的心态肯定是不同的，以小博大而且还是大的惊人不免会有如临杀场如遇强敌一般，如战战兢兢分时走势那样操作起来令人忐忑不安，再有风云变幻不由顿生像开篇所描述的那样有悍然奇出的感觉。

不管心理作用的错觉还是真的实际走势就那么凶悍，可现货黄金走势中的波段也不是操作的全部，如同炒股一样持在波段买在变盘变向。而变向来自于形态，形态才是应给予关注度更高的部位，然而成为人们习惯的走势不动不看，瞅涨高才追，使得本该重视的形态被排遣在视线之外。炒股因无倍率亏了算是账面利润似乎痛痒不大，炒金若是老追高被套亏损可就不能非等闲了，转眼之间不给个暴仓也来个大幅缩水，不容人掉以轻心。跟股票操作主要抓住第一起涨点同样，关注形态抓住变向始起始落，才是现货黄金炒作的关键所在，只有在这风险最小、涨跌最小才是开仓入货的最佳时机。而涨跌起来的波段走势如何运行是持仓时要把握的，不是在中间不知高低的插挡所要盲进的，上下行的速度之快令中晚期的追涨难占便宜，再不见错即改迟疑不决那可就玩完了。这一点与炒股倒真有些不同，那地块盘头而下得个几天也赔不了多少钱，这地方盘头而下只消几分钟就能让人亏得挖肝揪心。

下面就将怎样“关注形态抓住变向始起始落”与其他可依据的看点一并叙解开来。

从叠加的两市场现货黄金的日线走势看(图 5-1)，除个别局部细节的走势稍有差异，其整体走势还是大致相同的，这说明国内上海现货黄金走势是跟随国际黄金走势而变动的，其中有伦敦的现货黄金和纽约的黄金期货。

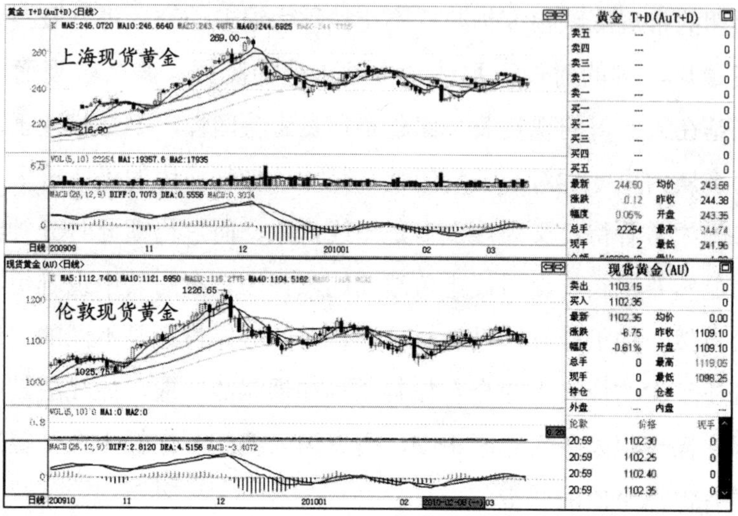

图 5-1 现货黄金日线走势

由于伦敦的现货黄金交易 24 小时连轴转，隔夜而致使只有日晚交易的上海现货日线走势出现跳空或高或低开，虽然在 5 日均线的方向上不会出太大的偏差，但日 K 线的上下跳动还是不免令人颇感不适，跳空出来的剩余空间又使可操作面变得狭窄，被动而不易把握的意外变化，加之难展拳脚的周旋余地，使人更愿意投入主场的伦敦现货黄金市场去炒作，接着昨日操作既无跳空又空间广阔，开市时间又长乐此不疲可打几个来回的差价，遗憾的是身心吃不消，不能没日没夜地盯盘，只能在精力允许的情况下，能盯多长时间就盯多长时间，有机会能打上几个波长就几个波长。

图 5-2 叠加了美元指数和伦敦现货黄金的日线与分时走势。

笔者在股票操作的方法中有一项，在个股走势上叠加大盘走势，通过对比大盘看个股走势的强弱，尤在分时走势上大盘下跌，个股横盘抗跌就是买入的时机。对伦敦现货黄金的炒作，借美元指数叠加对比同样可取得神助的效果，因美元上涨黄金就大多数时候同时反向下跌，或倒过来相反，买美元抛黄金或买黄金抛美元已成为国际惯例。

从图中左边的美元指数与伦敦现货黄金的日线走势上看，基本上是两者相对应反向运行，只不过涨跌幅有时明显拉大或缩小，有时一方上

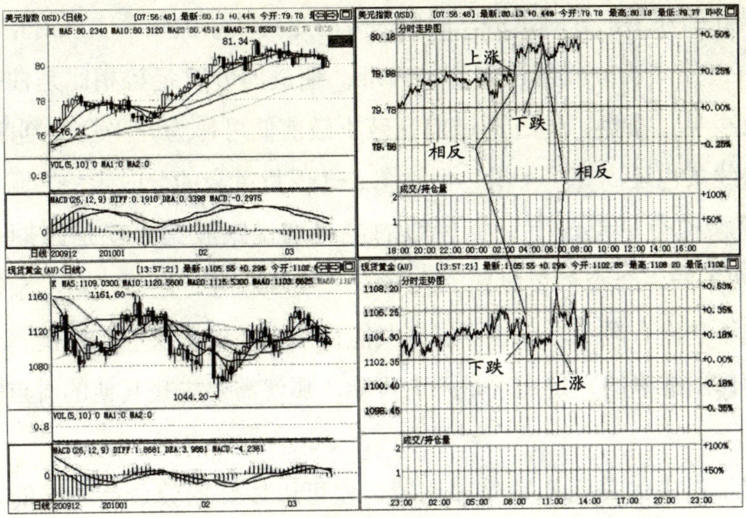

图 5-2 美元指数和伦敦现货黄金走势同向

或下，一方却横向，一方动一方不跟着动的时候，但同时同步同一个方向运行的现象极为少见。

从右边的美元指数与伦敦现货黄金的分时走势上看，双方两次的反方向掉头行走就看的分外地明显了，这对于炒客看盘测定来说无疑是天赐良判，以此来下单做多或做空现货黄金，当是一个较为可靠的依据。

再单独举一个两者分时走势反向的例子(图 5-3)，不用指示就能很清楚很确切地看到彼此是怎样背道而驰的。

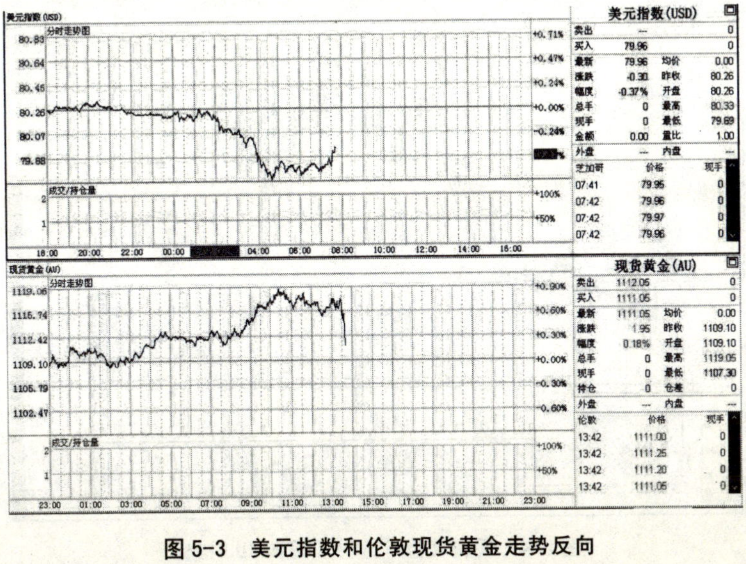

图 5-3 美元指数和伦敦现货黄金走势反向

借此插补一下分时走势，股票的分时走势线条流畅，上涨时拾级而上或长横直升，长短横盘让人容易拿准；期货的分时走势相比是曲折了一些，虽少见了横盘，但过不过前高破不破前低可作为开平仓的判断依据，其走势线条也还尚算是平滑。但见图 5-3 现货黄金的分时走势，那真叫一个乱糟糟连个形都没有，锯齿似的走势别说跟股票，就是跟期货也是“辙”然不同，会令炒惯股票的人一下子难以适应。近似横盘与前高低过不过也不是没有显示，可显示出来又能给出多大的看头呢。因此，光凭在这上面作出准确的判定几乎是不大可能，那就需要去找其他的看点来左帮右助。

有了借来的美元指数叠加比较，就可以炒好伦敦金是不够的，虽然不可或缺但也不足以完成对其准确无误地把握。那么，还有什么可帮着能分析判测买卖好现货黄金呢？这不免容易令人想到了炒股有不少人在意看的技术指标，即使你没想到，在开户的时候，分派给你的顾问也会给你讲炒现货黄金怎样结合看技术指标，似乎在他们看来炒股、炒期货、炒黄金都离不开技术指标，若再问还有什么可以借以辅助分析？得到的回应可能是：还能有什么？那下面就结合看几项技术指标对炒现货黄金究竟用处有多大。

先应用一下众所周知的随机指标 KDJ，对应现货黄金 5 分钟 K 线走势（图 5-4）。

图 5-4 现货黄金 5 分钟 K 线和 KDJ 指标

图中标示 1 处，表示出的 K 值多次由下上穿 D 值，可是若据此黄金交叉做多买入，那一次连手续费都打不出来，等死叉回去平仓还要蚀本。

图中标示 2 处，表示出这次要死叉没下反倒真大涨起来，有前几次无成而败，这次也未必就敢买。

图中标示 3 处，表示 K 值下穿 D 值死叉，若原做多平仓就少赚了后来的大涨，大涨不小可 K 值在钝化没有上穿，炒现货黄金主赚的是逼多逼空行情，每每那时技术指标都停摆了；若见下叉做空开仓那可就要赔大了。

再应用一下炒期货被人常用的摆动指标其中的“真实波幅 ATR”，不用具体指示说明，一看就能把人摆晕了，哪次摆的是“真实波幅”的大涨，叫人起头哪能分辨出来，待大涨看出来时又要下摆了，图 5-5 对应的是 5 分钟线走势摆动的是剧烈了些，就算对应 30 分钟线走势摆动的间距大了些，但也起不到实质对金价走势准确把握的作用。

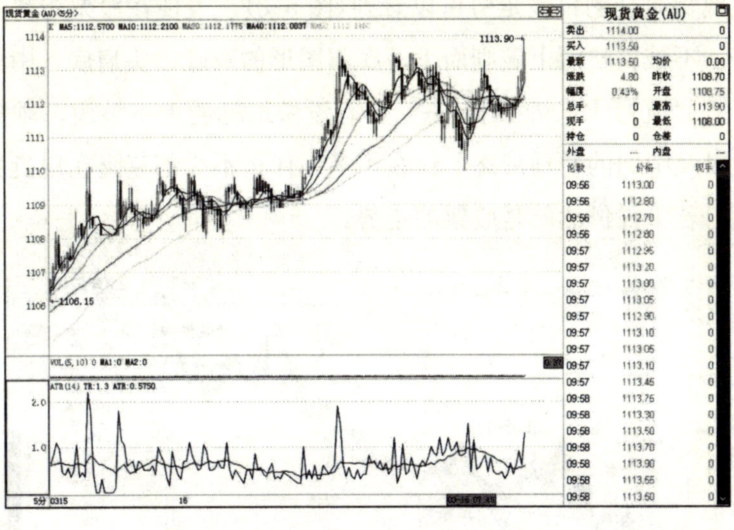

图 5-5 现货黄金 5 分钟 K 线和 ATR 指标

平心而论，技术指标也不是一点用都没有，其中有的指标还是有参考价值的，但不能不强调结合的对象是否有依存度，如果只结合对应的金价走势线条，而无形态观念的依据是绝对不可以的，涉及形态这是后话，待论到时再一起说明。

除了有美元指数可作对比参照，现货黄金走势本身也有着自己的运行规律需要我们认清和把握，毕竟我们炒作的是现货黄金，其他只是起到辅助的参考作用。股市、期市、现货金市同样皆是人参与交易的市场，是人与人之间的搏弈，体现出的是共有的人性，而人性使然的行为规则决定着三个市场的运行不应有什么大的差别。那么，现货黄金走势的客观运行规律就应与股票走势的客观运行规律殊辙同道，炒股又炒期货的人会感觉出，股票与期货的炒作，区别主要的是杠杆作用在其中起变，期货比股票多了数倍的比率，就有了较之股票的走势善变和凶狠了一些。现货黄金比期货更超大了比率，就更显变得愈加地急骤和凶悍，外在的走势形式似乎变得扑朔迷离，但其内在运行的规律不存在本质的改变。

那么，对待现货黄金的炒作就如同对待股票的炒作一样，循着同样一条主线的客观运行走势，外框架的上下趋势，内结构的形态、波段，把握其内在变化的规律，以及变盘向上向下、波段走势的长短，如是这般不乱阵脚就没有什么可以难倒我们了。

从现货黄金的日线走势可以看到(图 5-6)，表现在股票走势上的上升趋势，不破下轨而上破则而下，底部图形的双底、头肩底，中继形态的平台、“五弯十”、回调形态，还有没做细标的上下波段，乖离上下限制，以及中间的整理形态。什么不多、什么不少都克隆在现货黄金的走势上，若不说俨然就是股票的走势。

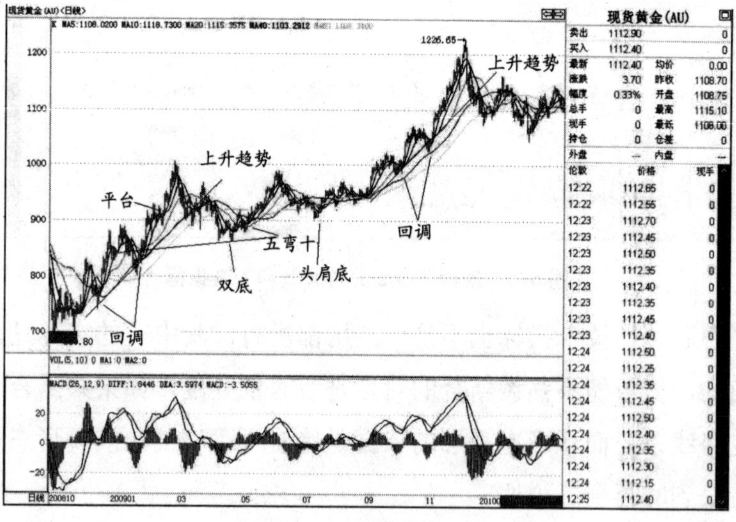

图 5-6　现货黄金日线

就此看来，炒现货黄金就按笔者对炒股票的方法操作没有什么不妥，自大形态起涨做多买入，5日均线助涨持仓，见波段盘头平仓。相反做空操作不过是反过来操作而已，只是在视觉上有些不习惯。

既然看到现货黄金走势对于炒手来说，看清趋势方向后最为关键的是自大形态的变盘上或下，上则做多、下则放空。由于现货黄金交易有着百倍的杠杆比率，就引出来了是依日线走势？还是依分钟线走势？分钟线走势以几分钟线走势为宜？抑或还是依分时走势炒作的问题。

图5-7左上是伦敦现货黄金日线走势，右上是60分钟线走势，下面是分时走势。日线走势乃至趋势是由国际大财团大炒家们操控的，我们国内小户是做不来的，虽然日线一个上升波段走的也显规矩，似乎波段操作也不会错，但一日K线之内的波幅是蛮大的，忽上忽下也是令人胆战心惊的，上下的落差百倍起来不是小数，小炒手哪能承受得了，不像炒期货倍率小，那完全可以依日线走势波段操作。对于小炒手，日线走势作为方向性选择以及注意K线乖离大小就可以了。

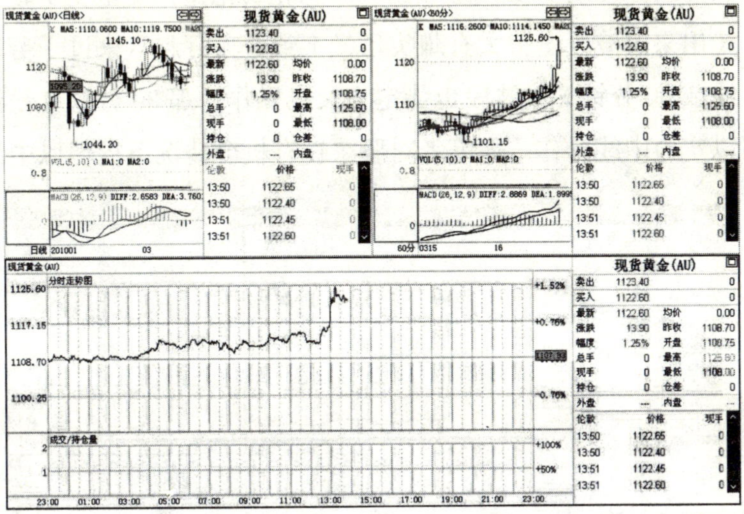

图5-7 伦敦现货黄金日线

炒现货黄金着手于大形态比较稳妥，大多怎么也会给个长短波段，至少保个佣金略有小赚，插挡于段中的小形态不太安全，说变就变难打出差价。

60分钟线走势，待好多日子才能形成一个大形态，小炒手主要是为了打短，这不仅有失当日打T+0的机会，要打短获取短差也是给不出判断根据的。图5-7右上图是给了抓自平台起涨的买点，但回望一下要等多少个日子呀。

分时走势在图5-7上显现为长时间大横盘后上涨，简直比股票的分时横盘还受看，但这是在大涨之后看，没起升之前当时看是不这样的，整个一乱乱的样式，比股票分时横盘走势还难辨。就那样现货黄金较比股票分时横盘也少见的多，当然出现后不是大涨就是大跌，是做多做空的最佳时机，更多地像期货那样不过前高不破前低的买卖点走势，但其复杂难辨性有过之而无不及。股票操作可以单凭分时走势定夺买卖，现货黄金只凭分时走势开仓则难能做好，如图5-7这样的大横盘则不是太难，多见乱糟糟的走势就不好办了。

图5-8上面显示的分别是30、15、5分钟K线走势，30分钟K线走势比60分钟K线走势多了有成大形态的机会，回望一下自大形态的起涨就有那么几次。30分钟K线形成的大形态扎实稳定，变上变下较为真实可靠，走出来的波段走势大有赚头，又不致令人盯起盘来过于劳累，若将日K线或60分钟K线波段走势定为长线操作，那30分钟K线波段走势就可以定为中线操作。如笔者对股票在有机会情况下提倡以中线波段

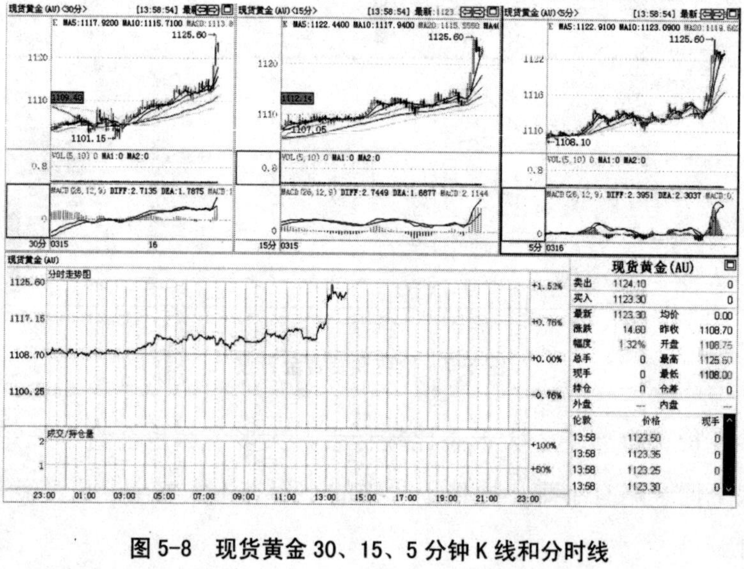

图5-8　现货黄金30、15、5分钟K线和分时线

操作一样，对现货黄金也应以30分钟线为形态变上变下开仓、波段中线操作为主。

图5-8上中的15分钟线走势不长不短，不是不可以依靠，但长不如30分钟线走势稳定，短不如5分钟线走势出现大形态的机率多，若分出长、中、短线操作，可舍看这夹在中间的多余，若不计长、中、短线逮机会就上，那将15分钟线派上用场不可谓不行。

图5-8右上的5分钟线，在日常操作看来合适盘中的短线操作，既大形态出镜的频率加多，波段持仓又多能给个大小不等的赚头，不但标准的大形态似模似样容易把握介入，平仓时的盘头也便于判断，比更长分钟线走势升降苗头先显征兆。不过，相对过于频繁的变向令人难转脑筋，赚出来的走势盈余大多不那么可观，与来回付出去的精力不相匹配。

再接下去细分更短的3分钟线、1分钟线走势，变化频率太快太过敏感，形成的大形态给出的波段机会，有时连佣金加买多买空上面挂单的差价都打不出来，还是不作为依靠为好。

到此该插说一下技术指标的结合运用了，纵观那么多的指标，还是算指数平滑异同移动平均线MACD，相对较为稳重和靠谱，但与其他指标同样存在着常有的不确定性，时准时不准给应用制造了一定的麻烦，因此只能作为一个次要角色来辅助对主角的参照。

如图5-9，1次返上做多准，2次下穿做空准且大赚，3次下穿不准，随即返上来不及做空平仓要赔，4次返上准，5次下穿不准，随后的瞬间返上令做空大赔，6次的下穿同样令做空赔线。试看，倘若以形态观念为主，以MACD指标为辅，结合起来分析，真假活叉死叉就不怎么容易被欺骗了。

先后依次分别介绍了美元指数的反向作用，引入了自形态观念的起涨开跌，技术指标MACD的辅助参照，以及分时走势横盘和过前高破不破前低买卖点，现在，针对大形态关键点位的变向起跌，把这些综合起来分析，看看效果如何？

以30分钟线为例（图5-10），①美元指数与现货黄金走势反向运行；②美元指数形态破位下行，对应的现货黄金形态起涨上行；③美元指数 MACD 下穿，现货黄金 MACD 上穿。三方如此协调同步，共同的指向给我们了一个准确无误可以买入做多的点位。

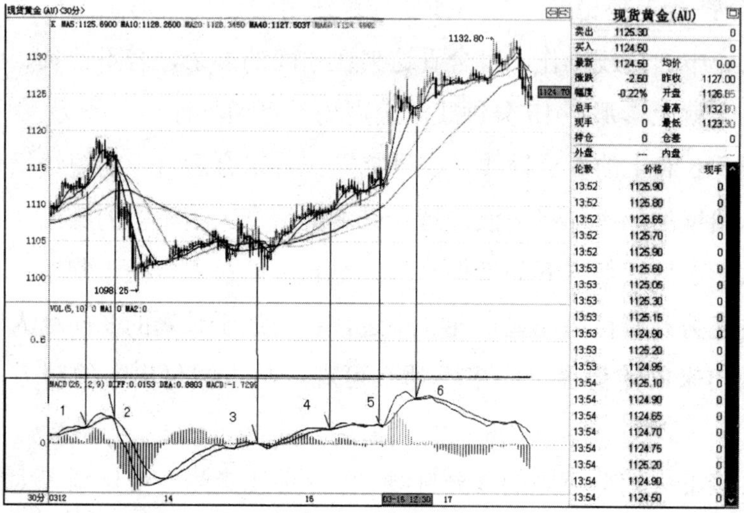

图 5-9　现货黄金 30 分钟线与 MACD 指标

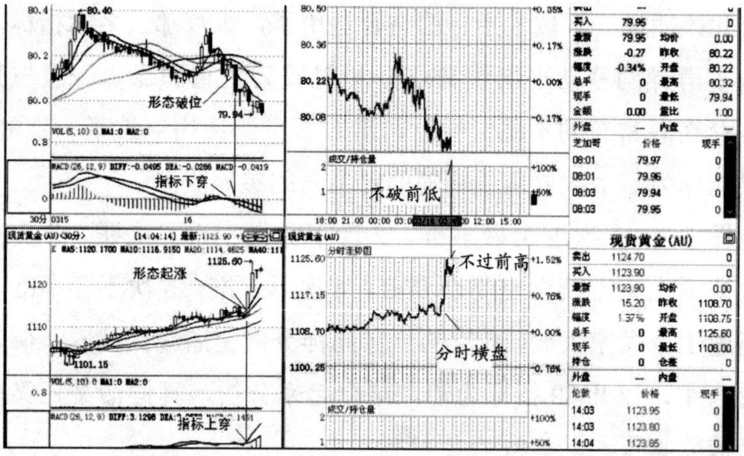

图 5-10　美元指数和现货黄金 30 分钟线

现货黄金分时走势大横盘，又增加了敢于做多的信心。上至尾声的不过前高，对应美元指数的不破前低，又给了获利平仓或再反向做空的明示。

联想到笔者原对股票操作的契合变盘买点“3+1”，这不也算是个现货黄金操作的契合变向多空“3+1”吗，跟前者“契合买点 3+1”寓意有所不同的3，后者这里改为：大形态到位或破箱体、美元黄金拐头反向、双方指标扭向交叉，1的分时或横或不过前高(低)，虽多时不像股票走的那样明晰，但尽量依稀去辨也能瞅出个大概。

再以5分钟线为例(图5-11)，三方的指向及同样的分时走势，就用不着再多余指示说明了。需要指出的是由于5分钟K线远多于30分钟K线数量，形成的就不是大形态了，而是底部图形了，大形态似乎容易被人把握点位，那么在盘整时间过长，5分钟K线过多的时候，可用30分钟线来辨认，其实5分钟线盘整大箱体突破“横向多长竖有多高”也会令人不难看出联系的。不管怎样，无论30分钟线大形态，还是5分钟线长箱体，变向后的空间不小都值得一炒。

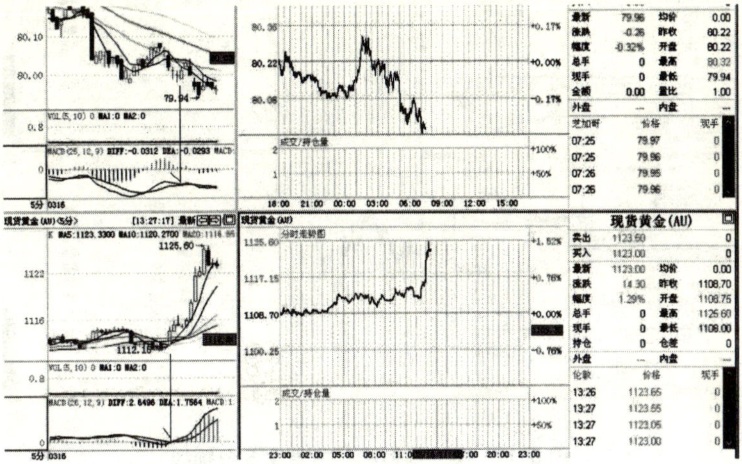

图5-11 美元指数和现货黄金5分钟线

现货黄金不是什么时候都有的炒，需要耐心等待时机，稳健手法以待分钟线大形态的形成，不像股票千多只个股此跌彼长总能寻到炒作的机会，期货也有多类品种又加各月份合约，可挑选的余地也不小，这倒也好现货黄金省却了选票选品种的麻烦，一心无二地盯着走势就行了。

炒金跟炒股炒期货一样都得要先看清方向，方向炒反了背势而为无异于自寻死路，虽然小户不是依趋势和波段来操作，但趋势中的波段走势，波段中的日线涨跌在不同方向中的演绎，对盘中短线操作关系重大。在上行波段中应以做多为主，即便中间也有做空的机会也不要期望值过大，以防突然变向随之而袭的逼空走势，因总体向上是主基调。反之对下行波段也以此类推。在对盘整走势中的操作，应以箱顶箱底为限，赚取上下波动的差价。这些是在下手操作之前再次给大家提醒的，炒股都不能只顾盘口不看趋势，何况放大百倍风险的炒金呢。

操作流程：

黄金 5 分钟线平台形态完成后突破上行(图 5-12)，此时是买入做多最稳妥的时机，若介入在前期平盘期间就有点操之过急了，还要等待又不知盘后是上是下。

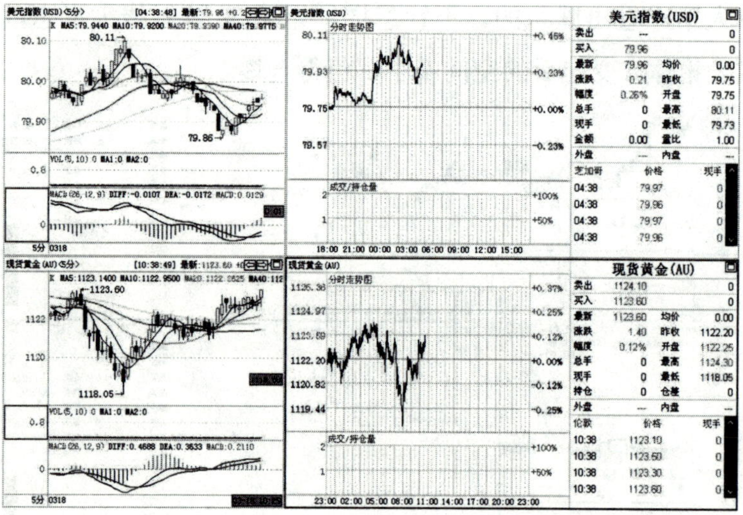

图 5-12　美元指数和现货黄金 5 分钟线

美元指数在金价盘整时单独上行，现在理应掉头向下，黄金此时上行也正是基于对美元要跌的预期，这有点像股票抗跌横盘的意味。

黄金的技术指标显示下至死叉而复生，美元的技术指标倒还未显示下穿，不过也应开始往下了，分时走势头肩顶表示现在有压力，与之相反黄金分时走势头肩底倒显有上行的意图。

黄金如意料中上扬(图 5-13)，涨出大阳又经 3 根 K 线整理再次上行，但未涨太大就显涨乏力，刚才未平是因受 5 分钟均线支撑，现在助涨有失趋于走平，再看美元下调后重拾升势，这无疑将遏制黄金的涨势，刚入平台盘整早平为安。

经过了更长时间的盘整(图 5-14)，黄金 5 分钟线又启动复拾上扬，可是只上涨一根阳线就被砸了下去，变脸之快令人措手不及，若不改初衷后面还有破盘下行在候着，当然这是美元上涨带来的影响，看来黄金扭不过美元。

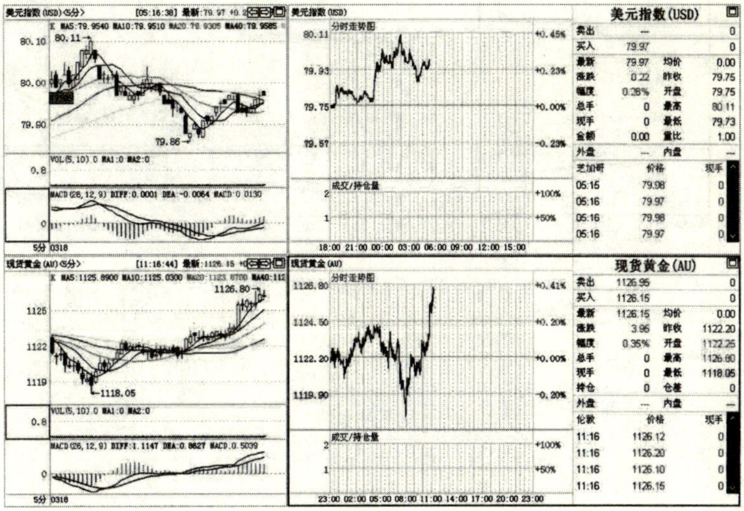

图 5-13 美元指数与现货黄金 5 分钟线走势

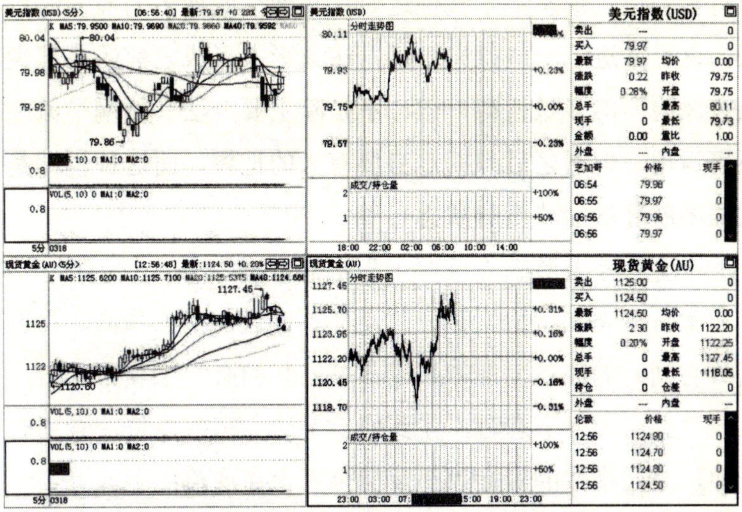

图 5-14 美元指数与现货黄金 5 分钟线

前市现货黄金分时走势长时间趋横(图 5-15)，起涨时看时间过长多变的 5 分钟线就不如看较为稳定的 30 分钟线易于把握。而分时走势升起来之后，现在大有不过前高的可能，这时看5分钟线做空较比看30分钟线就先有征兆了。30分钟线现还尚无头部迹象，15分钟线表现波段中冲刺大阳后的出星滞涨，而5分钟线却发出了波段盘头的征兆。

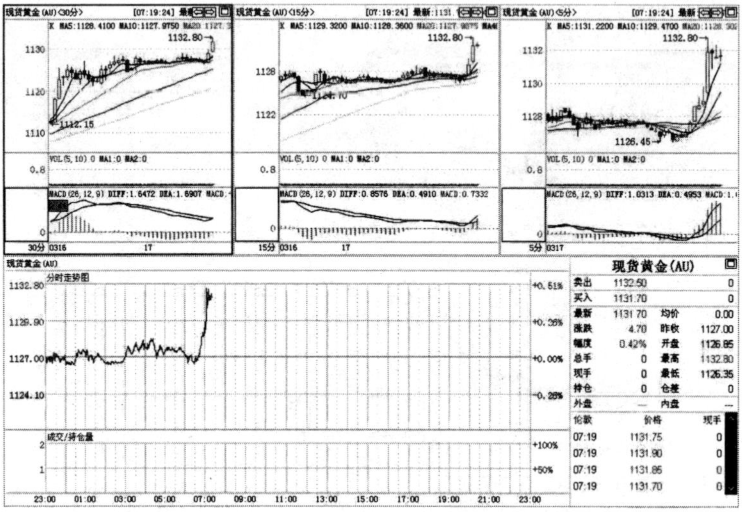

图 5-15　现货黄金 5、15、30 分钟线

前有提到待大形态上下破位之时，是做空或做多的最佳时机也是主要方法，这里激进了一些抢先一步，在大形态形成之前的头部尖状时下手，虽有风险但能多赚值得一试，不是除主要方法其他偏早偏晚手法就绝非不可运用，但对之后预期走势要有大的把握，而这种预期是基于对有着大概率胜算的经典走势状态。

5分钟线走势当形成“五弯十”形态时有次假启动（图5-16），判断出于对本身形态尖状造型和分时走势不会过前高的预测，再看同时的美元指数有回升的欲望，但如果过前高还真的必须平仓。

下破“五弯十”形态时，才到稳健手法买空的点位，看那时指标正死叉下穿，美元指数的指标也正反向金叉上穿逆流而上。

下行到这挡口，见5分钟K线有止跌之征兆，打短可平仓小有获利见好就收，不在持续的盘整中受煎熬，待再见机行事。

又来机会了，美元指数明显回升到头出大阴要下行了（图5-17），指标也下穿在即。现货黄金应声高开，虽打低但不失是买入做多佳机，随着大箱体突破上行这个低点将成为过去，看指标也在上穿之中。

上行至高位又现“五弯十”形态(图 5-18)，又是分时走势临近过前高否，美元指数低位盘整，分时走势前低难破，有上次自“五弯十”形态假起，随之阴线打下的先例，决定这次涨多高平多高，并转手放次空。

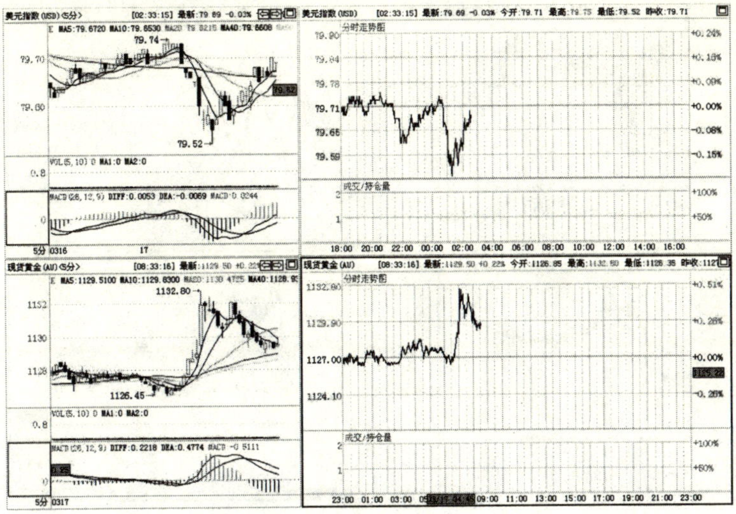

图 5-16 现货黄金假启动

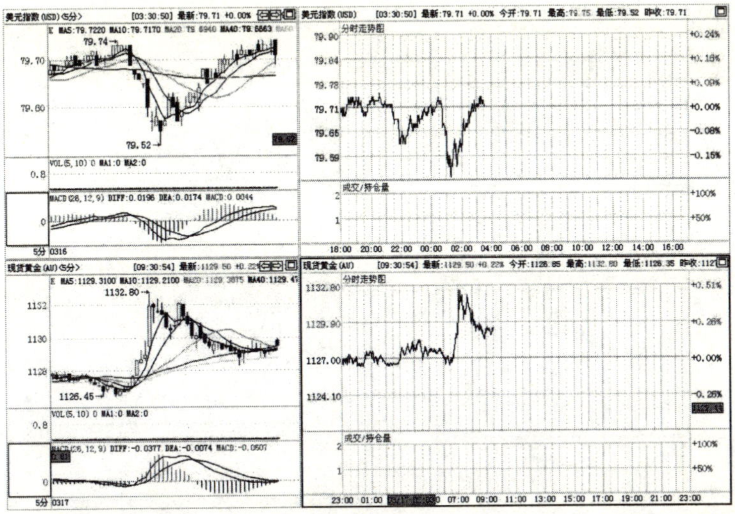

图 5-17 现货黄金做空及平仓

自平仓转做空后(图 5-19)，没有立即下行，继续盘横了一阵儿，与美元指数协定同时两扭开去。

下跌到这时获利了 6.8 美元，按一手计毛收入就是 680 美元，折合人民币 4600 元，佣金一手 60 美元，按 10 手计净收入大约折合人民币 4 万多元。

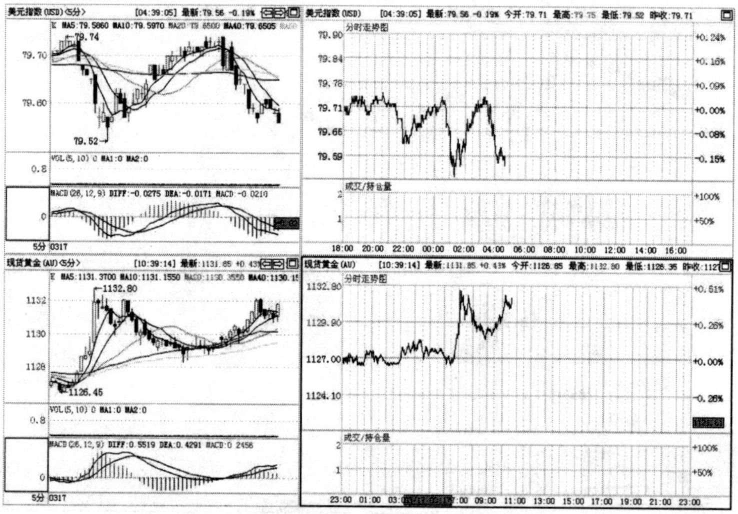

图 5-18 现货黄金做多及高位平仓转做空

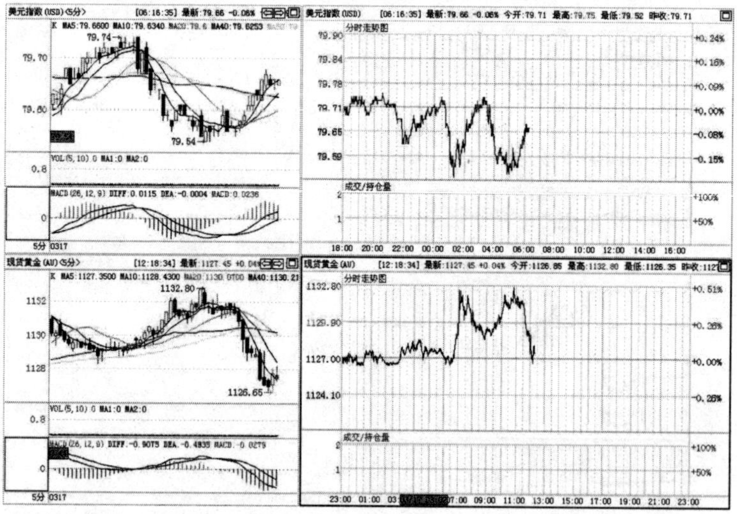

图 5-19 现货黄金持空仓

不是钱赚到手了要平仓，而是这时见又进低部盘局，打短就是要见盘而平落袋为安，谁知盘完后啥样，在里呆着也难受。

平仓后，5 分钟线走势大肆跳动(图 5-20)，一根大阴线砸下，返上又一根大阴线再下，亏了平仓，不然心脏病能砸出来，再后走势就不确定了作罢，没几个小时盯着打了几个来回也累得够呛。

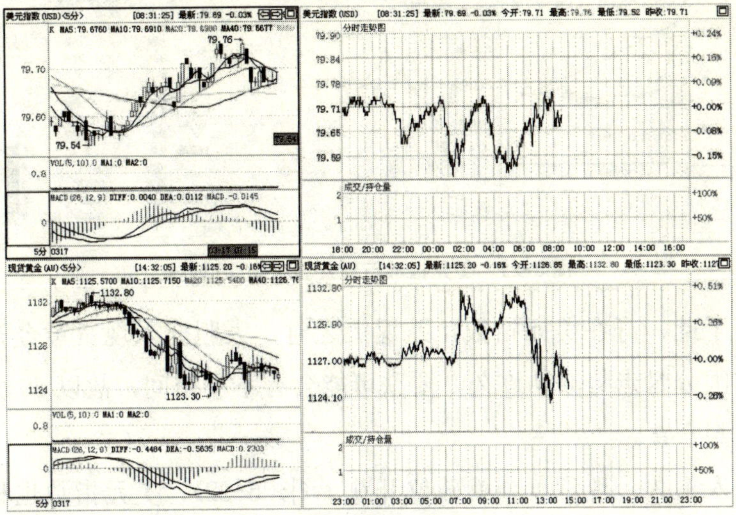

图 5-20 现货黄金上下震荡观望

再举主打对象以 30 分钟线中线操作的例子。30 分钟线现货黄金走势目前处于横向盘整(图 5-21)，而这期间美元指数已经跌有时段，此时正止跌欲上。这种不逆向一下一横两走势，待美元指数结束下行返上之际，却往往是现货黄金开始下跌之时，反之美元上涨现货黄金不动，待美元指数结束上行返下，现货黄金也往往会开始上行。

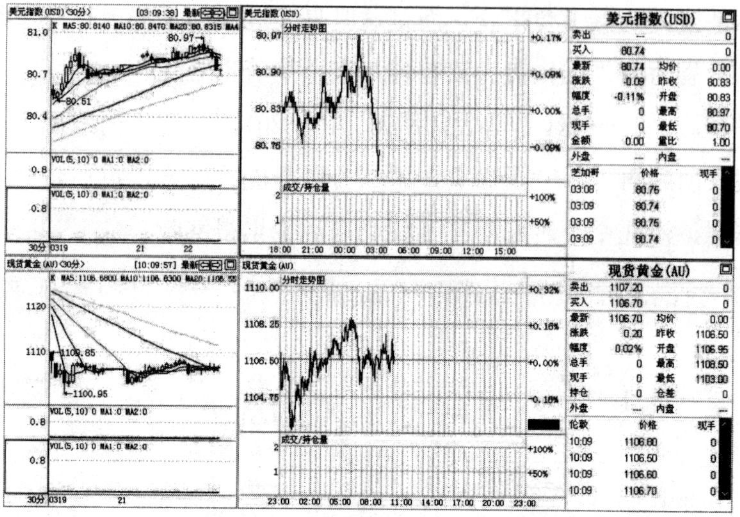

图 5-21 美元指数与现货黄金 30 分钟线

鉴于此，赶在美元指数止跌返上之时，大胆介入现货黄金开仓买空，也因分时走势波动许久，要跌可能会有不小空间，故以 30 分钟线作为依判合宜。

买入不久，现货黄金就破位开跌了(图 5-22)，美元指数也相应返上。在现货黄金下行时，一定要紧盯着美元指数，美元上行不尽，黄金下行不止，在彼此方向背离时，黄金要看美元脸色行事的。当双方同时出现大的异动有变向变盘征兆时，也就到了该放弃现货黄金的时候了。

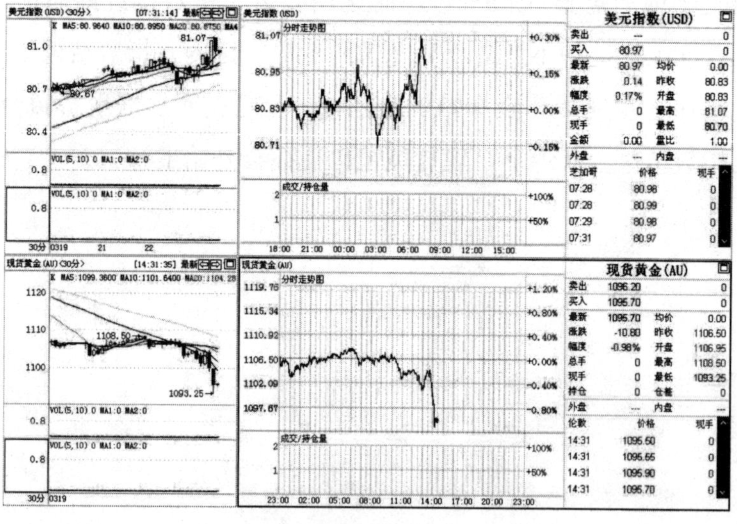

图 5-22 现货黄金破位下跌

盘口这时出现异动，美元指数上行波段最后冲刺大阳，这跟股票的小幅上涨最后冲刺一个道理，落阴吃去半截再现阴难受均线支撑；现货黄金更是最后一大跌，一直能坚持守仓没在震荡的下跌中被踢出局，要等的就是这个时候——最后砸出大阴。

收下影、并后出小阳有止跌之迹象。分时走势美元难过前高，黄金亦难破前低，即使再破空间也会有限，急跌大阴止跌后往往会就此打住。此时该当平仓，打出了 11 美元的差价也够乐呵的了。

操作该案例屏蔽了技术指标没有借用辅助参考，这说明可用也可不用，固然在对主角变向缺乏把握信心时借辅一下也不是坏事。

后市虽现更低点(图 5-23)，但那不是应该追求的，若直接大涨怎么办？能在企稳的盘底早期平仓就不错了。

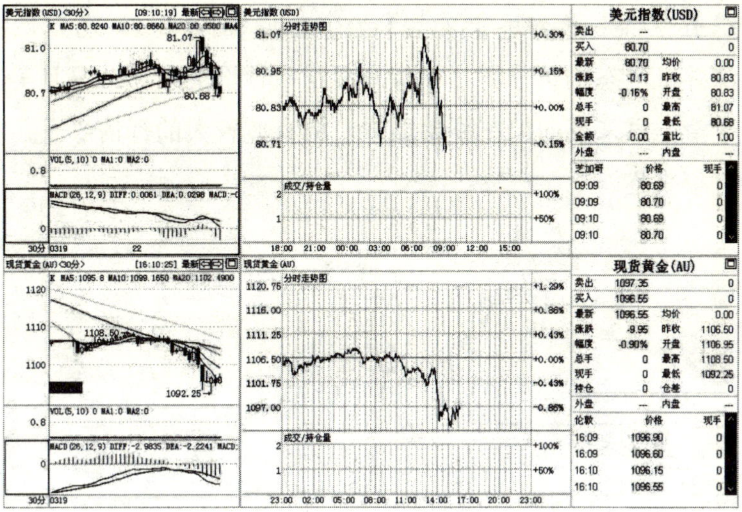

图 5-23 现货黄金盘底平掉空头仓位

伦敦金 30 分钟线走势正处于“五弯十”形态调整到位(图 5-24)，预计前期底部的大箱体支持可能不止仅上一小波行情，在相关方面没大问题的情况下，左顾右盼查找主体走势对盘口的好坏影响是十分有必要的。

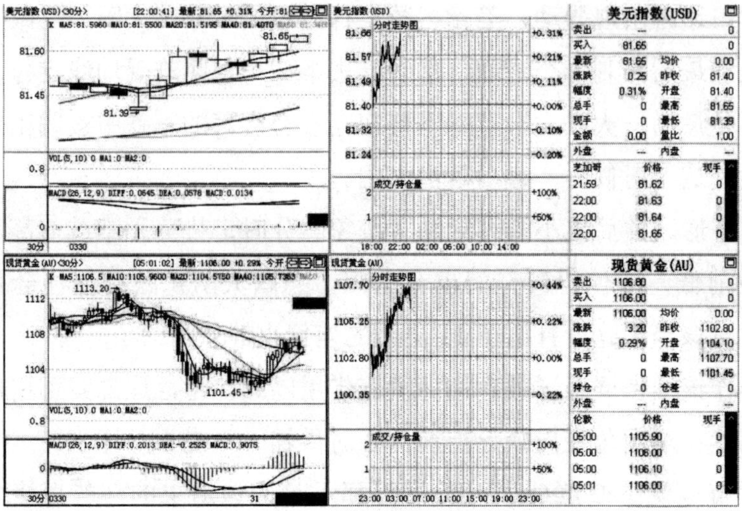

图 5-24　现货黄金调整到位买入多仓

自“五弯十”形态起涨又上了一个台阶(图 5-25)，考虑两波上扬均为小涨并且形态构筑平滑，不像有要结束行情的意思，况且美元指数还一路下滑，虽未反向但在积蓄能量，料有波较大的行情爆发，故一直持仓待好事来临。

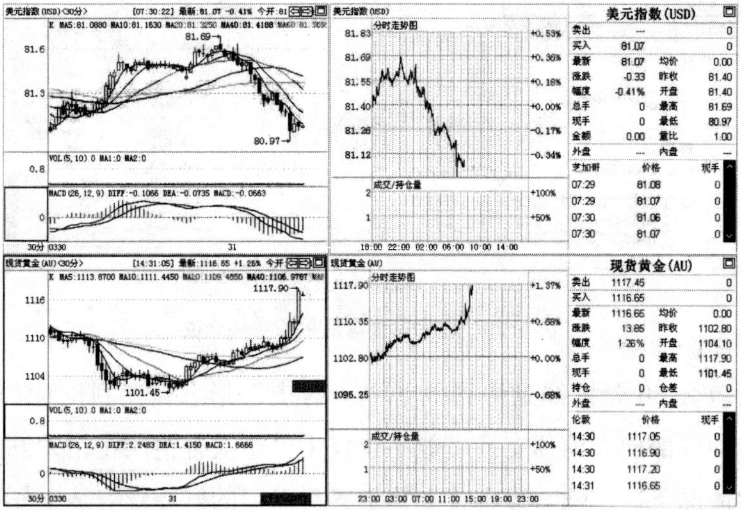

图 5-25　现货黄金持多仓

果然就像股票走势一样来了个一大波冲刺，一改小斜率大幅上升，显然这是最后的疯狂，于是在长阳后现出小阴的黄昏之星时平仓了结，同样美元指数一根长阴也预示着要止跌企稳了。这类就属于像先头所指的“有着大概率胜算的经典走势状态”。

按说既然看空都平仓了，理应转手当即买入空头，可一因炒股单向惯了到双向急转弯时还是难转，除非事先刻意想着要转一下手。再就是既然认为是做多了，那何不在摸前顶的高位放空，这又是心理在起恐惧的作用，若过去怎么办实难下手。当然，这两个点位不失为介入时机，待见怪不怪了，手也练熟了再大胆地下手吧。

待盘头上下折腾完了，这时似乎该着稳一点的手法下手的机会了（图 5-26），均线不支撑了下破盘头区域，但求更稳还要等到像股票走势契合买点 3 那样。

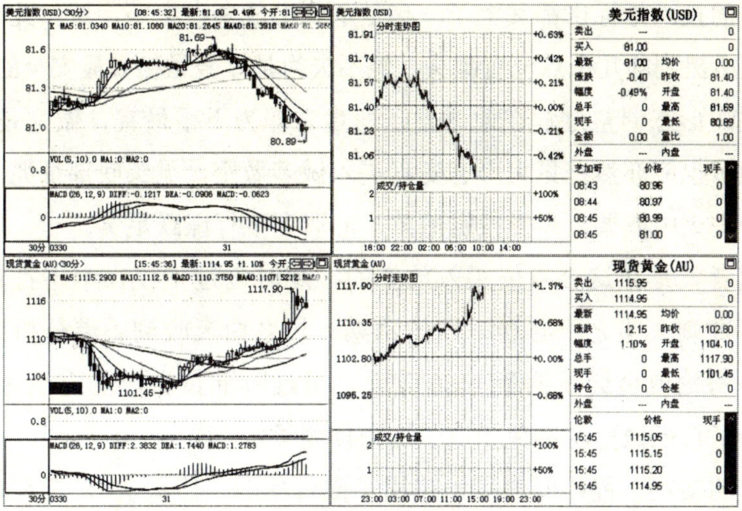

图 5-26 现货黄金盘头多单获利出局

不明说是现货黄金，这不就跟股票的走势一模一样吗（图 5-27），就本身走势形态而言是完美的契合买点 3，分时走势虽不是横盘也是不过前高，整个一非常好的变盘买点，然而就因为前有冲刺后的大头反倒成了卖点，

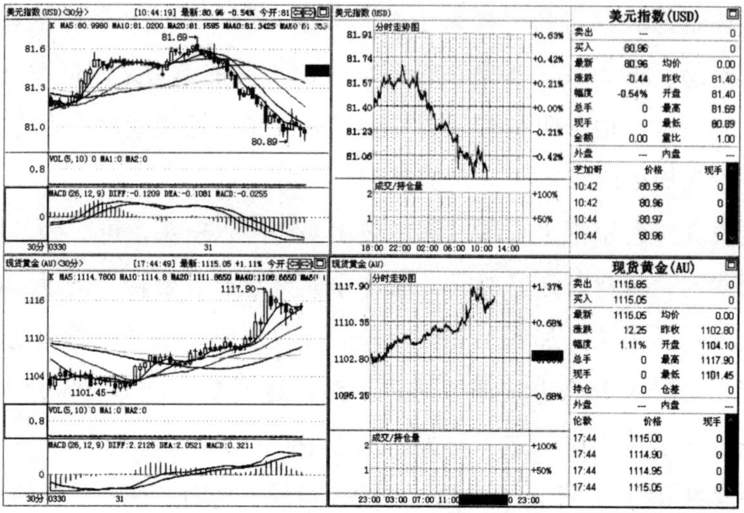

图 5-27　现货黄金即将破位下跌做空

此时外部相关因素，美元指数与伦敦金冲刺相比也下调的够深了，两方面的技术指标也都叉上了，真是水到渠成变盘在即，诚然此点位没有上面所提到的几个点位有赚头，但不失为是炒金最稳妥最安全的时机。

关注形态调整过程在此时真正变盘之即为下手最宜，做空是这样，反之做多也应亦然。见大形态变盘买入做多做空，见头底部征兆平仓了结，少去火中取栗，少受拉锯煎熬，能取上下行涨跌足矣。

笔者就是在这个点位买入放空的，此时已过午夜，本不打算再炒了，可冲刺大头之下必会下跌的诱惑，加之白天收到香港分析师的短信，断言伦敦金会下调至 1080 美元，虽没听邪按自已的方法做多了，可轮到了自已做空就不免倾向于这个预测了。

累的实在不能再盯盘了，启用了限价单的“停损卖”，定在最低限价的上浮 3 美元，做多赚了 9.85 美元，哪怕做空停损亏了 3 美元也无所谓，要是跌大了可就赚大发了。不过平时在启用自动停损买卖时，最好是先紧张地打出些赢利再放松地丢给限价停损，有赚就再赚，亏了也不蚀本钱，若老是一个劲地盯盘，盯着那锯来锯去的磨洋工真不是好受的。

第二天一觉醒来，看伦敦金跌是跌了但没跌多少(图 5-28)，最低才下到 1111.50 美元，不炒了平仓，期市股市也快相继开盘了。

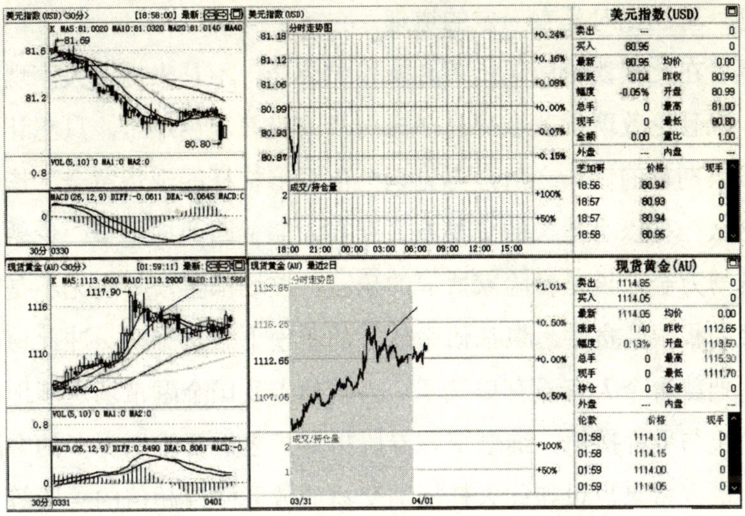

图 5-28 现货黄金小幅下跌空单平仓出局

初期炒金建议先一手一手地来，切不要急于求成发财心切，等看多了各类的走势变化，经验积累丰富了再加多手数。笔者刚涉入伦敦现货黄金炒作时，自恃有多年的股票期货操作经验，没把现货黄金太当回事，一如既往地按原方法操作，少手尝试小赚后觉不解渴，重仓多手杀进，也巧不幸遭遇一次走势未照常规运行逼空下行，几万几万的美金在几十分钟内随着价跌急速流失，显示在浮亏上的数额负值累积逐大简直要令人崩溃，几个该止的点位不守还下，终忍不住砍仓虽未暴仓但也折去近半，那真叫一个惊心动魄。领教之后再不敢固执己见，和一百倍的现货黄金死犟无异等于找死，即便再有该可能出现的反向预期，也要防患于未然该平不恋，也许有一次跟你过不去，就会让保证金血本无归。

再强调的是一定要严格规范操作，规范操作行为能在相当程度上有效抑制那些人性固有的弱点，避免一些被势头诱惑所产生的下意识冲动。买、持、平定准在既定的策略上不要随意推诿，执行在几种自己有安全保障并大有可能赢利的方法上。注重常见的大概率胜算的有规律的走势就够了，不要追求时有时无的异形别类走势，需要有定力的时候得有定力，不该要有定力的时候则应随机应变，硬犟死抗是炒金的大忌，不妨设定浮亏达一定数额一百或二百就平仓算罢，这样就永远不会大亏或暴仓。西方电子即日操盘公司对旗下交易员设定亏额达 50 美元就自动平仓，可见绝对是有一定的道理。

笔者在此叙谈伦敦现货黄金操作的体会，不是来提议大家现在就去炒金，况且伦敦现货黄金交易在国内目前尚属灰色地带。只想让人在参与了股票期货的炒作之后，再见识一下百倍杠杆的现货黄金，毕竟理财还有这么一种以小搏大的交易方式存在，期货四两搏千金，伦敦金可谓是一两搏万金，说是冒险家博弈的乐园、坟场都罢，其实无不是在考验着人性的极限，贪婪恐惧在倍率放大的驱使下愈发骚动，冲此值不值得尝试一把就看个人有没有勇气了。再就随着我国金融市场逐步地成熟完善，加快与世界接轨，继融资融券股指期货之后再推出更多的金融衍生产品，也许将来也设如此大杠杆的交易或放开同样超倍的美股等，大家那时就不会再感到陌生了，尽可以以此来如法炮制参与炒作了。

第六章 融资融券炒作

融资融券业务的推出，标志我国证券A股市场从此迈入可以做空的时代，意味着以后不仅做多能够赚钱，做空也一样有望获利。对中小投资者而言，其中融资做多只是多了个小杠杆意义不是多么重大，融券做空可以说是特大的利好，可反向交易无疑多出了投机赢利的机会，尤其在市道走弱个股多在下行时。相比过去只能无所作为地等待漫漫熊市的结束，而现在则可以利用做空机制融券来取得下跌落差的收益。这真是：融券做空出的好，正反市道闲不着。

如同在市道向好没有技术赚不到钱一样，有了融券做空在不好市道没有技术照样占不到什么便宜，要想耍好这把双刃剑不被自伤，就得有技术在身，剑法在手，方能在施展做空手段的道场中游刃有余。

有谁曾公开技术或理念和方法，能在现今融券做空的操作中大展拳脚，而看过我几部书的读者们早有感觉，我在书中也多次举过反向的例证，现在实行融券做空正好恰可运用。什么大形态变盘向上买、变盘向下卖，卖不就变成可融券做空了吗。再扯到长线操作破上升趋势线下轨、双头等头部图形，短线操作的分时走势不过前高等等，皆是可以融券做空的关键点位，尽可以完全彻底地反向套用，不会多出也不会少出在融券做空上可应用的方法。

其实用不着再往下续写，让大家在融券做空时按着原方法反做就是了，健忘的再翻书重温一下，没看过书的有了这套全集也尽可掌握了。然而，毕竟融券做空是新推出的交易机制，一向做多操作的惯性会令一下子做空操作颇感不适，较难转过弯来驾轻就熟地反向运用其方法，这有点像炒了股票炒期货，虽然是同一路子可同用一个方法，只因加个杠杆多了个反向就令人老大不习惯，实在是需要一个适应改辙的过程，再说有些地方还真的需要着重地点拨点拨，给大家理出一条清晰的融券做空操作套路，既然这样就有劳我一人，轻松大家伙吧。

原来单向时操作的前提就要求首先看清趋势，要参与上升趋势个股的炒作，现在有了融资融券业务中一项的融资功能，若要利用就更得注重趋势，尽量选做上升的少做或不做下降趋势的个股，其中杆杠作用虽不大但也是加了比率的。融券做空既然是反向操作才能赢利，那么理所当然地就要求应选做下降趋势的个股炒作，上升趋势个股走势是大涨小回，下降趋势个股走势是大跌小反，大家知道在下降趋势中抢反弹是很危险的，那么在上升趋势中做空同样也是很不安全的，于是乎，融券做空获利的主要赢处在个股走势的“大跌”上，而这个大跌波段只发生于下降的趋势中。

在华夏银行这一上升趋势中(图 6-1)，每次波段走势上涨的幅度远大于每次形态调整的幅度，这就是所谓的大涨小回，甚至有时还会盘整不回。因此在上升趋势中趁回调的时候做空是不明智的，那点差价实在没有意思，倍率也太小不像期货那么高值得一做，还容易被变盘向上所套。

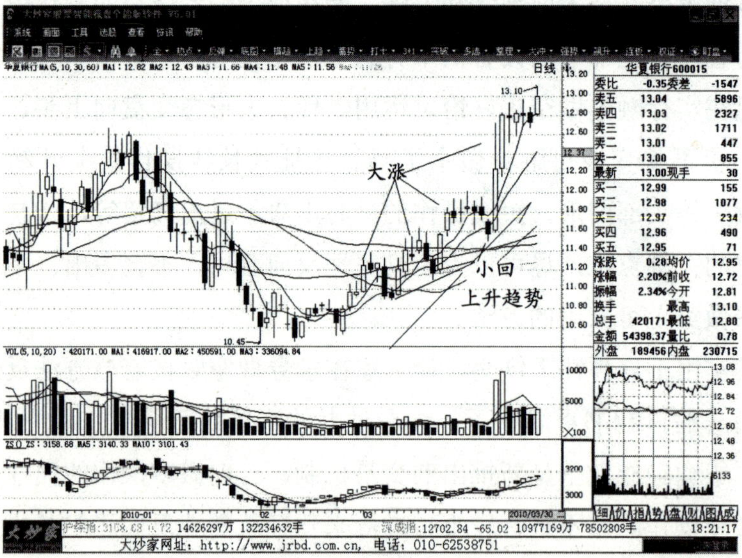

图 6-1 华夏银行上升趋势

紫金矿业自破上升趋势转入下降趋势(图 6-2)，那一次下跌波段的走势都要比反弹走势的幅度长多了，其中还有两次连个反弹也没有，要说上升趋势中的走势有阵势，那么下降趋势的走势可以用溃不成军来形容。

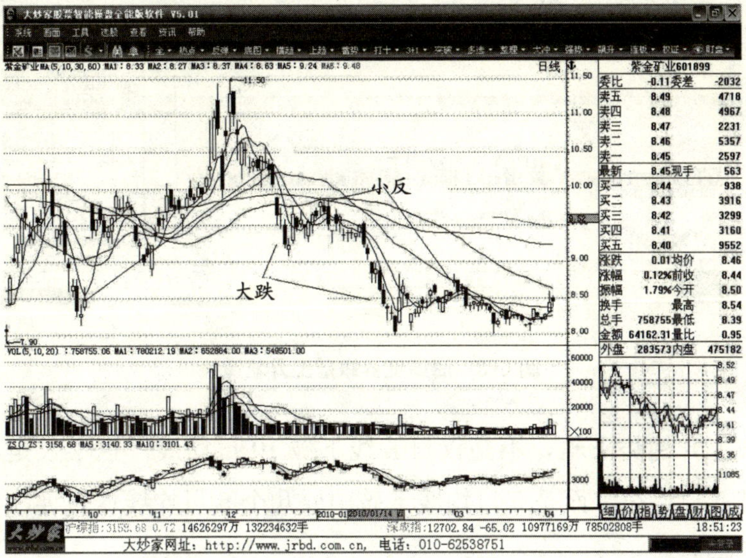

图 6-2　紫金矿业上升趋势转入下降趋势

于是论起来“大涨小回”和“大跌小反”，融券做空显然是应该冲着“大跌”而去，不该在其他地方找不自在。

只能在下降趋势中做空，这个大前提确定以后，参与融券做空的风险就去了一大半，然后再抓住几个关键点位放空几乎就胜券在握了。那么这几个点位在下降趋势的什么地方呢？

海通证券(图 6-3)自破上升趋势下轨股价倾泻而下，与前期上升走势形成鲜明对比，只是一条轨道线将强弱态势划分的如同分水岭一样，可见，做多做空以此作为分界是确定无疑的了。

破了上升趋势下轨意味着上升趋势行情不再，相继而来的下降趋势就成了融券做空的广阔战场，而破上升趋势下轨之际就是放空操作的初始之机。

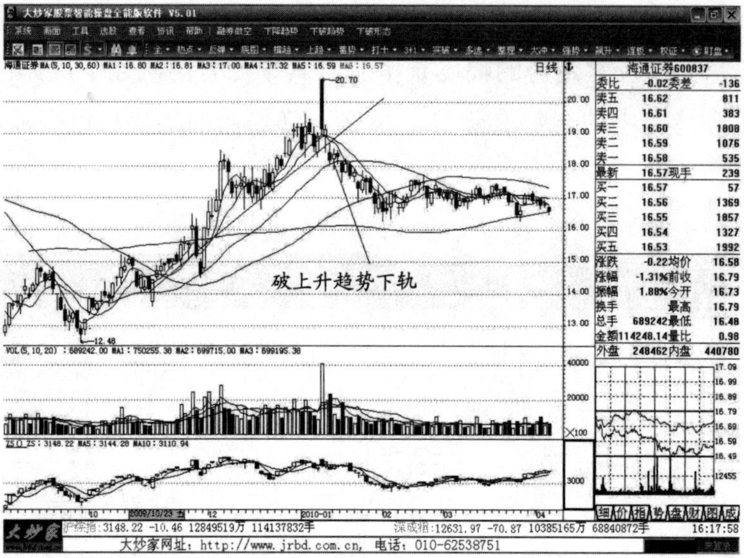

图 6-3　海通证券跌破上升轨道线

破上升趋势下轨，不是仅日 K 线下破 10 日均线，也不仅是 5 日均线下破 5 日均线，而是 5 日均线下破由原几个 5 日均线低点连线而成的上升趋势底线。

在这条底线即上升趋势下轨之上，切忌不要盲动做空，定要耐心等待有效下破，也许只是毫厘之差却有可能失之千里。

除了破上升趋势下轨，还有下破头部图形颈线是融券做空的另一始初之机。中煤能源(图 6-4)在上升趋势末尾下破了上升趋势又返上二次摸顶，形成了终结上升趋势另一种常见的头部图形——双顶。当下破双顶颈线位的时候，才可以视为融券做空的时机，如果未等下破过早放空，有可能不破趋于横向走势，这也是做空操作所不愿意看到的。

破上升趋势下轨与下破头部图形颈线既然是融券做空的始初之机，那么就像做多上升趋势分作长、中、短线操作一样，可将此作为做空趋势的长线操作了，或者是长看中做，放眼下降趋势只做下跌波段不参于反弹的反向形态调整。

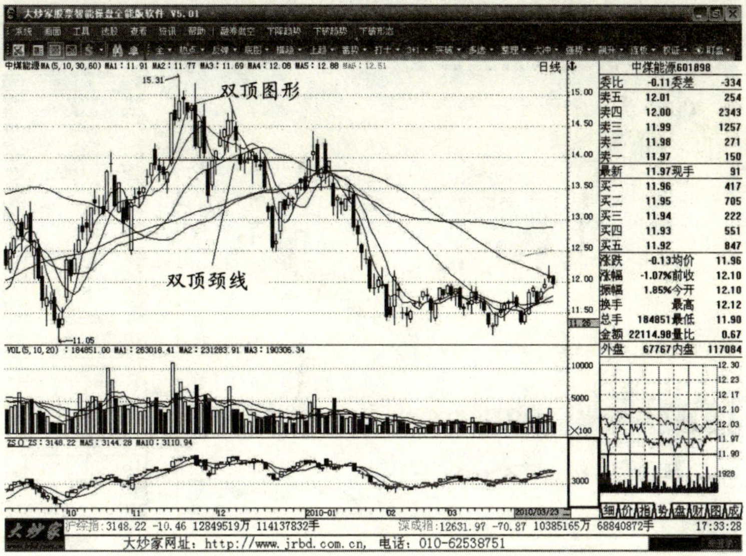

图 6-4 中煤能源下破头部图形颈线

实战范例一：

金地集团(图 6-5)几个波段连成的上升趋势，被今天早市分时走势连续下跌形成的阴线给下破了。似乎昨日就像下破，其实今天才算是有效下破，昨天的 K 线跟以前几次下调的低点一样，不同的是此次没返上去，接下去今天又继续下跌，这一“五弯十”大形态的变盘向下，从而真正结束了原来保持许久的上升趋势。既已下破就覆水难收，寻一分时走势的点位融券做空。

金地集团(图 6-6)跟所有房地产股个股一样遭遇了连日来的下挫，金地集团还算是跌轻的，同时被选入 90 只可以融券的保利、招商地产等跌的还要大。

金地集团(图 6-7)的后期走势跟房产板块个股一样并没有就此打住，而是更进一步展开新一轮的猛烈大跌，这当然是由政府加大推出遏制房价疯涨新政所致，但我们能从即时盘面的技术走势上，对银行、地产板块个股破上升趋势下轨的预期，利用融券做空的手段获取这一时期只有做空才能得到的市场巨大收益。

上升趋势一个波段一个波段地上涨，下降趋势也不外乎如此，但难

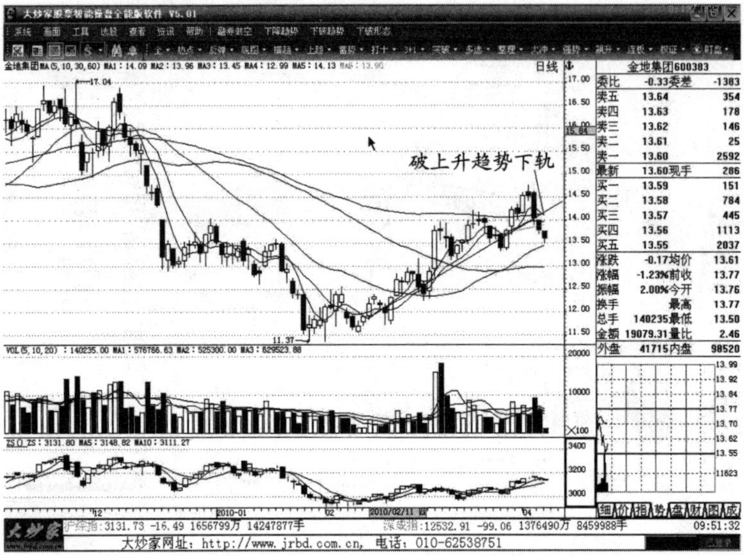

图 6-5　金地集团破上升趋势下轨

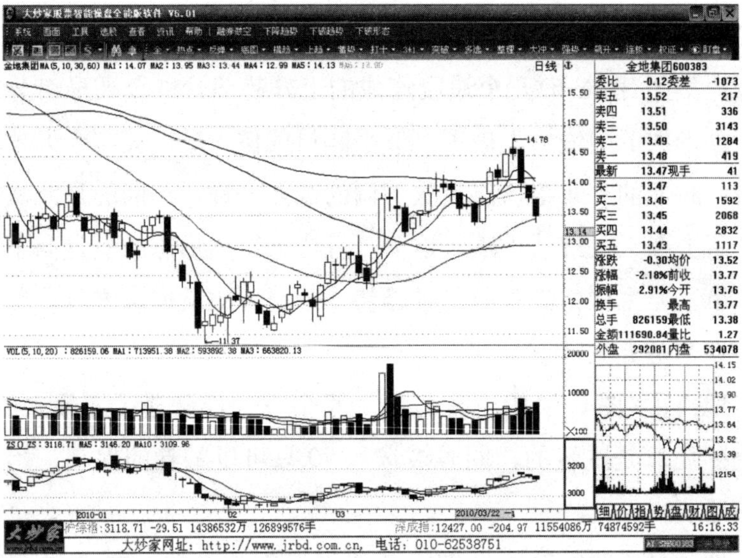

图 6-6　金地集团有效跌破上升趋势线

得像上升趋势中的波段走势那么有形有阵势，破了下轨的波段走势往往是乱了阵脚慌不择路，兵败如山倒嘛。但下降趋势中继反向调整形态还是存在的，于是下降趋势中出现的反向大形态，就成了继破上升趋势下轨与头部图形颈线下跌之后，继之而来的融券做空的下降中途关注的目

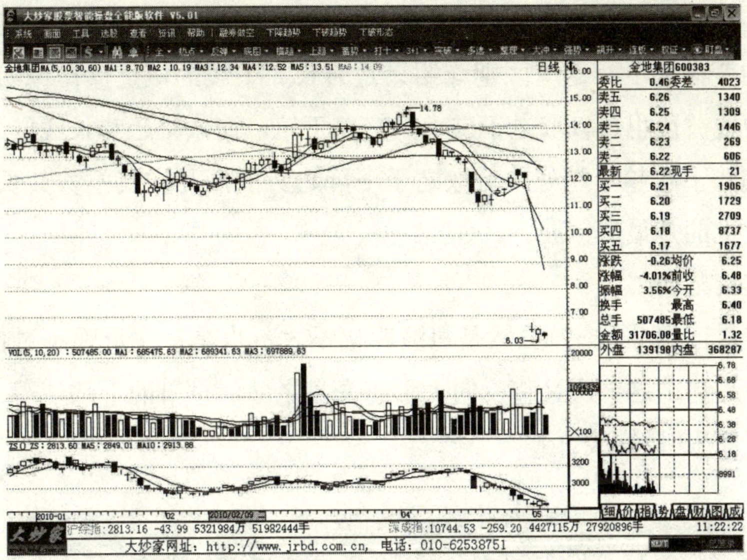

图 6-7 金地集团反弹后加仓做空

标了，待变盘向下就是下手融券做空的可乘之机。

上海汽车(图 6-8)自下破上升趋势先下行了一波，中途歇停了几天做了一个反向平台形态，而这一低点不获市场认可，继之又破位下行，给融券做空在下降趋势中截获一个波段提供了机会。

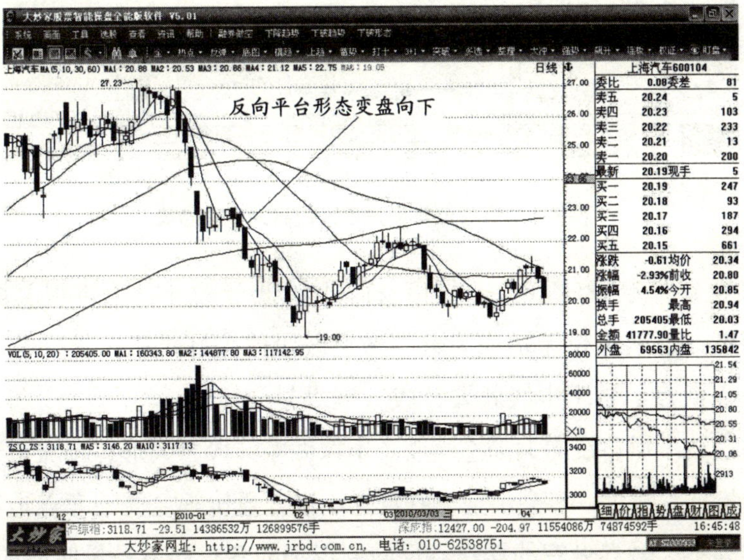

图 6-8 上海汽车反向平台下破

其实破上升趋势下轨与下降趋势中停顿后再破位下行，都是出于大形态的变盘向下，这里区别介绍只是为长、中线的做空操作说明一下，做空中线波段也可以取之于破上升趋势下轨，而做空趋势长线取之于破上升趋势下轨越早越好，若取之于下降趋势的后几波就不称其长线了，可能赶上的是最后一波。

实战范例二：

海通证券（图 6-9）虽然是每波跌幅不大，也是每次反弹不过前高处于下降趋势。这一次又临反向大形态变盘之际，早市的下跌使得 5 日均线欲下穿 10 日均线。

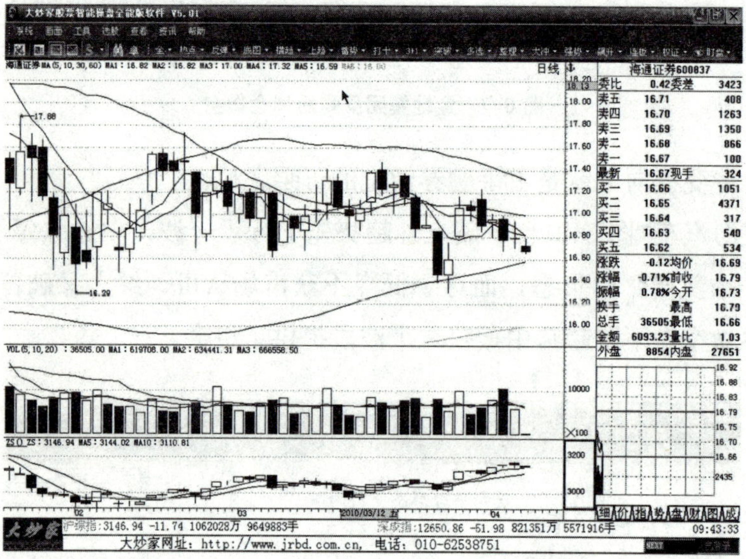

图 6-9　海通证券反弹不过前高的下跌趋势

该股分时走势（图 6-10）早市反弹不过低开的开盘价，现又随大盘破了前低，这两点位无疑成为融券做空波段的大好时机，做空长线可以不计高点低点，做空中线就要计较一些寻早一点。

做空波段抓自反向大形态起跌，不像做多波段自大形态起涨那天多有分时走势抗跌横盘，多会出现下跌反弹不过开盘价等之类的卖点走势，这样也难为不了融券做空的操作，反向大形态的变盘向下是最明显的标志，再将原分时走势的卖点，变成现分时走势做空的开仓点位不就行了嘛。

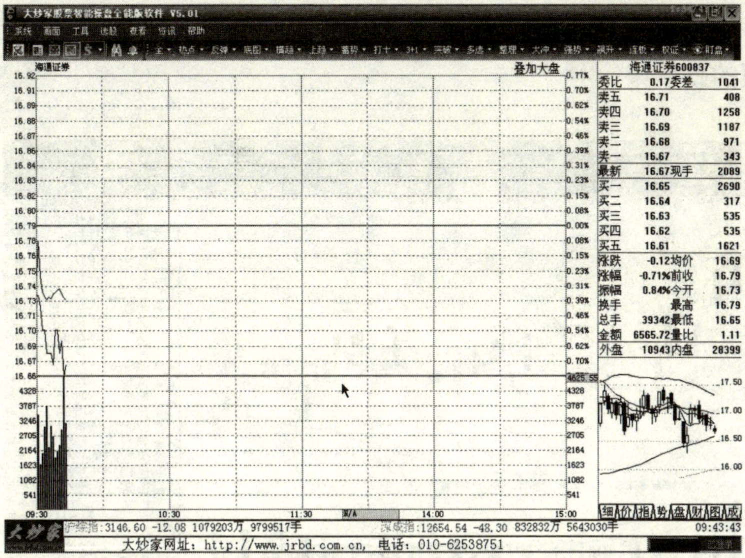

图 6-10 海通证券低开向下且反抽不过开盘价做空

盘中继续下行，尾市该股报跌 1.31%(图 6-11)。举几个实例皆是跌幅不大，不知是专找这类相对权重大走势稳当的个股入选，还是不到时候，不过有一点可以肯定，随着可融券做空股票数量的增加，或到了股市偏弱或走熊的时期，被融券放空幅度大跌的个股是会出现的。

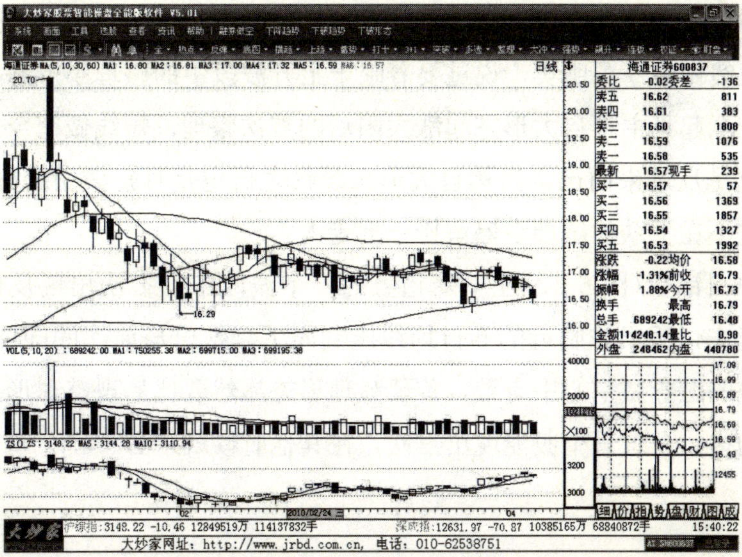

图 6-11 海通证券小幅下跌

海通证券次日继续下跌(图 6-12)，看来下破大形态怎么也给个大小波段的跌幅来。

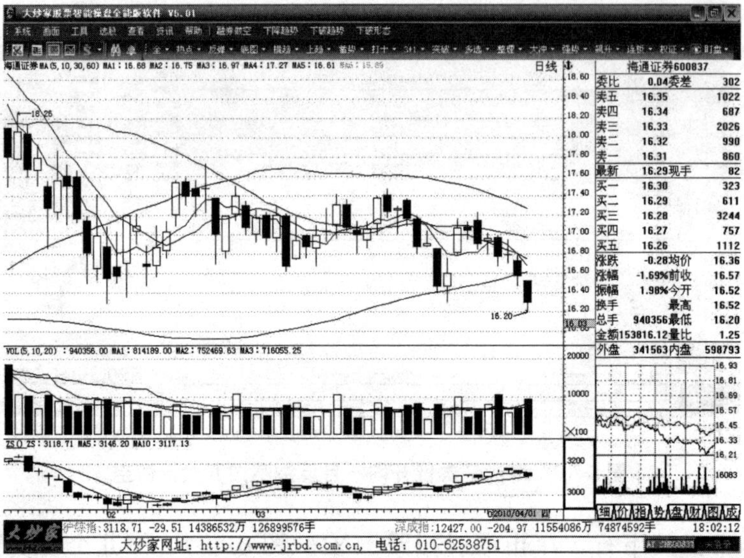

图 6-12 海通证券继续小幅下跌

说完了长线中线融券做空，该提到短线操作的放空了。短线融券做空无非是插挡于下降趋势下跌波段中，截取一日 K 线的跌幅或再跌续延。遗憾的是此次未对股票恢复当日 T+0 交易，打不了盘中分钟线的差价。

短线做多今买明卖，说过要着眼于上升波段中的整理小形态，还强调为安全起见主打自大形态起涨大阳后的首次整理，短线做空今开明平不过就是反过来而已。当然自大形态起跌之日也是打短做空的好时机，只不过不在下跌的歇挡中停留捞一把走人。

中国铝业(图 6-13)在下降趋势的一个波段中，多次出现反向短暂整理形态，后又被临近的 5 日均线压制而下，跌出与前次的同样幅度，让打短的融券做空心中有数，首现整理形态显然要比后现整理形态放空安全的多，在这只个股能现出三次，在其他时候就未必了。

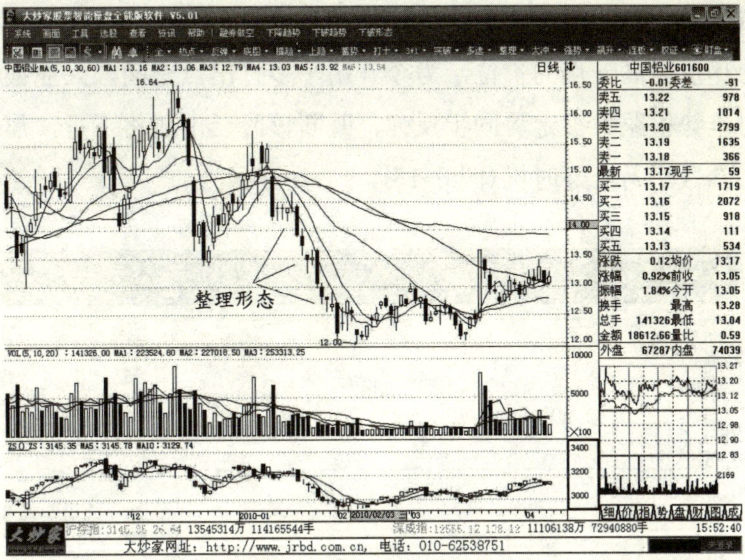

图 6-13 中国铝业整理形态放空

实战范例三：

兴业银行自破上升趋势下轨做了一日反向回挡整理(图 6-14)，今日早市开盘后再接整理前弱态继续下跌，预估后市在 5 日均线压迫下难有起色。

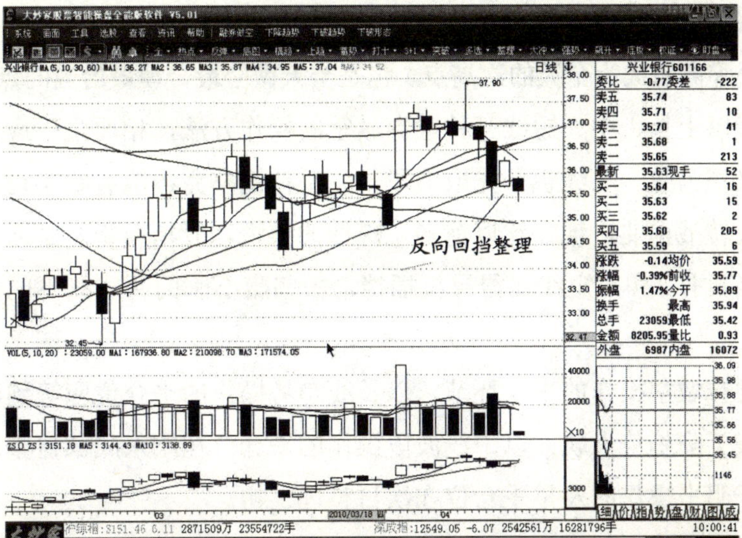

图 6-14 兴业银行反向回挡整理

融券做空短线应计较分时走势上的高低点，对比大盘走势选择在个股走势尽可能高一点的价位，为今开明平多打出点空间。兴业银行此时的分时走势正跟大盘走势同步反弹，既断该股后市还将下行，那么现在逢高融券做空乃恰好时机(图 6-15)。

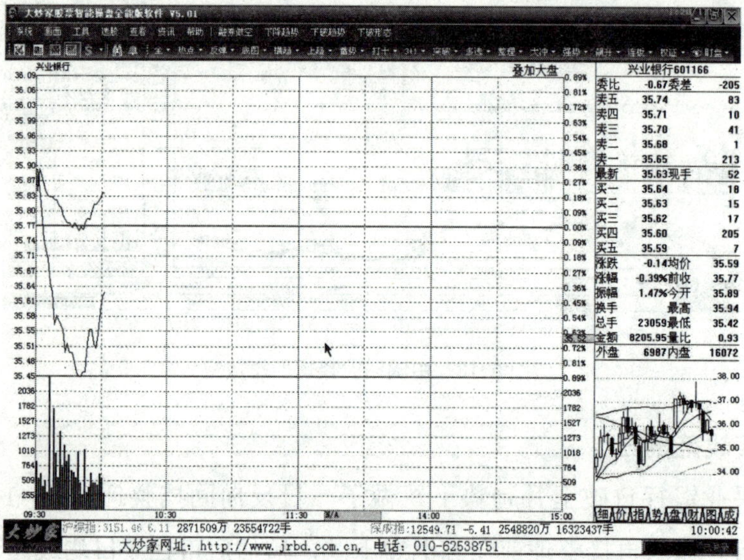

图 6-15 兴业银行分时符合做短空

兴业银行后市果然再跌以 4.67 的跌幅报收(图 6-16)，前市不过开盘价的反弹高点成为全天的次高点，也是全天做空最合理最恰当的点位。

就以上长、中、短线三种融券做空的操作方法，相比之下应倾向以波段操作为主。长线也是先取波段，先平待调整完再放有啥不可，省了等待去转战南北，现在比以前多了赚钱的渠道，股指期货又是双向通道还可当日打 T+0；短线还得寻机插挡，去些赚不满的两头剩下的也不多了。

融券做空操作的平仓环节，以长线趋势操作的平仓位应等到底部图形或破下降趋势上轨；以中线波段操作的平仓位在刚入底部盘整；以短线今开明平操作的及早平仓位在次日整理之初。

兴业银行(图 6-17)次日早市先上后下没破开盘价，作为融券做空昨开今平应在此点位平仓，因不破前低就有可能再升，毕竟昨日大跌今有反抽要求。如果还想看看就等盘中再寻低点，自不破开盘价后连涨三波，若早市不平极有可能被上涨吓得逢高平了，可午后不久又见低点，反抽也不能一气就上去难免要有震荡，此时再不平就难保全昨日的收益了，没见要做双底了吗。

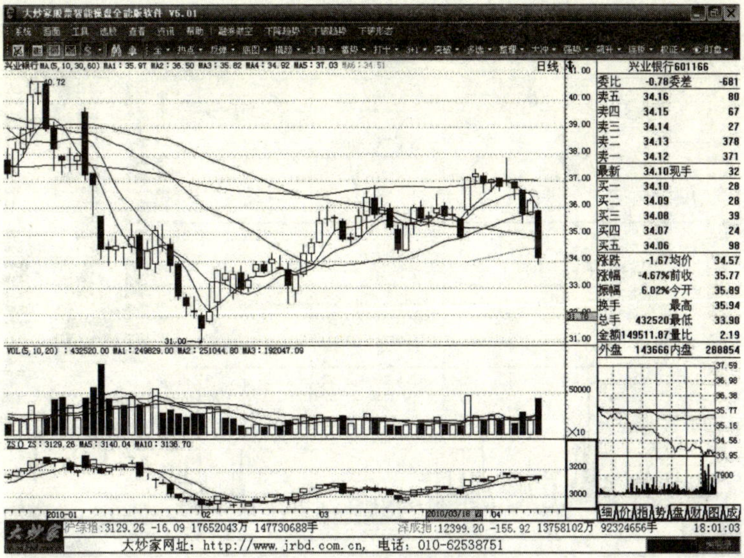

图 6-16　兴业银行破位大跌

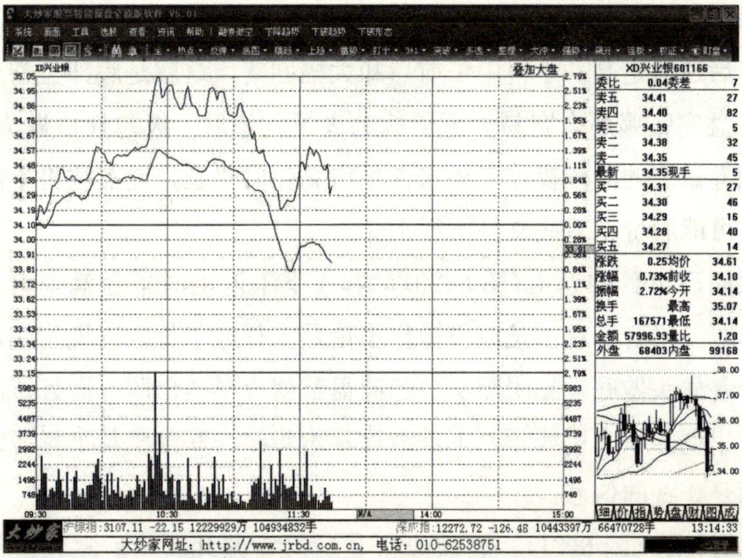

图 6-17　兴业银行不下破开盘价则平仓

该股（图 6-18）自做成双底后震荡盘上，若不平也行，说不定明天还要下砸收阴，即便是止跌也会有阳阴盘底，然而打短就要有个打短的讲究，今开明平或叫昨开今平不说在盘中双底时，早该在早市不破开盘价时就应果断平仓，少了多少担惊受怕，还腾出了时间再寻其他做空猎物。

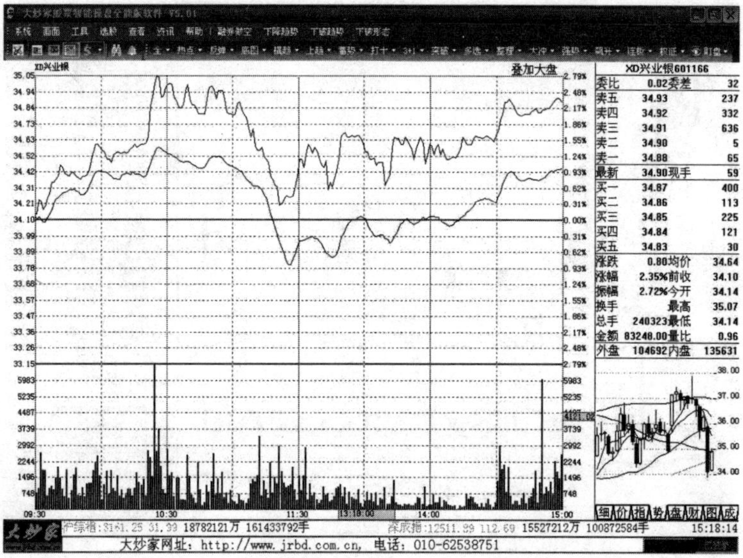

图 6-18　兴业银行反弹

海通证券（图 6-19）自下破下降趋势中继形态以来，这天是大显强势开市后连波走高，不料中午前后却大幅回落，这就是底部盘整所要求的，没盘完底哪那么容易一下子就上去了。午后一波急挫后做成双底，作为融券做空的波段操作，如未在早市见强时平仓，此点位再不能错过了，有可能股价在双底支持下返上。

该股后市真的返上（图 6-20），若在下午返上时平仓就少赚了。为什么那时要平仓？理由是波段操作不论是上行或下行，出现头底部盘整就意味着做头做底，见阴阳交替趋向盘整就应早些出脱，而且该股午后双底时出现的长上影线预示下跌波段基本告结，底部出长上影线或长下影线都是止跌的信号。

海通证券（图 6-21），自波段平仓后又盘整几天，后随大盘暴跌狂泻。似乎当初平仓是错误的应该持仓至今，这样想是不对的，既然是

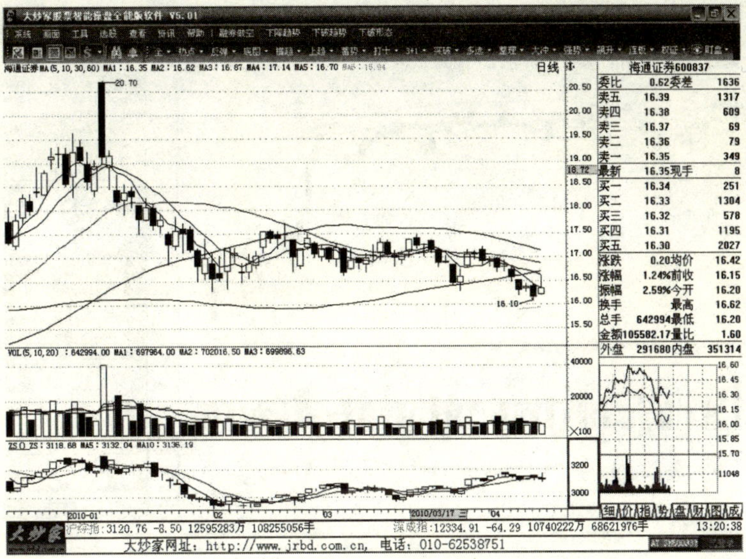

图 6-19 海通证券做空后止跌

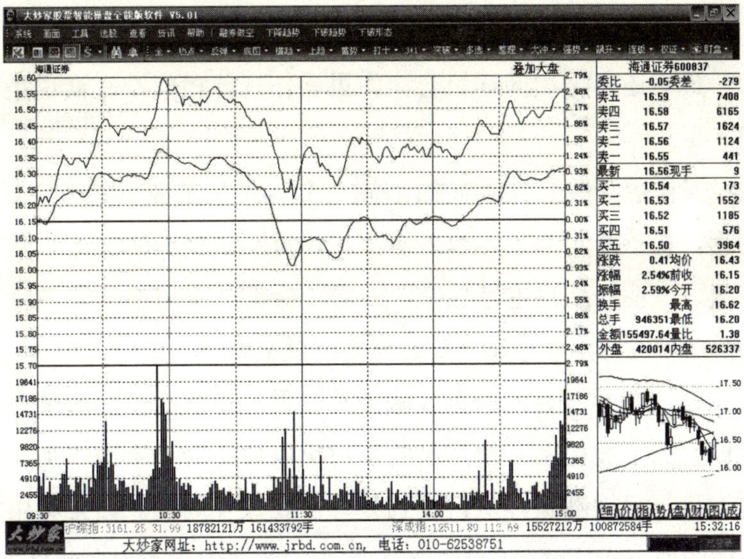

图 6-20 海通证券止跌盘底平仓

做波段就应按波段持仓策略规范操作，不能长中短线随意改变那是很危险的。

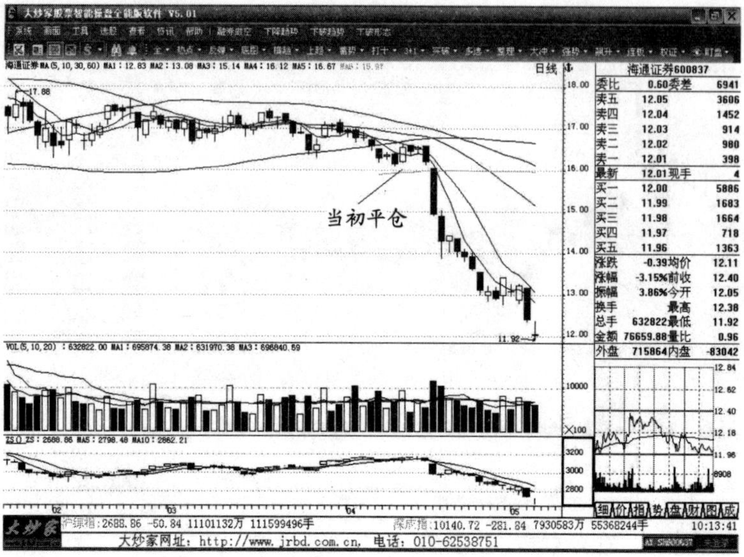

图 6-21　海通证券随大盘暴跌破平台做空

当该股进入盘整平仓，待跳空下破平台融券放空，让这一大段跌幅跑不掉，最后还有一次同样机会，如果操作规范相信没有谁说是在放马后炮吧。

长线操作融券做空的金地集团(图 6-7)，不论是破下降趋势上轨还是底部图形，在该股走势上迄今未有出现，有一次反弹后又下，除权后走势破前低，表明长线可继续放空。长看中做的放空可在波段下跌的底部平仓，反向“五弯十”形态下破时再拾起做空。

别看就这些数量有限的可以融券的股票，要想找出当天能在关键点位适合做空的个股也不是很容易的，何况以后还会不断地增加。人工操作须得一只一只地翻览，从日线到分时都要顾及周到。如果利用大炒家软件新增的做空指标就简单的易如反掌了，此次添置不烦多劳直奔重点。

共设三项选股指标，其中的一项是“下降趋势”指标，一键选出当天处于下降趋势的个股，这样就减少了一只一只去看的麻烦，对选出缩小范围了的个股再进行人工鉴别，是始破上升趋势还是下破大形态抑或是波段中整理，有机会做空就按相应的方法操作。第二项是“下破趋势”，这个指标就有针对性了，一键选出的是首日破上升趋势下轨的个股，以第一时间开跌的点位给长线趋势操作最早开仓做空的时机。第三项是“下破形态”指标，一键选出的不仅有下降趋势中自大形态第一次破位的个股，还包括二次、三次……破位下行的个股，这就将凡在下降趋势中出现自中继形态下破的个股尽数收罗。此次添置没设短线今开明平选股指标，有下破趋势和下破形态两指标就足够选做的了，再往后的下跌包括自小形态的下破毕竟晚了一些，下行空间的逐渐收窄给做空的把握徒增了难度。

点击“指示”，就能在个股日线走势上显现曾在历史上被指标选出的下箭头，此举意在检验选股指标是否准确，大的成功概率给应用者以增加十足的信心。

启用“盯盘”功能，会给持、平仓带来轻松的感觉，实际也能避免不应有的紧张或许由此造成的非理智决断，翻白持仓翻红平仓，如此在盯盘系统的强制规范下，减免失误最大程度地获取融券做空的收益。提示：盯盘见翻白不作为开仓依据，开仓运用选股指标更为准确可靠。

因选股指标指意明确不含糊，指标编程亦不难到位精确，所以三项指标及功能各有的作用皆能有效发挥，尤其下破趋势、下破形态指标，即点即出保准没错，故在此就不做举例一一示范了，那样恐有主推软件销售之嫌疑，如感兴趣可到公司网站查其究竟。

会发生，笔者坚信自己的可比预见，至于方法别说对股指期货，就是在全球金融市场对各类品种的走势都一概畅行无阻。

一、商品期货

下面先示范实盘操作几笔期货的案例，将笔者多年十分成功炒作期货的一套招术系列披露出来，并依照此方法再对股指期货随后出现的相应走势，进行全程模仿式地操作，实际验证看看股指期货是怎样如出一辙地翻版于商品期货走势的。

这里不是主讲有关对期货的操作，是抛砖引玉，主要对与股指期货近同的商品期货的相关走势和手法进行展示，其他种类走势和手法就不过多地涉及了，直接明了地进入到最需讲解的状态，相信这一套方法能适用于股指期货现在乃至将来的操作。

这是期棉一 1005 合约(图 7-2)和期铜 1007 合约(图 7-3)，显示的是该两个月份合约的日线走势，如果不说明是期货的走势，还会以为是股票的走势呢。什么趋势、大小形态、波段走势的表现形式等，一样不多一样不少，这就是说期货与股票至少日线走势是相同的，完全可以采用操作股票的方式方法来操作期货，那么，我们就实际操作一下看看是否是这样。

图 7-4 是棉一 9 月合约的日线、30 分钟线、5 分钟线、分时走势组合图，为何如此选项编序？这么做是为长、中、短线操作安排的。长线操作为日线走势波段，中线操作为 30 分钟线波段，短线操作为 5 分钟线波段。

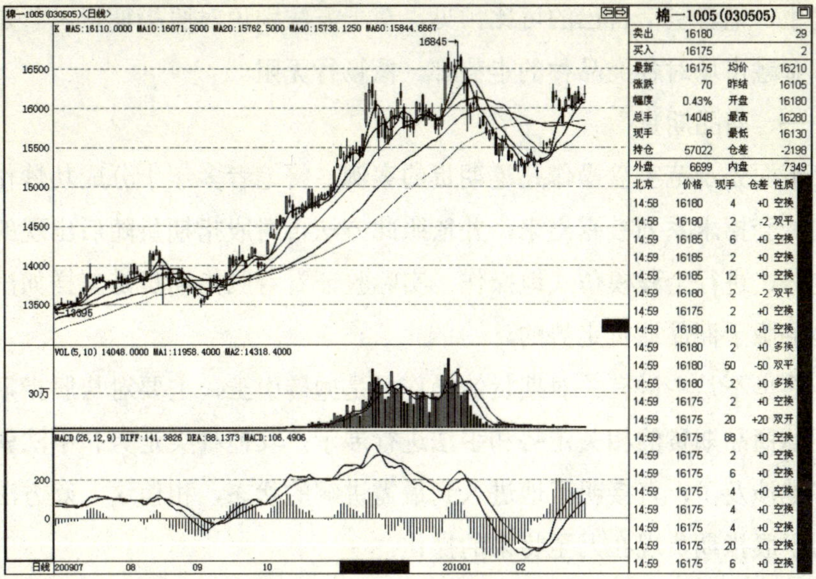

图 7-2　期棉一 1005 合约日 K 线

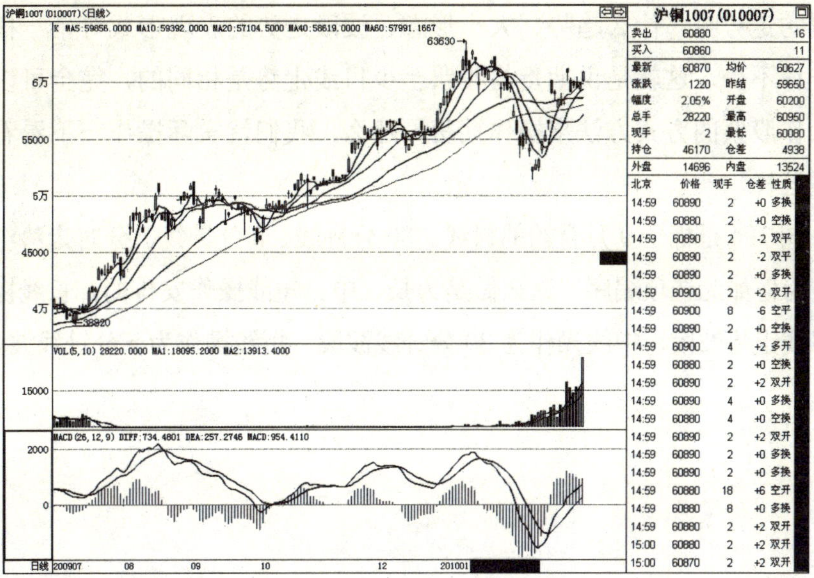

图 7-3　期铜 1007 合约日 K 线

对期货操作的方法有多种，有较少的人敢于做日线走势大趋势及波段的，主要是怕过夜的风险。的确欧美期市对次日国内期市的开盘影响不小，因而更多的期民还是热衷于盘中的短线 T+0 交易，似乎当天买就

能当天卖或买了看不好就卖，这样才能把风险掌控在自己的手里。笔者在此不妄谈对期货操作各种流行方法的评价，各人有各人的高招，只介绍自己多年来对期货操作总结归纳出的并且自己惯用的一套方法，以供有缘有识之士鉴辨品用，也为把股指期货操作的期货板样展示明白。

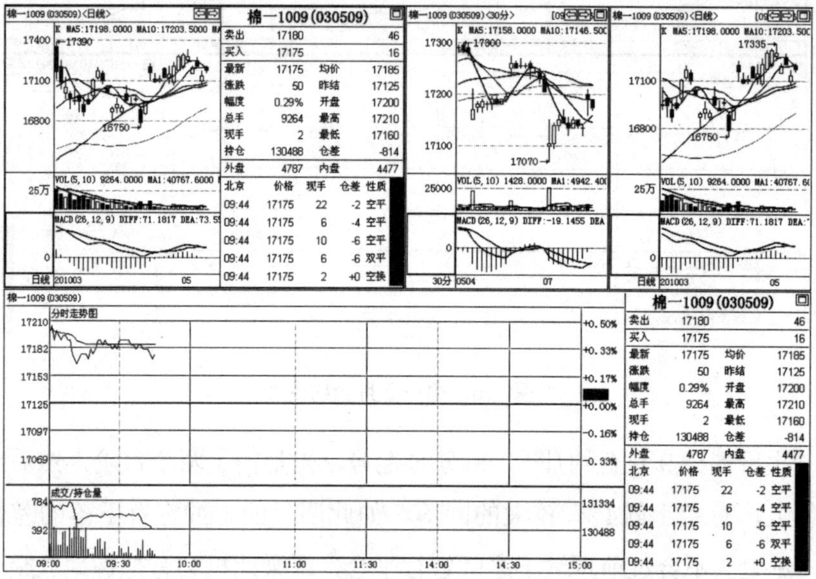

图 7-4 棉一 9 月合约

如同对股票操作进行长、中、短期分类一样，期货操作也应该制定规范的操作策略。因期货杠杆的放大作用，若将期货跟股票趋势一样定为长线操作，那波段与波段之间的调整可就太令人担惊受怕了，哪一次波段做头若直接下来像瀑布一般就惨了。于是一个一个波段地操作是非常在理的，既保征一定的安全又赚得更多。

图 7-4 左边是棉一 9 月份合约的日线走势，下边是分时走势，该合约日线走势前期双底，现正完成五弯十形态，在股市、股指期货双重大跌情况下如此保持强势着实难得，也是当时期货品种中极少数分子之一。分时走势今日高开，虽低下但能二次不破前低，总体看来后市有填满形态空间的可能，做多开仓买入无妨。

棉一 9 月合约(图 7-5)，后市横了大半天的盘，午后二次再横，尾市才开始上升至 0.82%的高度。

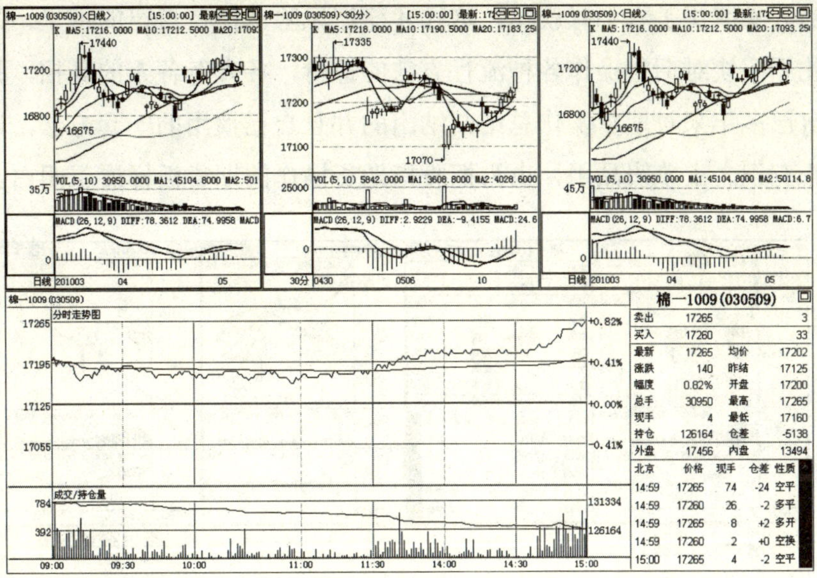

图 7-5　棉一 9 月合约后市

次日棉一 9 月合约(图 7-6)分时走势，先是搭了两个台阶，然后分两波急上，有急上就必有较大的回落，如此明显的上冲定有下落的差价可得，见尖头不会过前顶欲下之际暂行平仓，或乘此机会有把握地放空一把亦可。

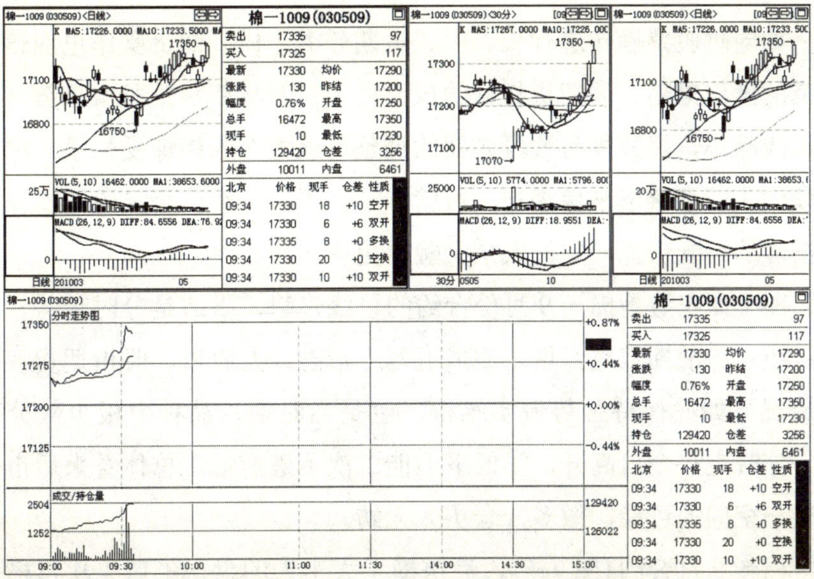

图 7-6　棉一 9 月合约次日走势

怎么长线波段打起了短差？这其中有个道道，见高平仓把应赚的账面利润即浮盈兑现，见低再拾起则开仓买进，够手数的数额再加到买进的资金中，这样每日有一次，不断地将获取的利润加进去，要远比一路波段持仓挣得多。不过不要为了倒把手增加筹码而损失利润，这就需要在有状况可把握前提下实施，反之踏空或再高追进就得不偿失了。

棉一 9 月合约(图 7-7)，现在看结果这波落差是值得一打的，下步要做的是怎么逢低再开仓再买回来。自冲高回落后一直横着，午后几次不破前低就不再等了。

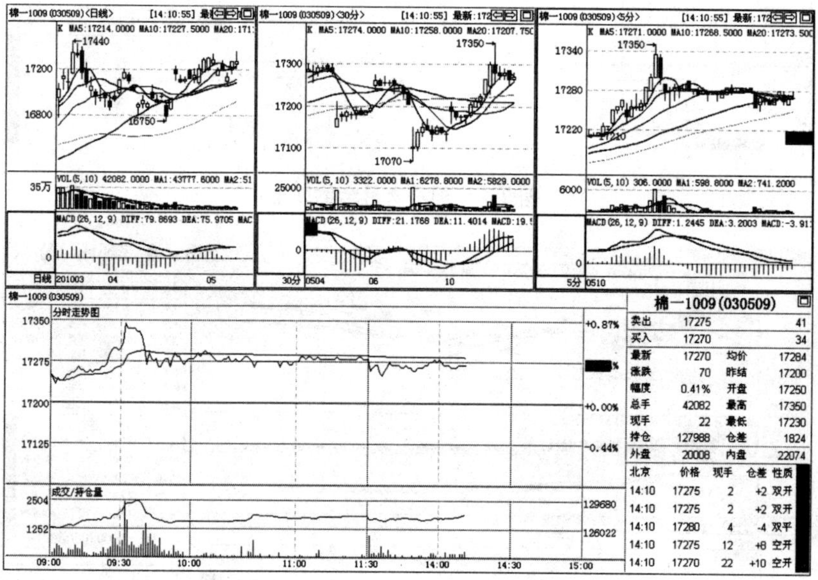

图 7-7 棉一 9 月份合约午后横盘

稍后，该合约(图 7-8)上涨了，但几次上涨未能挺上，收市打了下来，但低点较比买盘高点，算是有赚没亏的倒手，再后的期望是形态突破收长上影线能跟股票一样是个好兆头。

如望所至，棉一 9 月合约(图 7-9)，在昨天起涨上影线的基础上稳步上升，虽然涨幅有限但几乎吃掉昨上影，确保了不会从“五弯十”形态上升夭折，并为以后继续上涨坚固了中继台阶。

期货长线操作以日线走势波段为限度，那么中线操作就不在日线而是在分钟线上开辟战场了，股票在分钟线上即使有大形态买进也难保后市不被砸下来，期货可以操作是因为允许即买即卖的 T+0 交易。

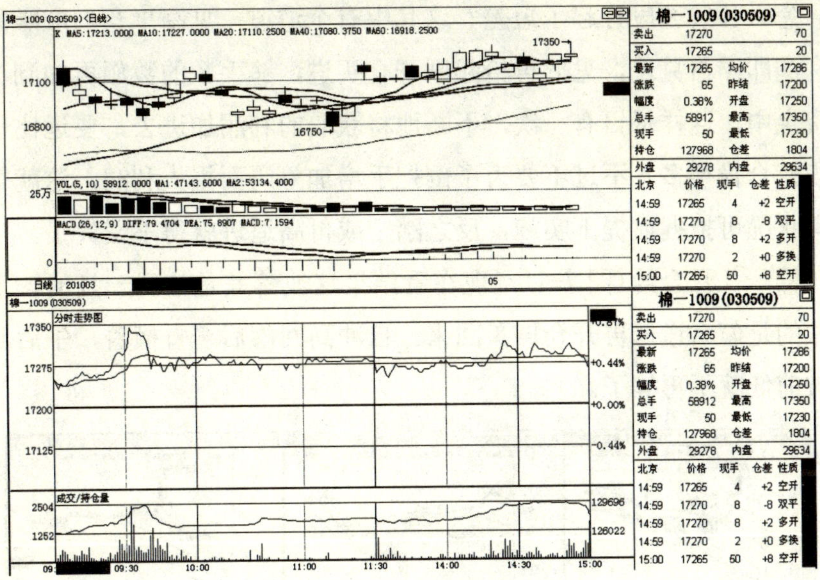

图 7-8 棉一 9 月合约尾市

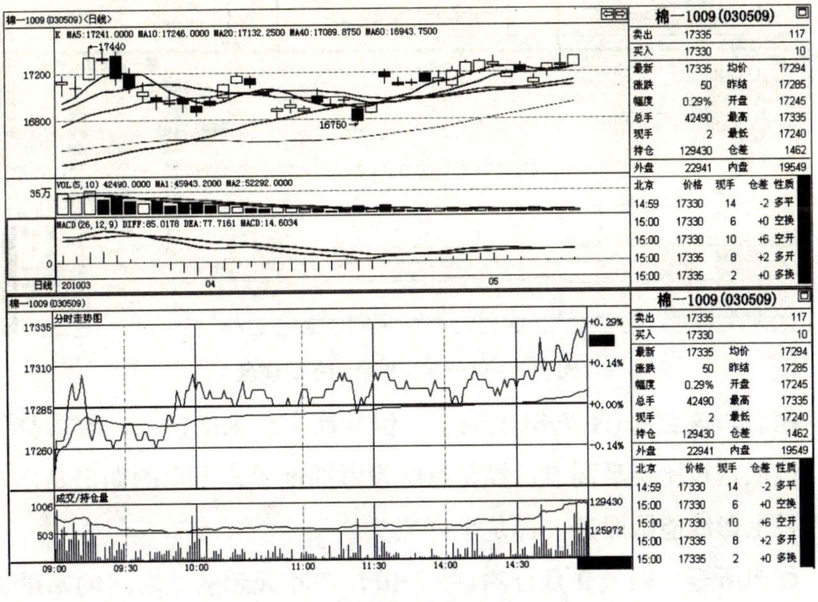

图 7-9 棉一 9 月合约次日走势

那么，期货设多少分钟线为中线操作呢？据笔者多年反复实战试验，30 分钟线波段最适合不长不短的中线操作，过长不是一日难组成大形态打 T+0，就是过短组成的小形态走不出较可观的波段走势，打不出值得一做的利润。

图 7-10 不是为“棉一 9”长线日线走势操作所举的案例，是为 30 分钟线中线操作所举的新例。同图摆上其他日线、5 分钟线走势是为了四图同看一目了然，省了为长、中、短线操作还得一表一图地去翻，再说彼此的联系有助综合分析，还有中、短线操作也要先认波段方向等好处。

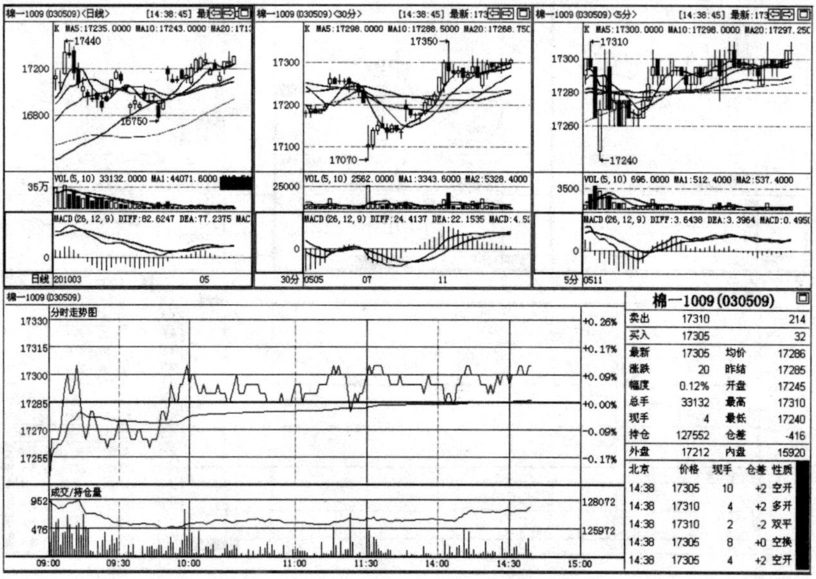

图 7-10 棉一 9 月合约 30 分钟线

为何又是该合约，因为在所有的期货品种合约中，现在只有它的走势具有 30 分钟线大形态，所以只能拿它实战举例。

棉一 9 月合约此时在盘中正构筑平台大形态，又有日线走势成形“五弯十”的基础支持，分时走势横盘三分之二时间。此刻正升至若干前高点即箱顶盘而不下，无论凭这些或日线走势都不存在什么不安全因素，可开仓买入，以待自 30 分钟平台形态能走出一波可为之的波段行情。

倾刻间，该合约拔起震荡向上(图 7-11)，不嫌升得不大但喜迈出了大平台起涨的脚步，后市不愁有苗不长。

次日(图 7-12)开市，棉一 9 月合约就高开低下回升越过开盘价直线冲高，冲罢横向盘了一阵儿，然后如常出现的状况一样开始了回调，本以

为能低位盘住，可出现破前低的不妙情况。30 分钟线在出来一阴后，再现阴线直压 5 个 30 分钟的均线，就像股票日线不受 5 日均线助涨，将会失去支撑难继波段升势一样，果断平仓以保昨天和今天的收益，这叫见不妙了断。

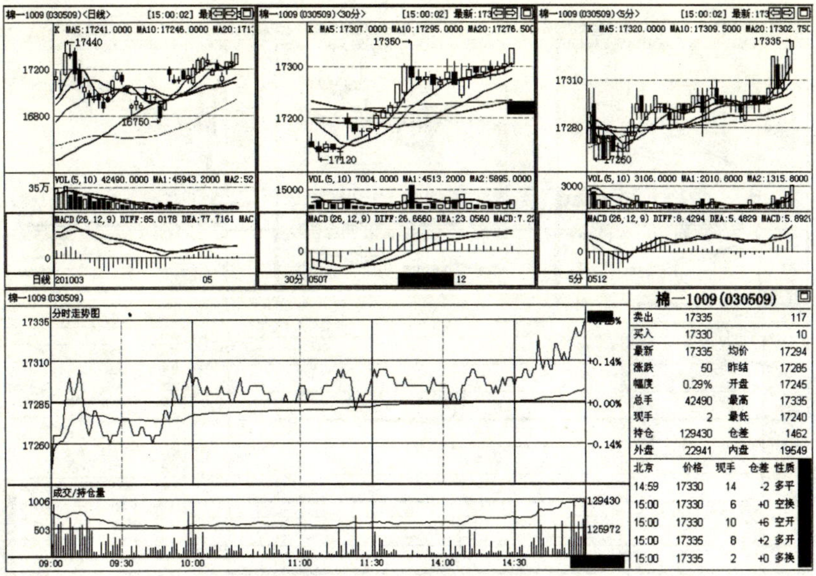

图 7-11 棉一 9 月合约震荡向上

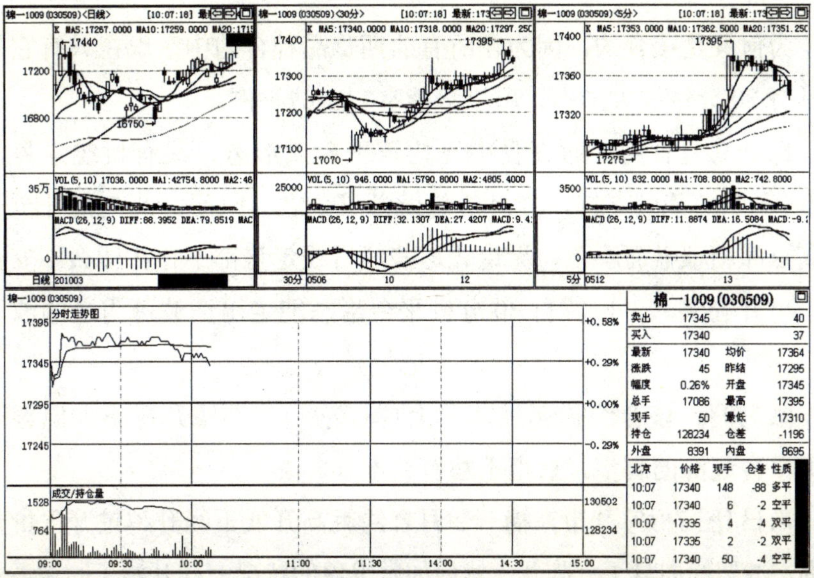

图 7-12 棉一 9 月合约次日行情不妙了断

见好就收是在冲高时不过前高或横盘时，可那时无论从30分钟线、日线走势和分时走势上都没有波段操作平仓的理由，也没有要走坏的迹象。唯一的说法是逢高出货或见好就收，这样有失操作之规范，若横完再上去不就踏空了嘛，而采用高低打个差价的方法，对于30分钟线操作又不免麻烦了些，虽然见不妙才收少赚了些，但合理的成分占大一些。

期货操作犟不得，也不要设期望值，走哪算哪，按制定的操作策略规范行事，对于30分钟线波段操作，或长或短因有杠杆怎么也该有所斩获，但若见不妙仍恋战不弃可能接下去就要尝苦果了。

该合约(图7-13)继续下探，后市虽然反弹但未高出平仓点位太多，之后再度下滑，收市看30分钟线走势上，双阴出现后再无波段续上。

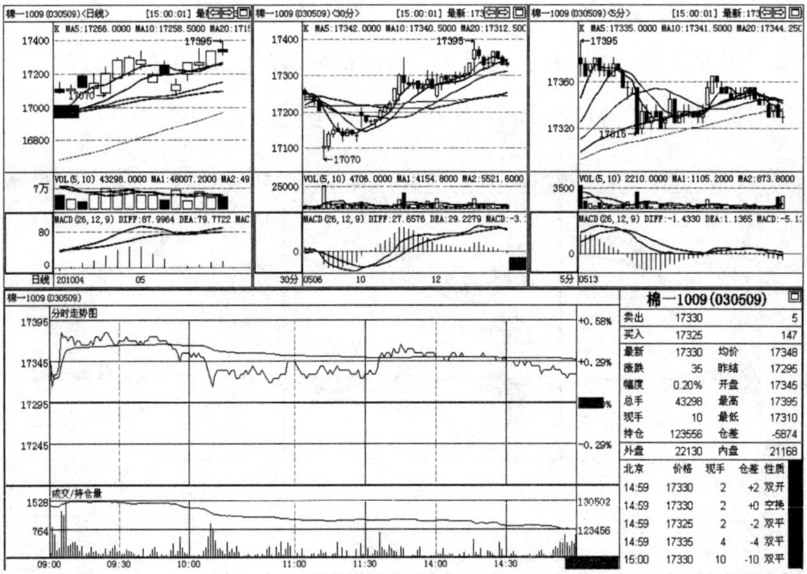

图7-13　棉一9月合约继续下探

日线走势收星，属波段中回挡看不出有什么不妥，有待明日密切留意。

期货的短线操作短到在盘中打T+0，是大多数期民热衷于追逐的，显然这是觉得盘中见好就买见不好可跑风险有控，至于能不能买好跑对那另当别论。在战斗激烈的分时走势战场上，以什么方式厮杀的都有，弯上弯下，过不过前高、前低等做多、放空、开仓、平仓的诸多方法。

有点专业懂些K线走势的人看5分钟线走势，并结合看被认为有用的技术指标，但很少有人有大小形态观念，如同在分时走势升降的线条上追击一样，在5分钟K线涨跌走势上追进。由于没有对自形态起涨开跌的提前关注，免不了可能杀在波段中晚期，再不及时顺势改辙就会套在5分钟线走势波段的后期。笔者不赞同盲目地只在分时走势上打打杀杀，倒同意在以5分钟线上操作为短线，主辅大形态为中继基础，抓起涨开跌第一点。沿袭炒股、炒期货日线、30分钟线一样的方法，仍以波段持仓为限操作，虽然起自5分钟线大多时比30分种线大形态的波段幅会小，但总比分时走势一根线条要长，并且在安全上有可靠的依据保障。

同样摆着原样的四个图(图7-14)，这次主表的是5分钟线走势，即以5分钟线为战场短线操作。仍拿当期一枝独秀棉花中的棉一9月合约说事。此刻该合约5分钟线走势正在做回调形态，并有上破起涨之苗头，分时走势长横盘过箱顶有望上升，开仓买入。

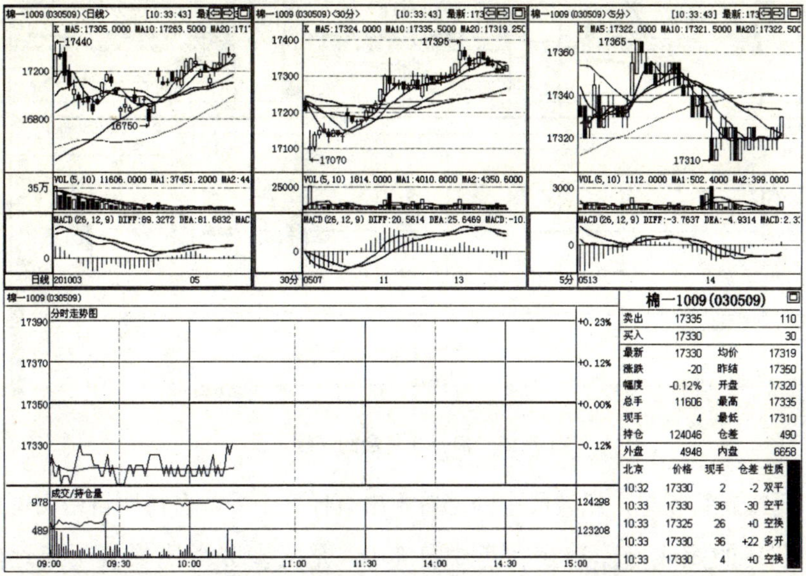

图7-14 棉一9月合约的短线开仓买入

除以上两理由，另还有相关因素的支持，日线走势正处于上升波段之中，目前小阴整理5分钟均线乖离刚好，30分钟线在做“五弯十”

形态,凭这些就可以做多。有了“上、中级主管部门”的点头或说是该上、中游走势流此水到渠成，反正值此之际做多买进该合约获益的可能远大于亏蚀，办什么事有如此大概率就没有不干的理由。

开仓买入该合约之后没见即涨(期图 15)，而是又重归箱体且下落箱底，那时须做好提前的思想准备，以免届时发全不好状况犹豫不决。保持住箱体持仓，若破箱底可要认赔出局了，炒什么都要对下一步有所预期和备解决方案为好。

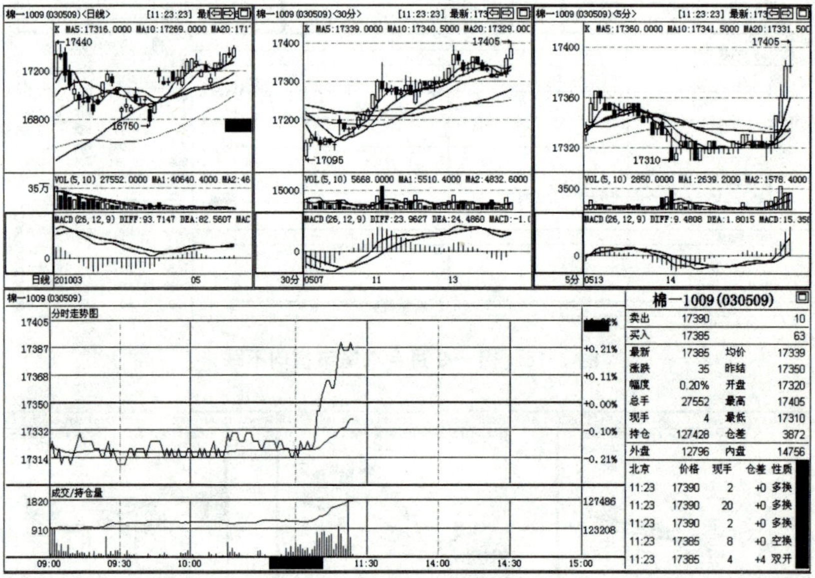

图 7-15 棉一 9 月合约分时走势触底反弹

规律就是规律，“3+1”就意味着成功。该合约触箱底后直飙起来，分时走势显示连着三波打到一个短线可观的高度，见双顶和出 5 分钟走势波段长上影头部信号果断平仓。

该合约后市虽未跌下(图 7-16)，又盘将至尾市，说明分时下有长时间横盘，还有长、中、短线走势的必然趋势，相信这样以 5 分钟线炒期货短线或盘中打 T+0，是其他各式方法没法可比的，比什么皆可以，比如安全准确进退章法。

经过几天的连续大幅上涨，棉一 9 月合约日线走势已经上升至可观的高度(图 7-17)，这还没有出现过跳空，若赶上大行情连着高开那才

叫一个爽。但从昨天起有高位滞涨的征兆，出现了一个上下影线较长的阴十字星，就不说别的了，仅这点波段高位大幅震荡就可断行情近终。

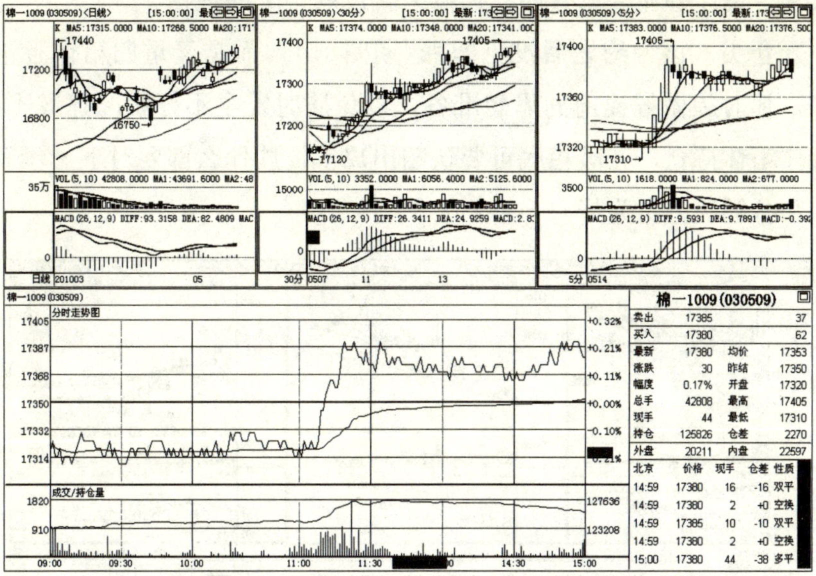

图 7-16　棉一 9 月合约尾市横向不跌

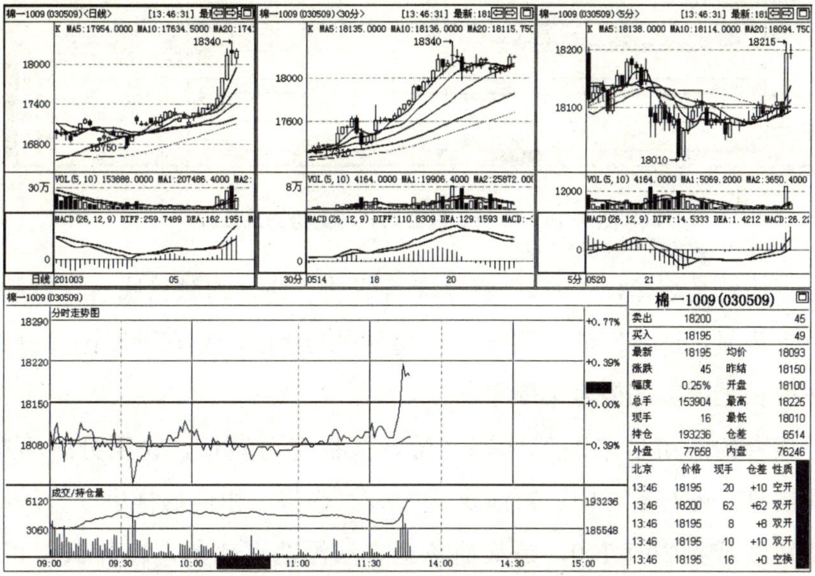

图 7-17　棉一 9 月合约日线走势上扬摸前高平仓

于是今日做好准备，待有上摸昨上影高点定然平仓。午后该合约在横盘震荡了半天多后终于直线冲起，分时走势不过前高，日线走势摸前

高也上摸的差不多了，于是平仓了结。

该合约并未下行，横向维持到收市(图 7-18 分时暗影)，似乎令人感觉明日还有涨头。

果然次日高开高打(图 7-18 分时明影)，断会有些人买入确信重拾升势。结果是分时走势几波急落，收市日线走势明确显示波段的上涨行情告一段落。

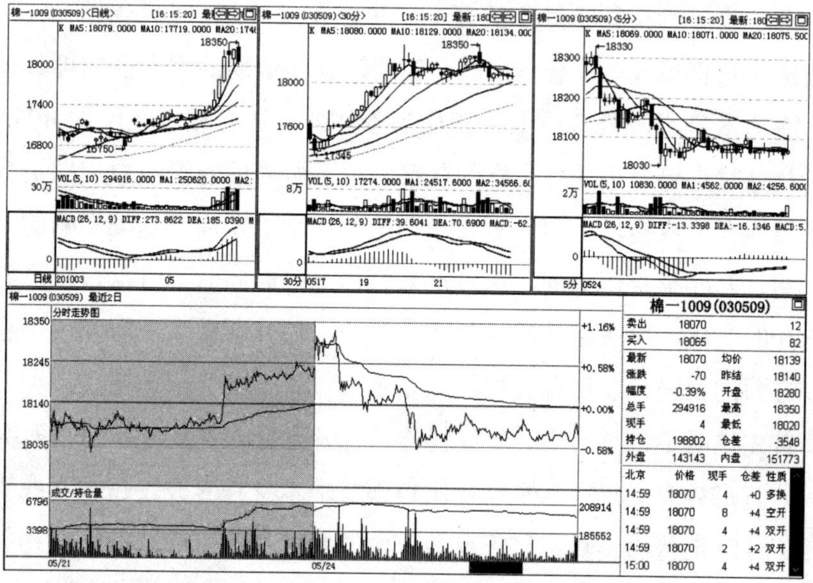

图 7-18 棉一 9 月合约日线上涨告一段落

了结了棉一 9 月合约一大段不俗的日线波段行情，也终结了对期货一套长、中、短操作路子的演示，继而也有谱可照地开始了对股指期货操作的实盘展示。

二、股指期货

下面将要进行的实盘操作对象是本文的主角股指期货了，可能会令人不感新鲜的是其走势不会走的有什么特别，其应对的方法也不是什么新招术，就是如法炮制炒期货长、中、短线的操作方法。这时由于期指还处于下跌中，不但暂没机会演示日线走势做多的例子，而且 30 分钟线的多头大形态也少见，剩下只有 5 分钟线形成大形态的时候多了起来，也就是短打的机会多。因而此次不同于之前期货棉一 9 月合约实盘从长至短线地讲解，而是要从短打 5 分钟线开始由短至长说道了。也可

以这么说因现股指期货日线走势走的是一路下行的反向上轨压制下轨支撑的波段走势，日线长线现在做多不行，做空因跌幅不小怕随时出现反弹。30 分钟线的中线操作，做多因是下降中的反弹高度难料风险不好控制。无日线、30 分钟线的大形态，但 5 分钟线大形态总会出现的，短打的机会还是存在的，故先行实盘操作演示。之后，再随相继出现的 30 分钟线、日线走势大形态再依次进行实盘操作。

为了确保股指期货炒作的万无一失，在实战之前先分别把长、中、短线操作开仓买入与平仓卖出时，需要注意和借助的因素说的再具体一些。除却本身所应具备的上下变化的条件外，还有相近线度的分钟线、日线及分时走势会出现什么样的状况？上下游周期能给当事周期走势的演变帮什么忙或拖什么累？更长周期是怎样给予短周期基础影响的，更短周期是怎样早露苗头的。这样把握整体走势取向对当时盘口承上启下所选择的变化，搞清楚是应放任还是制约，使开仓做多、做空或平仓加增多方面的保障，前后各环丝丝入扣那操作就不大会出差错了。

首先说明不论长、中、短线操作，凡开仓介入都要求本身具有大形态、分时走势有买点；凡平仓卖出也都要求本身有着波段超乖离或头部信号、分时走势出卖点，这正反两方面的要求是不可或缺的。对相邻周期走势表现的要求，那就要看常规态势有否出场，满足其要求方可开、平仓，否则要放弃或继续等待。

在长线日线走势上开仓买入时，30 分钟线在大形态上已有起涨的动作；平仓卖出时，早出迹象的 30 分钟线先现波段头部特征。

在中线 30 分钟线走势上开仓买入时，要与日线走势方向一致并近乖离，5 分钟线在大形态上已有起涨的动作；平仓卖出时，早出迹象的 5 分钟线先现波段头部特征。

在短线 5 分钟线走势上开仓买入时，30 分钟线有着大形态基础的支持；平仓卖出时，本身先现波段头部特征。

以上不仅是笔者对这种前呼后应关系的进一步表明，还希望在对长、中、短线操作进行买卖时，能按此几乎是铁律一样的重现规律，按图索骥地找到或等来恰当的时机。这样坚持严格的不达标不做的原则，

可能会丧失一些获利的小机会，但也防范了一些把握不准的风险，使有杆杠倍率的股指期货能在既规范又可控的操作中稳稳当当地赢利，有效抵御人性弱点的干扰，或者说是这样做了就不存在什么干扰了。

（一）5 分钟线操作

1. 做多

股指期货日线走势显示(图 7-19)5 月 18 日，昨天股指期货大跌是近期第三根大阴，今日低开有所返上后走着一个分时箱体上下波动的走势。据昨日之大阴状况推断，今日该不会续跌有反抽的可能，无论由近期三次大跌后和负乖离超大都有此所定。分时走势几次上摸昨日收盘线即波动箱顶，这种至箱底低点不下、至箱顶高点不上规规矩矩的现象是个见好的兆头，一旦突破平行的多个点位会大幅上涨或下跌，涨跌幅拉大后才会看出原宽震荡是大横盘，其辨认难度远大于对股票分时走势横盘的认定。

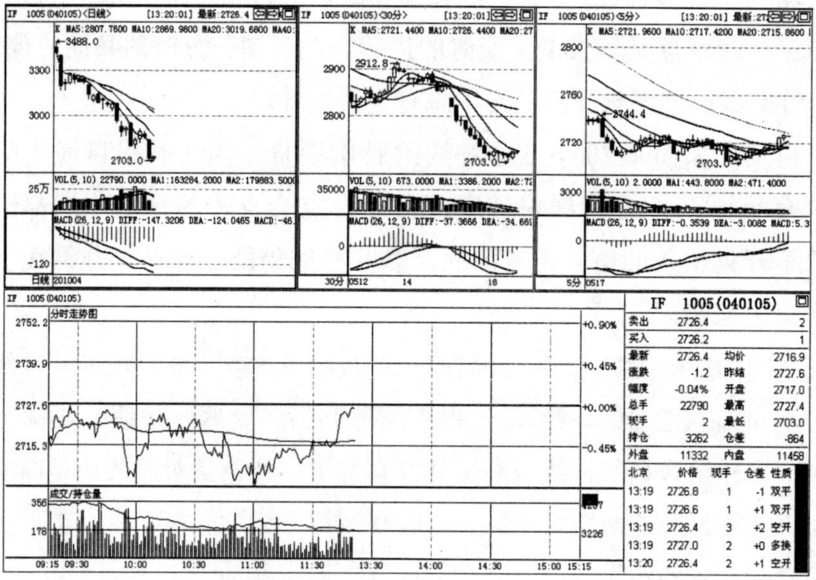

图 7-19 股指期货走势有短多机会

此刻，股指期货分时走势已再次回上数次前高，并一反前几次的触箱顶而落，连盘都省了挑头向上。因此，果敢做多买入不误战机。

除上述理由，还有上排的三个图更是做多买入的内在实质因素，刚才也提到了此时中长线对短线只支持不会捣乱。现在说的是不同于“棉一9”处于上升趋势并有经典的大形态的情况，股指期货现在的情势还没有这样的好条件，只是有点机会抢个反抽而已，还是有限制性地打把T+0。若是股票操作就不会提倡了，没倍率不可盘中买后当日平仓，商品期货、股指期货就不同了，有这个优势。尽管有这种便利也不能乱来，无根缺据开不好就平的想法要不得。时刻记住杠杆作用就像高悬的双刃剑，炒对了赢利加倍，炒错了亏损也要算倍的，随意坚持捂仓可能还要付出更大的代价也许是暴仓。

在实战“棉一9”中，是从日线、30分钟线到5分钟线，正向依序长、中、短线操作。在长线对日线走势的分析判断时，除本身向好有形态，还要顾及30分钟线和5分钟线当时的情况如何，更不能忽视的是这两者先于日线出状况。在日线走势是继续调整还是要始起涨跌处于模糊景况时，30分钟线、5分钟线会率先做好形态或显露苗头，给日线波段抓第一起跌点又早又准又及时的提示。在三图一分时的共同协保下，安全性高成功率得到保障，开平想有失误也难。

相反，如图7-19中5分钟线的股指期货，当时长线日线走势会至少有反抽、30分钟线将破底部盘局肯定会反弹的预期，这都给足了敢于开盘买入的信心，有如此互联互鉴的借助，使在5分钟线上的操作免出差错。

话回到实际走势上来，此时股指期货经过大幅上涨，现5分钟线走势出现不妙状态(图7-20)，一根大阳冲刺后，紧跟一中阴，再随一颗小星，这样组合显现在波段高位就没有好了。不论是对股票还是商品期货而言，还是与这两金融产品走势客观规律一样的股指期货，都不会走出别样什么好的结果。

再看分时走势，自起升回调后过前高，小窄横盘不下又上一波。最后，冲高回落较大，不二次摸顶盘而有栽下迹象，此无疑为平仓合理点位。再结合看30分钟线走势反弹已涨两中阳亦算不俗表现，还想企望一蹴而就大幅回升不成。日线走势吃掉昨大阴至胸已近下跌波段的中

轴，统加起这些综合因素判测后市能有好吗，一个盘中5分钟线走势的波段行情够满足了。

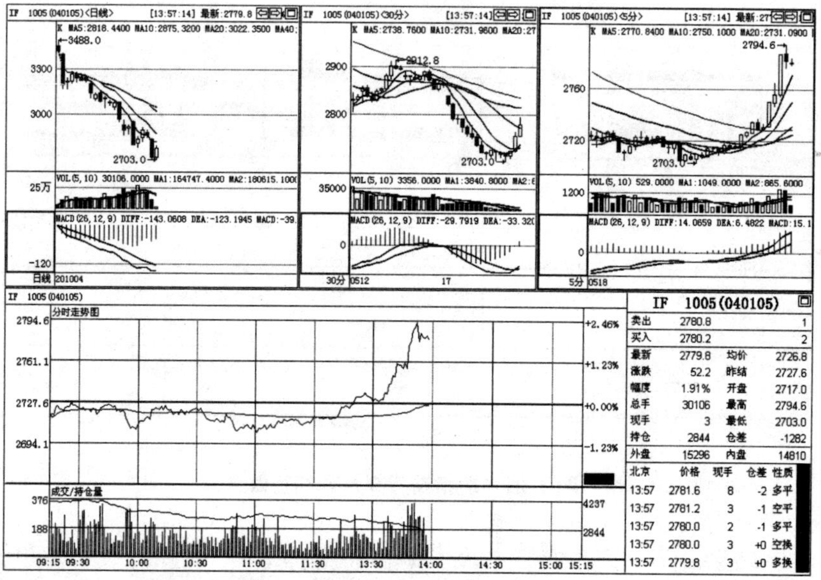

图 7-20 股指期货短线反弹到位

相比，弯上弯下，过不过前高前低，只凭单一的分时走势等盘中打短方式，与外加能瞻前顾后起到大作用的组合能有的比吗？缺少形态观念无中、长期日线、30分钟线的基础参考和向好向坏的预期，在分时走势上主要为弯上弯下而忙碌能有靠头吗！

2. 做空

股指期货9月合约(图7-21)，5分钟线走势欲破前低点或说是底部箱体箱底，再加上前期的双头示压有向下破位的可能。30分钟线走势与此大体相似，日线走势反弹受阻5日均线失去支撑，向下寻底势头显现。分时走势盖帽之下的长时间横盘，一旦被下穿底线跌幅不可小视，而综合起来看这种可能性倾向偏大，因而在易辨走坏的5分钟线上做空不会踏错。

该合约自5分钟线走势破位之后一路下滑(图7-22)，到收市受5分钟均线压制仍跌势不止，令5分钟线做空当日就有所斩获，不过视情形尚不必收手待明日再瞧。

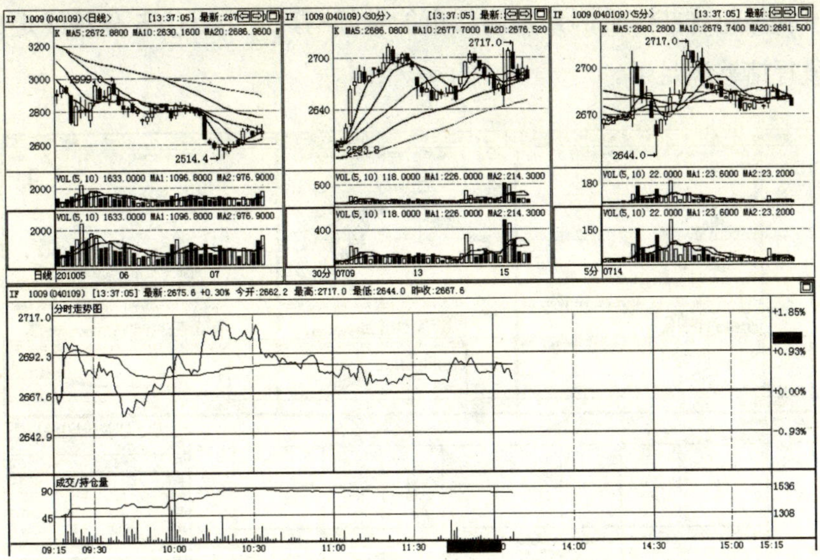

图 7-21　股指期货 9 月合约宜做空

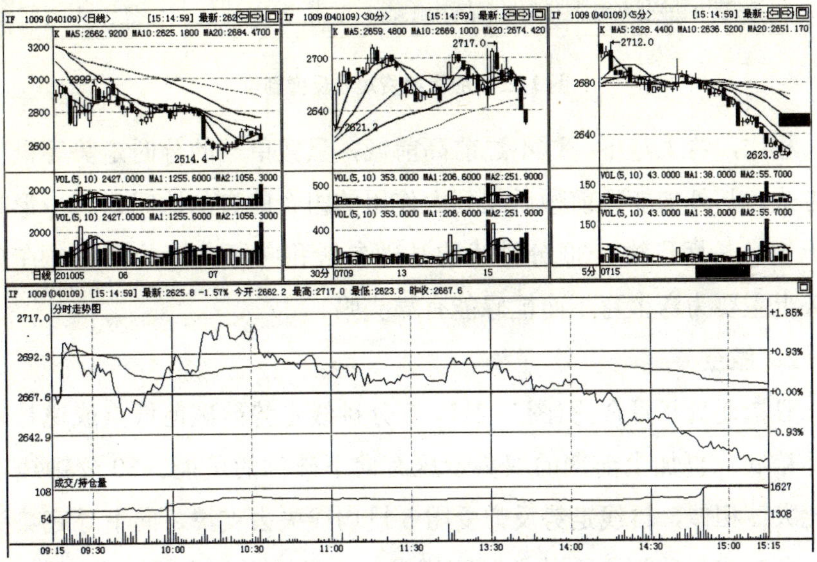

图 7-22　股指期货 9 月合约破位跌

相关的 30 分钟线、日线、分时走势都皆告下行，究竟是牵 5 分钟线一发而动整体走势全身，还是其他哪一方是主犯，这就道不清说不明了，用连锁反应或墙倒众人推来总结也许较为合适。

上一节子 5 分钟线做多策略是以波段操作，这次做空策略试一把趋势操作，缘是有上面哥姐罩着下有小第拽着，不然哪有那个胆长远打算。

其实把握趋势操作也没有什么可怕，无非就是连持几个波段如果给出的话，关键要注意的是下跌一个波段底部会现盘整，或箱体或反向“五弯十”、回调，若有再破位下行那就延续持仓，若向上突破回升就平仓了结。在这里先定出上破盘局为平的计划，等“五弯十”或回调那就折损大了，5 分钟线操作能获多大的利可给去削呀。

次日，该合约承接昨天跌势低开低下，昨天和今天的 5 分钟线走势有几次下行盘底都没有反弹上破底部箱体，故也依既定未做平仓。

后市，该合约 5 分钟线走势经一段较长时间底部盘整，突然由箱底直升起来跃过箱顶(图 7-23)，没容时机在刚上破箱顶时平仓，待弯回低点时又没平，这是恐下来回升不过前高，可回升真的要过前高时不能再留了，30 分钟线走势已呈反弹势头，日线走势处关键点位“五弯十”形态似乎有支撑，分时走势上破抵抗性的长横盘，皆显出将要返上的迹象。

之后该合约果然回升了一些，到收市小调走成了一个“五弯十”形态(图 7-24)，如在尾市或返高点时再平就会少赚一点，重要的是规范执行了操作策略。

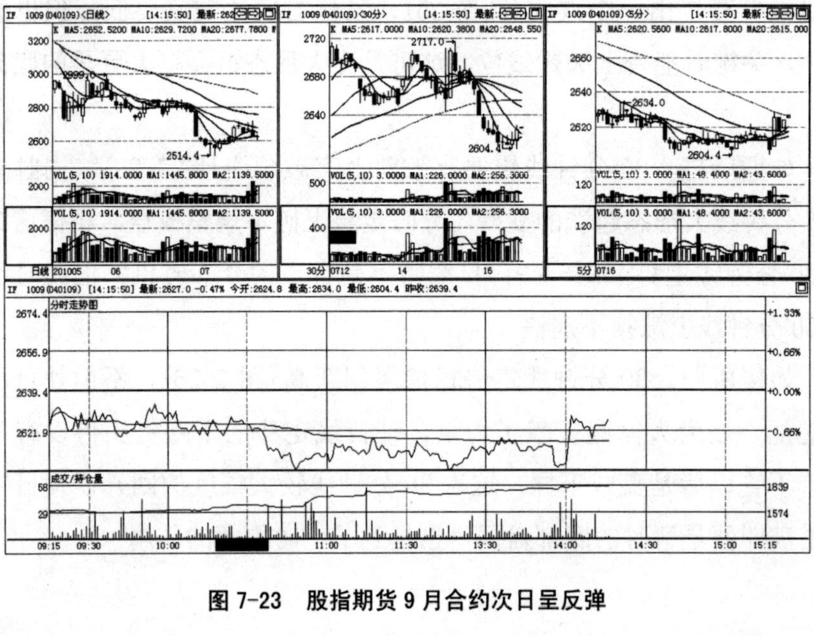

图 7-23 股指期货 9 月合约次日呈反弹

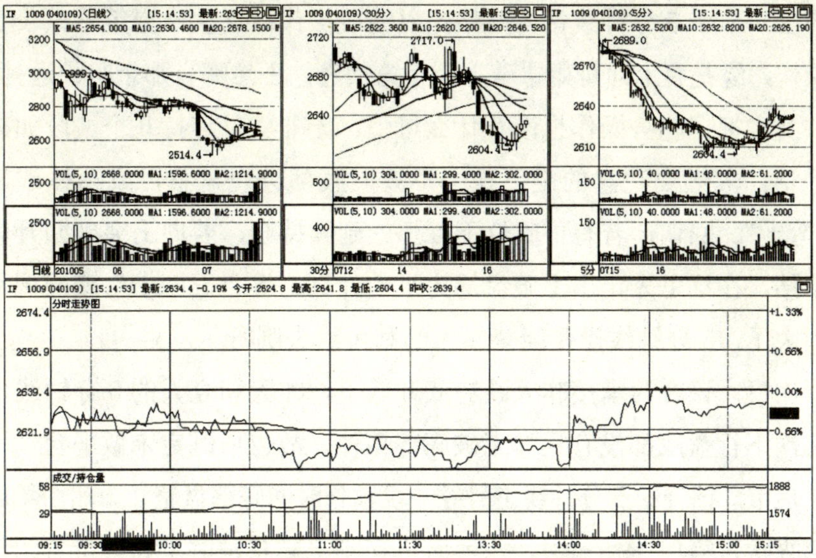

图 7-24 股指期货 9 月合约呈反弹时应平空仓

（二）30 分钟线操作

1. 做多

例 1 在日线走势盘底时期，5 分钟线出现不少次大形态，既有过演示就不再实盘再现，但周期长些的 30 分钟线却未出现过像样的大形态或是长盘或是图形，长周期的日线走势就更没可能出现了。现在 30 分钟线似乎要走出一个双底(图 7-25)，虽然右底比左底要低点但也值得关注，关键看能否上破颈线位，这可是比大形态机会更大更早的底部图形。

如期所望，30 分钟线快要有效向上突破颈线(图 7-25)，同时右边有 5 分钟线大形态起涨的支持，分时走势上破不规整横盘，相信这都会使 30 分钟线走势上高一些，日线暂不是合理的介入时机，但此时不会给 30 分钟线上涨找不痛快。

如望所归，30 分钟线走势稳健屡创新高(图 7-26)，不但使自己涨幅迭加，还为大家庭贡献了力量，使日线走势的下跌势头得以有效缓解。不管以后是盘或下探，这次 30 分钟线较大幅度的回升，使日线走势上破即便是暂时的底部盘局，也起到了一时缓解的作用。

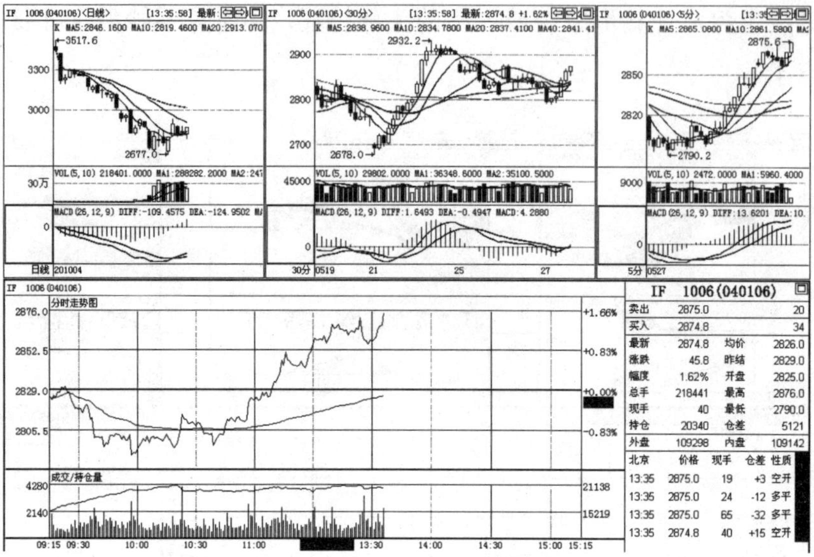

图 7-25 突破 30 分钟线做多

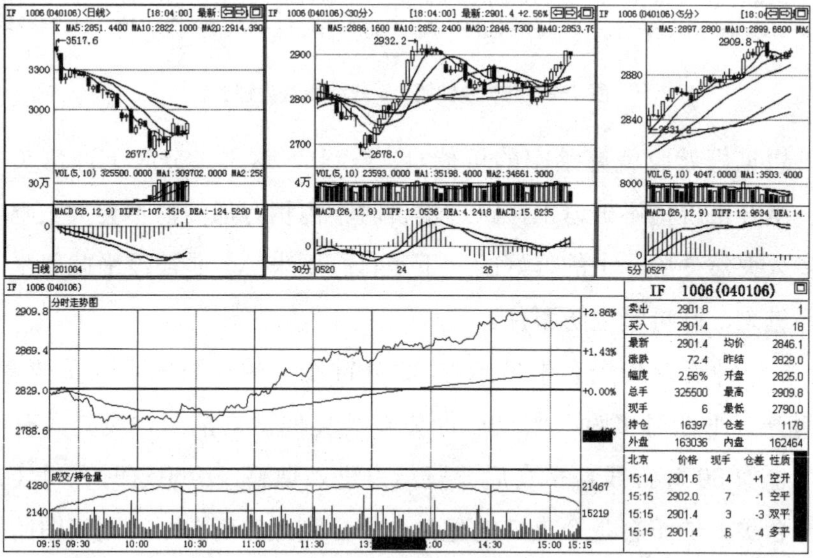

图 7-26 30 分钟线屡创新高

今早股指期货高开(图 7-27)幅度不小，使 30 分钟线走势的 K 线乖离触至通道上轨，可料再上的空间变得窄小，因怕早市往下打深，于是在分时走势开市直冲弯头时平仓，这叫见好就收。除对本身乖离有所考虑，还有对 5 分钟线今早的大幅跳空高开担心有加，这种一步到位很可能造成昙花一现的景象常有发生。而 5 分钟线的高开下打必然拉低 30

分钟线走势，使其形成中或大阴的头部特征，那时见不妙再收可要多损失点了。

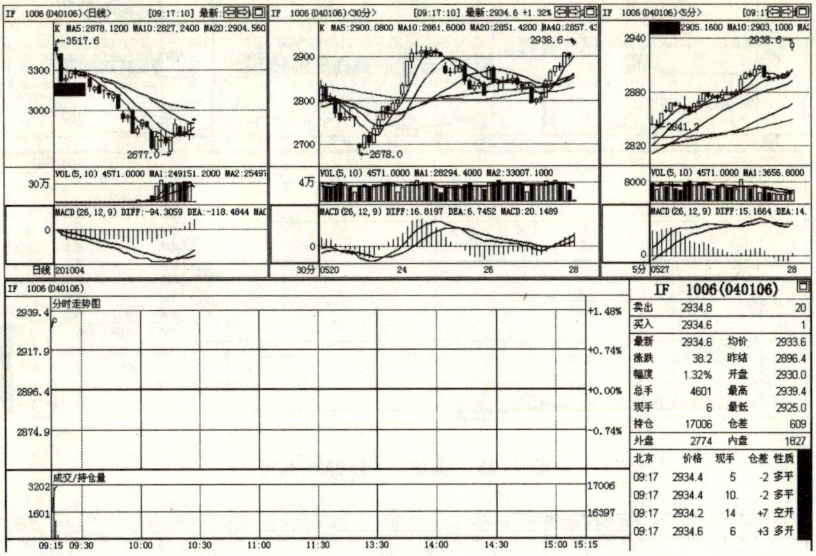

图 7-27　30 分钟线、5 分钟线走势触上轨

想见好就收就有踏空的可能(图 7-28)，这不，分时上冲弯头平仓后，至开市价位不破返上，跃过卖价时不由稍有郁闷，不会大上吧？没等多久突然变脸，上的好好的一下子直打下来，若是彼没平此现平一定会砸进来，盯再紧也防不住。

5 分钟线走势先有不妙给在 30 分钟线上的果断平仓一重要意见，说明开、平仓时多瞅一眼同画面先有征兆的次周期分钟线是太有必要了，也像 30 分钟线自平仓后波段结束进入调整，给想这时在日线走势上开仓买入的不会是个支持的建议。想必到此也明白了一画三图的排放究竟是为什么了。

例 2 股指期货 9 月合约 30 分钟线，今天冒头走出了一个较长盘整的回调形态(图 7-29)，分时走势刚上破长时间维持波动的箱体，右邻 5 分钟线已突破均线大箱体，它们的齐上会给左邻处于底部盘局的日线走势带去反弹的行情。

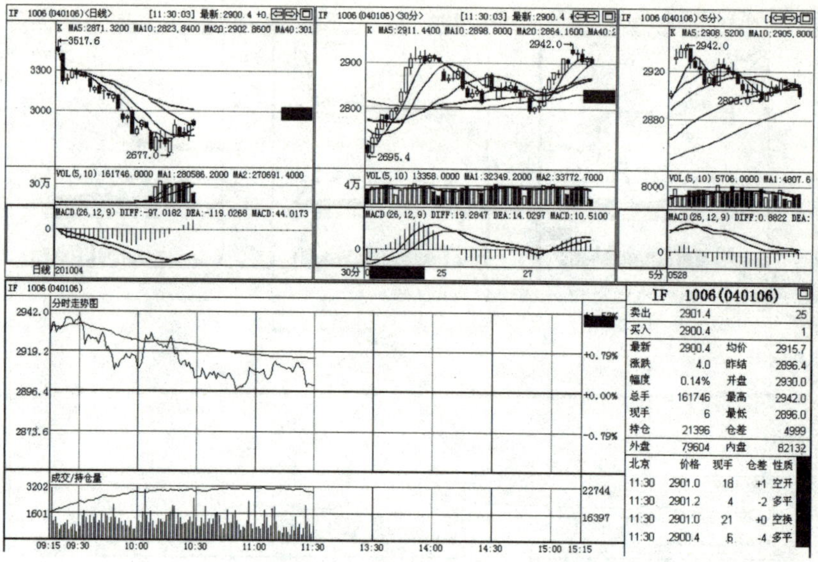

图 7-28 高开后平仓

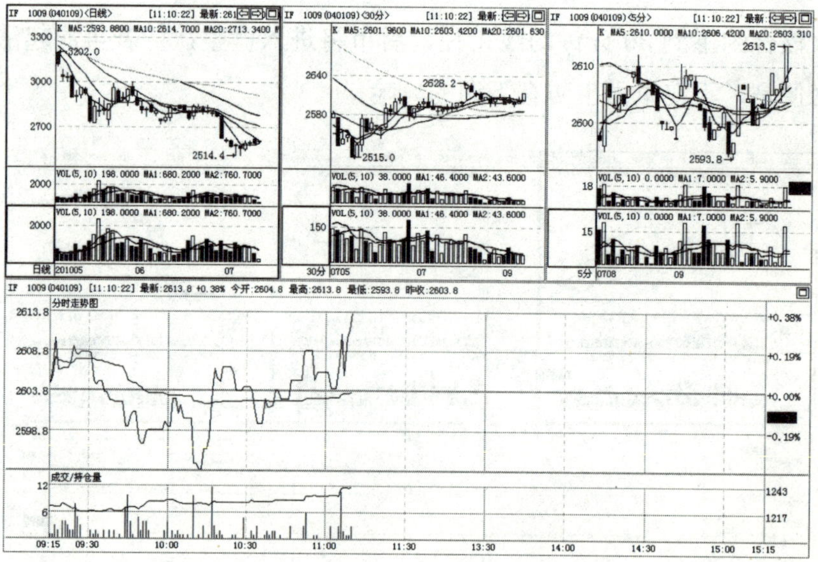

图 7-29 股指期货 9 月合约走出盘局

该合约分时走势劲升三四波，这得全仰仗下面的长时间横盘，而那时不像现在升起来看的明白。

这时，30 分钟线波段走势经大阳后小阳上涨乏力(图 7-30)，5 分钟线呈破大平台下跌之势，分时走势不上就有下破大横盘的可能，综合考虑获利平仓为好。

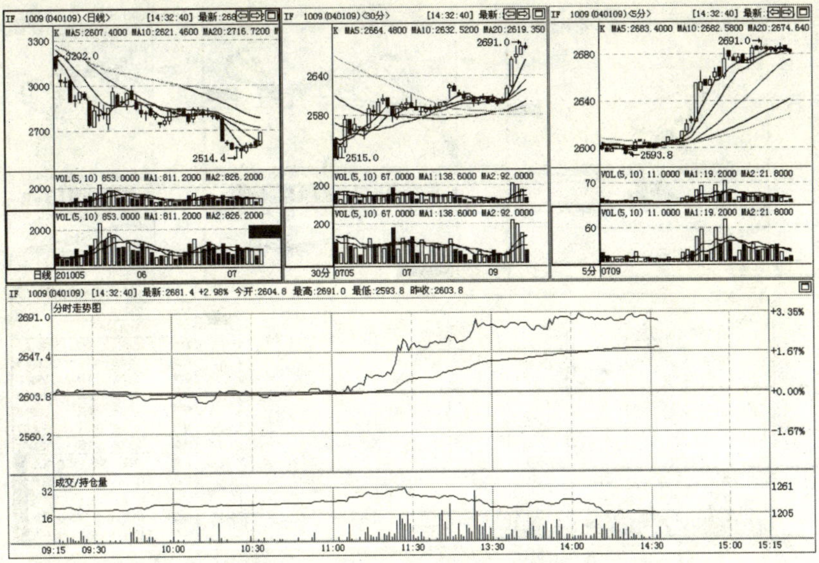

图 7-30　30 分钟线小阳上涨乏力平仓

该合约下到 30 分钟均线止住，后市将进入盘整，待若再次起涨时拾回便是，不在里面也防有下调的风险。

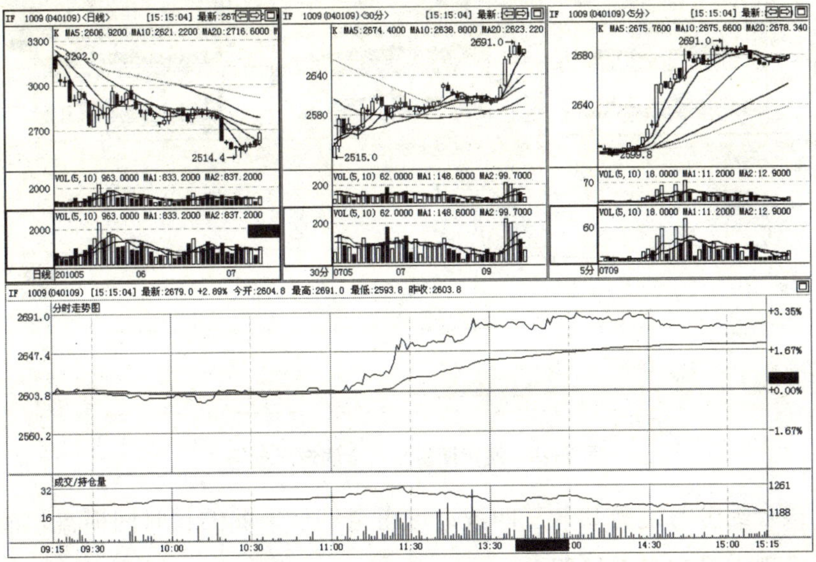

图 7-31　在 30 分钟线均处止跌

2. 做空

9 月合约今天开市低开反弹未过开盘点位(图 7-32)，这是住建部对市场传言“第三套房货”松动辟谣所致。日线走势回升难望，30 分钟线向下跳空缺口不补，5 分钟线破横向趋势箱底下行，这些都给出可 30 分钟线操作用于放空的机会。

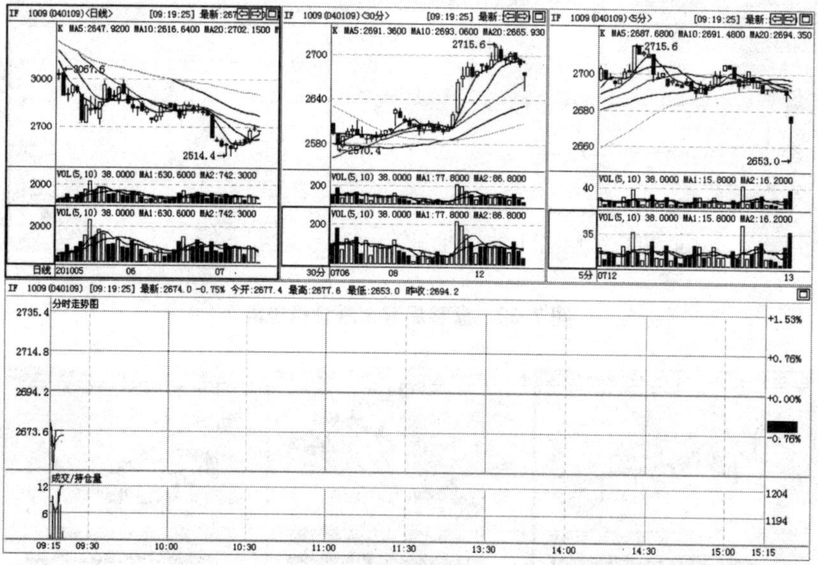

图 7-32 9 月合约低开后回升难望

30 分钟线走势在均线的压制下跌去了一些(图 7-33)，到这时阴阳盘整有止跌企稳的迹象，5 分钟线走势在前两低点似乎也不想大破，分时走势连续几次小抵抗，日线走势更明显在 5 日均线处获支撑。

见此相关状况，即使在这次放空中没捞到大油水，也不能固执己见再持仓下去，见底部有盘整均线压不下去是做空平仓早期的办法，那就规范执行吧。

该合约后市处 30 分钟线底部箱体上上下下(图 7-34)，高没突破下没击穿，似乎平不平仓没大碍，也许不平明早开市若低开还有赚头。但是，操作要守则执行须规范，这里 30 分钟线下行波段结束就应终止中线操作，如果执行的是日线走势波段操作则可以不平。

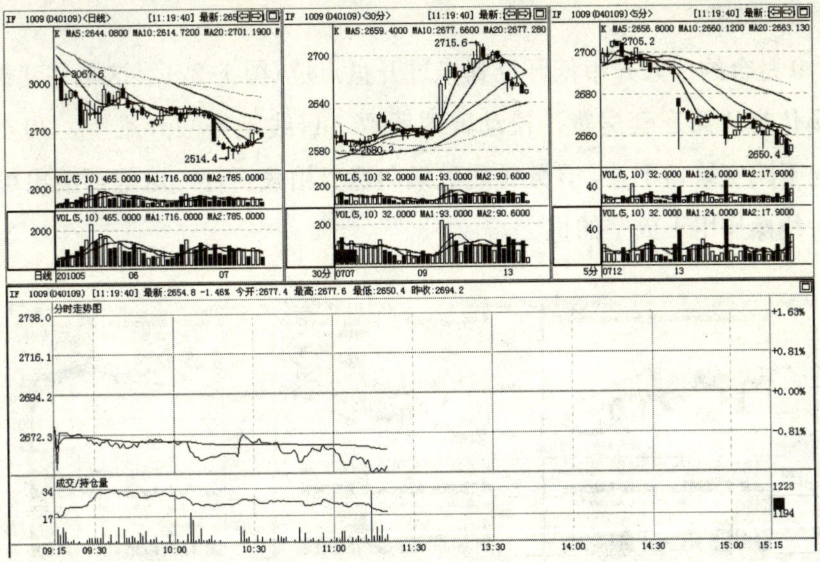

图 7-33 盘整后有止跌企稳迹象

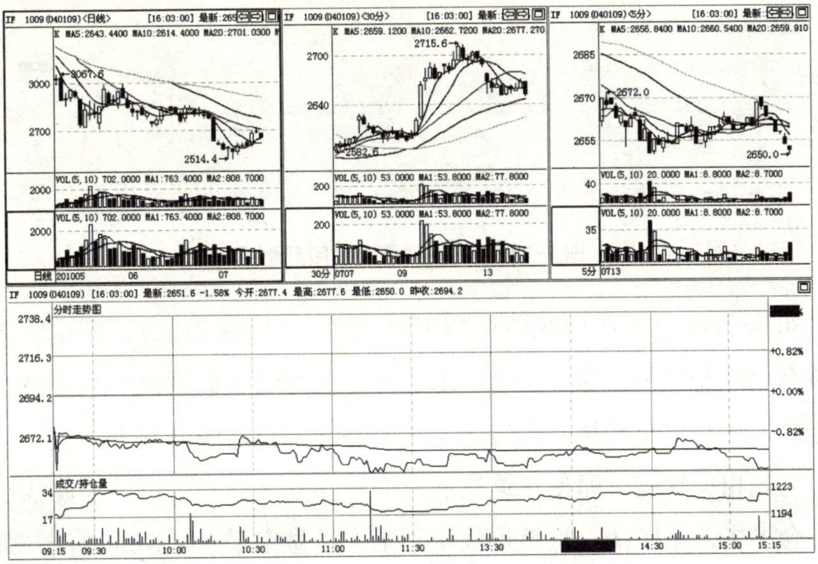

图 7-34 30 分钟线底部箱体盘整

(三) 日线操作

1. 做多

股指期货 9 月合约的日线走势今天构筑了一个“五弯十”形态(图 7-35)，这是股指期货自上市以来首次出现的上升中继大形态，从整体

走势而言也可以说是下降趋势的双底图形，能否上破形态或双底图形颈线就看当天实际表现了。

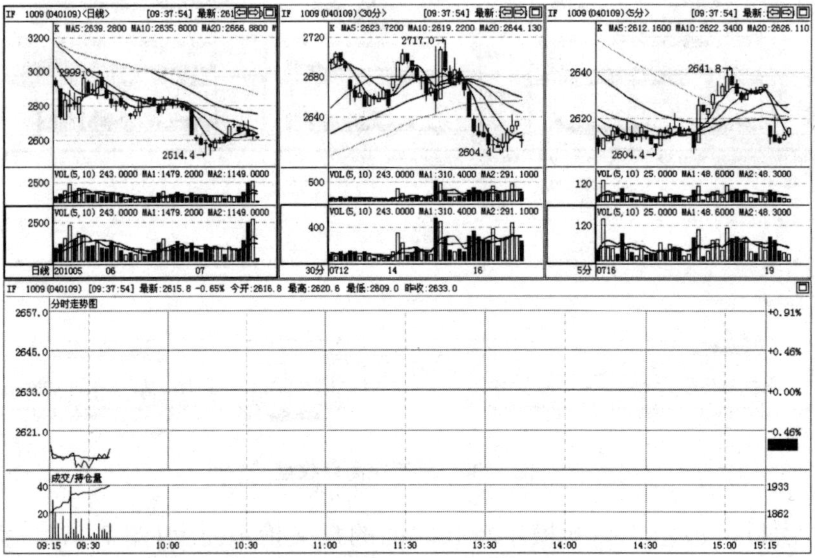

图 7-35　日线走势首次出现上升中继大形态

分时走势这时头肩底图形成立并显向上苗头，5 分钟线处底部盘局有反攻迹象，30 分钟线虽不中看也在前低点之上，主要是日线走势“五弯十”形态完美，5 日交汇 10 日均线正处变盘之际。在趋势一直向下多少次接连破位下行，而今却在前低点之上规规矩矩做形态或双底显然是个好兆头。

即使是一厢情愿，在分时走势有那样好的买点也值得一试，虽然是冲着日线操作策略而去，大不了分时走势上升之后下来破买点平了便是，也不能错过这久已等候可能就是历史难得的大机会。

担心没有发生，该合约一改往日乱上乱下的不稳当走势，一个台阶一个台阶拾级而上(图 7-36)，如果说买入时看分时走势那阵还只是个短时的横盘，可当盘中出现长时间横盘的时候，忐忑的心就放到肚子里去了，相信非但不会下来反而冲击更高位的可能将成为现实。

尾市次高点收盘，日线显示大量有效突破形态高点双底图形成立，后市继续看高当然也就持仓过夜了，不仅如此还要波段操作呢。

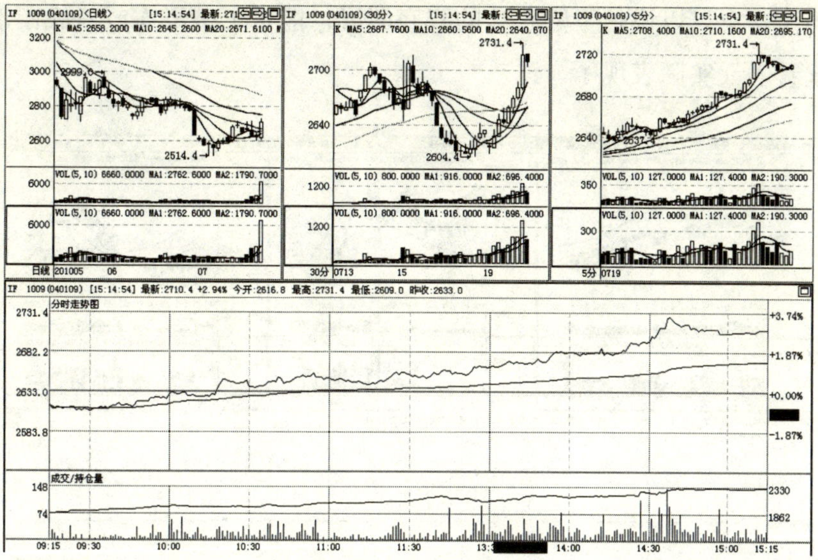

图 7-36 尾市次高点收盘

次日，该合约高开横了较长时间的盘又抬步而上(图 7-37)，盘中虽有回调但也跟股市大盘走势一样再正常不过，没有像在底部盘整时那样分时走势忽上忽下的无厘头。不上不下多空争夺当然就该是那样，一旦多头或空头占了上风自然就不同了，就像这次多方发力做多意志坚决哪还容空方逞能。表现在形态上必然就是有形有款，体现在分时走势上不外乎就是稳步推上，此一时彼一时也。

既然对该合约是波段操作的打算，那就继续持仓咬住青山不放松呗。

连日来，因 9 月合约在 5 日均线的助涨下，阴阳交错震荡向上一直持仓未平，但从昨日收市看后市现趋盘的征兆，今日早市分时走势高开下打，打过昨收盘又反弹无力并要破前低继续下行(图 7-38)，日线走势进入盘整势头明显，30 分钟线、5 分钟线都有破各自大箱体的可能。

作为波段操作，刚进入盘整不失为是一个早期平仓的点位，不参与形态的调整和以防破头而下是可以做减持考虑的方法之一。

该合约后市震荡运行，收市以最低点报收(图 7-39)，日线显现一柱阴线塞抵箱底。

次日，该合约并未承接昨天阴线低下，而是拒下分时横较长时间盘后，力拔而起并逐波上扬(图 7-40)，阴影部分为显昨日断行的走势而补。

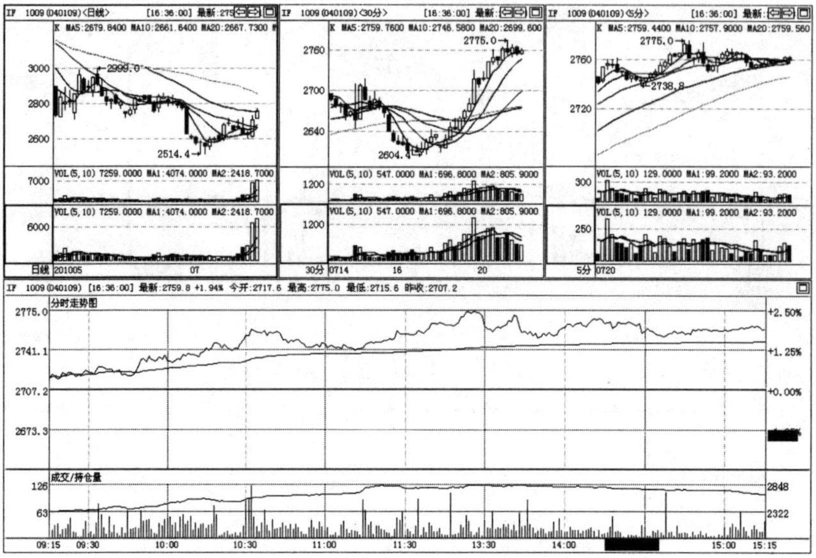

图 7-37 高开后稳步而上

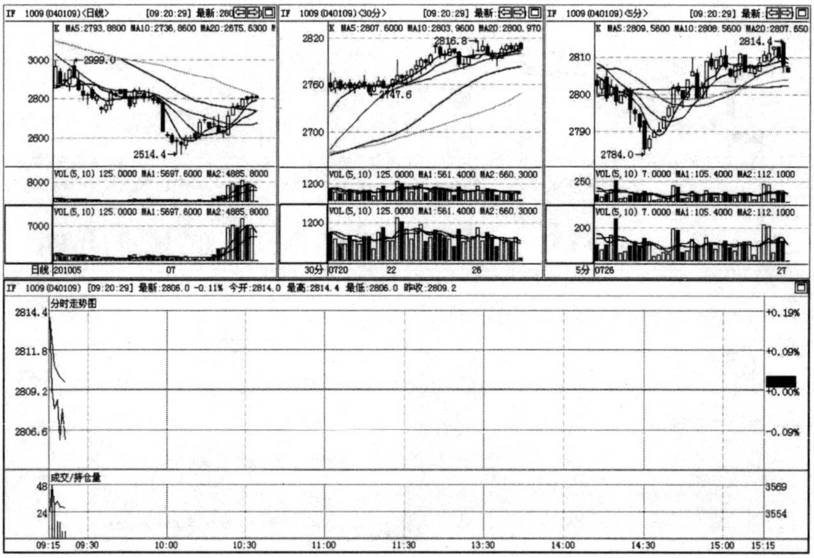

图 7-38 开盘分时走高后下打

作为波段操作，另一平仓的点位是下破盘整箱体，或不下破盘头但5日均线走平进入更长周期的调整，也意味着此次波段行情的结束。经调整之后的自大形态的返涨，那就是另一波段操作的问题了。

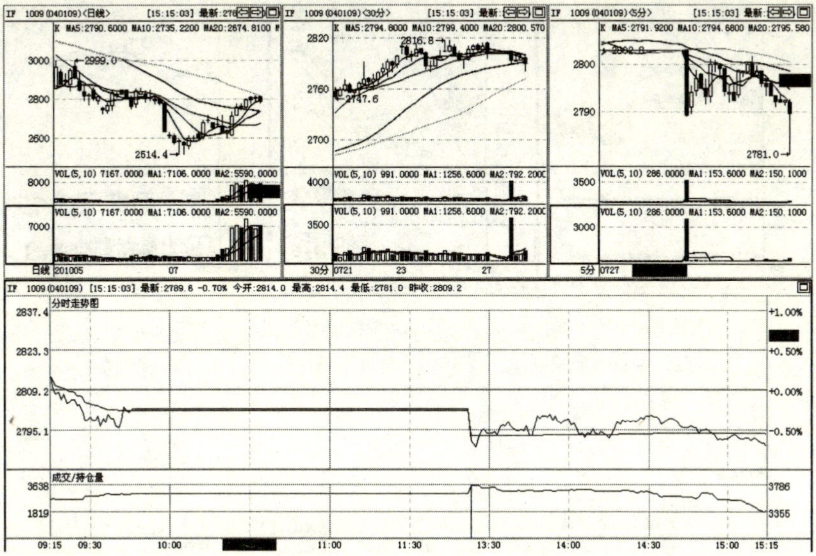

图 7-39　收市以低点报收

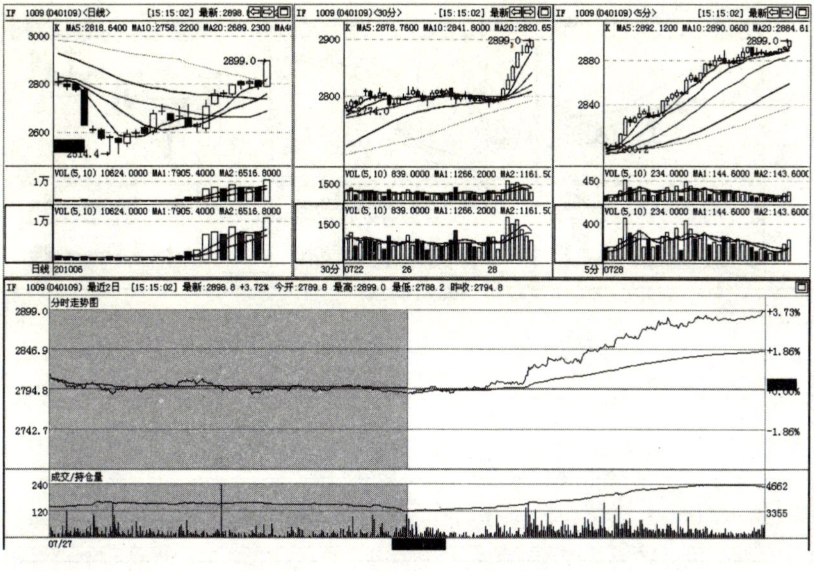

图 7-40　分时走势横盘后上扬

该合约触箱底不破反上，当然也就用不着减持了，先前早一步平仓也无所谓错，因太有这样平对的时候，破箱底下去了别幸灾乐祸，破箱顶买回来别嫌麻烦便是。

该合约后几日按乖离有歇有上又走高了一些涨幅，可是有日突然风云变幻一柱中阴暴出覆盖了前日的阳线，这样的阴包阳 K 线组合是波段

头部的典型特征，表明此波行情收口，预兆走势将进入大形态或盘或下的调整，于是，在次日摸高平仓就成了合理而必要的选择(图 7-41)。

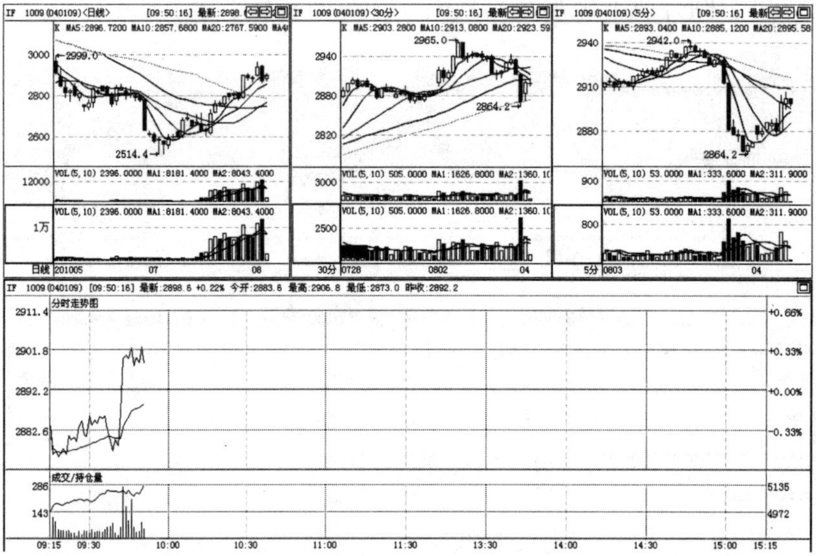

图 7-41 日线出现波段头部的典型特征

该合约自那次摸高后后市一直处下方震荡运行，收市未跌大回至当日高点区域(图 7-42)。即使跃过高点也没有什么可遗憾的，波段大收益都赚满了何必在乎分时高点低点的小利。

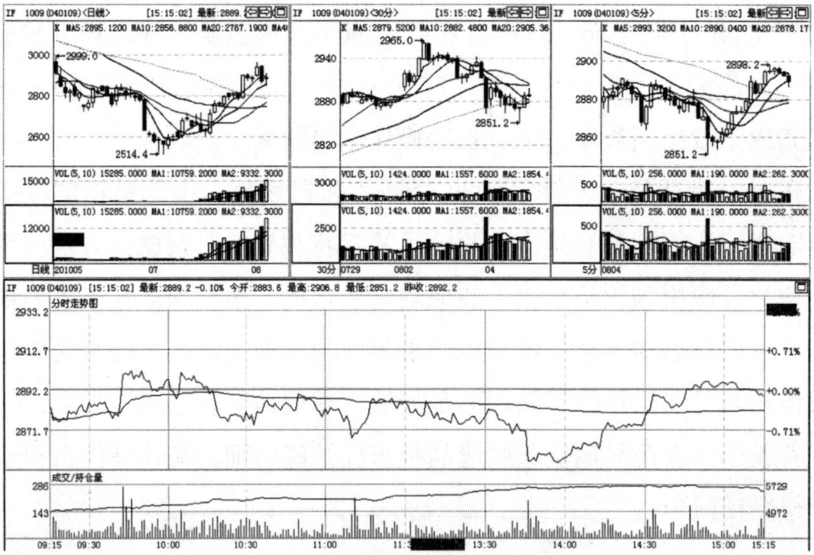

图 7-42 分时走势收市于当日高点区

次日，该合约分时走势逐级下调(图 7-43)，5 分钟线、30 分钟线同步溃退，日线也压迫 5 日均线下弯，后市是退至五弯十形态还是回调形态，以至回升或下破那是轮到关注环节的差事了。

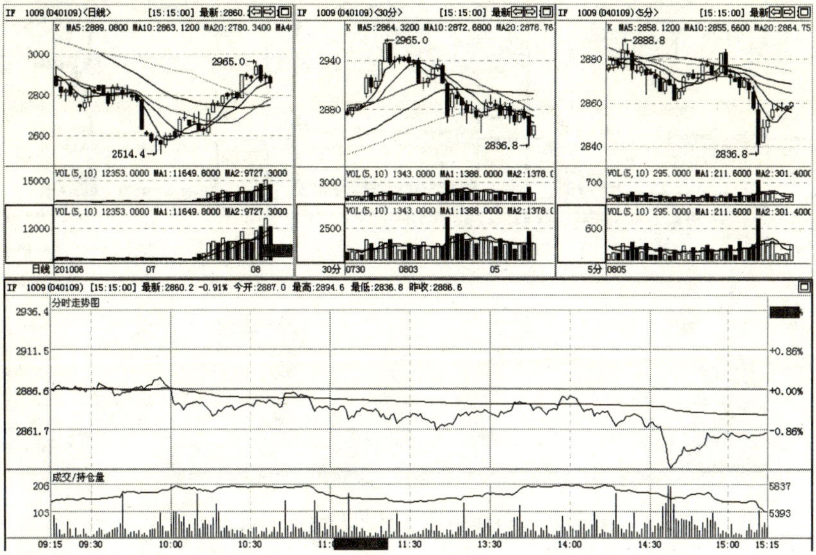

图 7-43　分时走势逐级下调

一整个股指期货的日线波段从买入、持仓到平仓操作的全过程就实战演示完了，总算舒了口气，了结了对股指期货日线波段做多操作实验性的探索(做空操作部分就不能在此出演了，那还要等到趋势反转后再续，上升趋势不适于日线做空，30 分钟线、5 分钟线操作可为)，同时也算完成了股指期货短、中、长期操作全篇的撰文。

在对股指期货 5 分钟线、30 分钟线和日线短、中、长期实盘操作所获取相应十倍的利润是次，验证了笔者将独有的股票操作方法应用到商品期货再应用到股指期货上的成功是主要的。不但如望实现了先期的预言，也给自己和大家都带来可以重复使用的模式，加上倍率的股指期货操作不是股票操作的克隆，而是如滚雪球般地使收益迅速扩大，无须像多者股票少者商品期货选股选品种那样忙碌麻烦，又使操作赢利赚大利变得轻松简单。

(四)股指期货对“3+1”的影响

股指期货的分时走势较比股票的分时走势愈加不稳定，同商品期货一样上下波动时常乱而无序，尤其变向时突发而来的反转令人始料不及，也常玩起升而返死、起死回生的把戏，尽管看起来好像是在乱来无度，其实是受限在日线走势运行规律的约束之中，这就需要在不明分时走势变化时，要借助日线或分钟线走势以确定其真实目的。有日线和较长周期以上的分钟线走势的恪守规矩，就不怕分时走势怎么折腾，再调皮也要不出给限定的地盘。

如图 7-44 所示，期指 6 月合约这天的分时走势，忽上忽下运行的完全没有规律，不像股票分时走势上下震荡一般有图形示顶示底。更令人不适的是，走走就突然上冲起来，急速上冲又戛然而止，这样乱走的分时走势似乎让人没办法应付。可是，谁叫这时让你去对付了，没看见日线走势在底部盘整吗？在不准备上下的时候也该着自由地放肆一下，股票分时在日线整理或调整期间也是上下振动有点乱，那么在乱时人家要打扫房间的日子就不要去凑热闹了。再由于炒股多是在日线上搏杀，没 T+0 不能在分时上打短，炒股指期货有 T+0 见好进看不好跑呗，多把主战场放到了分时走势上，不管是上下或是调整还是照常来淘金，所以碰到上下间歇的整理、大歇时的大形态或底部调整出现的分时“乱”走势，尤其是股指期货推出以来不是下跌就是调整，难把握的分时走势给人的不好印象更格外强烈。还有可调整空间小，几笔就打到了限度不回返能怎样，这些都解释了“乱”的缘故。别急，待股指期货完成底部返上时就会看到，上升中的分时走势会一个台阶一个台阶地拾级而上了。

说以上那些话的时候是几个月前，举的例是 6 月合约，这次实盘操作的例子是 9 月合约，此次事隔已久的股指期货触底回升(图 7-36)，那天的分时走势多规矩，简直比股票上涨的分时走势还稳当，真是像先前说的“一个台阶一个台阶地拾级而上”。不想涨的时候尽可以乱来，要讲术语那是多空争夺，想涨的时候就得有个正性了，再讲术语就是多方主导。即使容空方作乱也是极有限度的，或者说本身

有洗筹必要也是有底线的，如图 7-37 盘中分时走势上下震荡有度就说明了这一点。

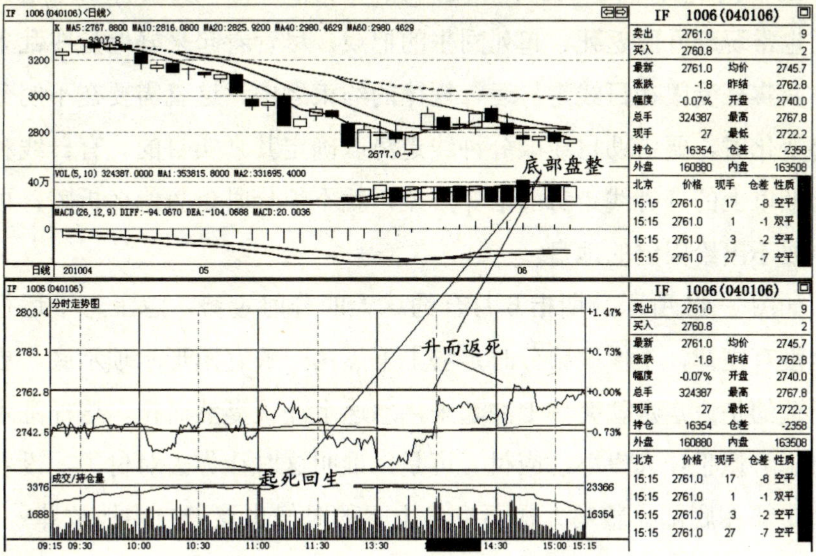

图 7-44 期指 6 月合约日线走势

自股指期货上市运行以来，沪深大盘及个股出现了一些不按以往大家所熟的股市常规运作方式的走势，不免有些人担心起来，恐在股指期货走势的影响下，“3+1”不会失效吧？网坛上也出来这样的帖子和跟帖，在这里笔者借此机会予以答复。先说股指期货，从上市下跌至 7 月期间，只出现一次的反向平台大形态，下行中出现反向整理小形态倒有多次。虽然还没走出上升趋势，但相信以后在回升走上升趋势中定会呈现标准的大形态，别说倍率与之相近的商品期货，连百倍的国际现货黄金日线走势都丝毫不差。经过实盘操作大家也看到了股指期货几种主要分钟线的走势，也如实再现了大形态的形成。就是说关于形态在股指期货的日线及分钟线走势上没有改变，既然在股指期货上不变，那沪深大盘及个股的日线走势就更不会有变了。

分时走势似乎就有点难保了，上面提到不稳定怪异的分时走势多发生于大形态调整或底部盘局，就在这糟糕的被股指期货影响下的大盘分时走势多变状况下，似乎个股的分时走势理应稳不住随之而动，事实大

多数的个股也的确是如此，可是我们一向不提倡关注庸俗之辈，青睐的是强者。

龙头股份(图 7-45)就是这天处在大盘走势随股指期货日线盘底分时走势乱走的环境中崛起的，分时走势长时间横盘不受大盘多次震荡下打的影响，在日线走势双底的基础上率先启动大涨。

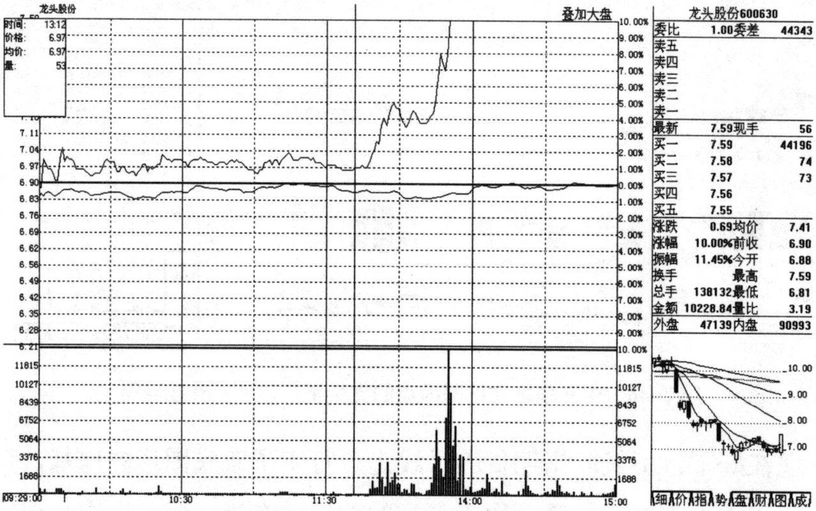

图 7-45 龙头股份率先启动大涨

中元华电(图 7-46)不同于龙头股份的双底，而是自“五弯十”大形态首日起升涨停的，相同的都是发生在那天的弱市环境中，早市分时不长的抗跌横盘，前市又现更长时间的抗跌横盘，尾市在双横盘的支持下稳步升板。

上两例分别以底部图形与大形态及分时走势抗跌横盘起涨的事实证明，“3+1”在受股指期货影响下的大盘不稳多变的日线和分时走势中，依然坚持着守恒不变如期上涨的规律。没因股指期货走坏，间接的传导和大盘不稳的直接骚扰，就趋炎附势地动摇了人性使然的运作常规，一如在恶劣的境况中有人会更激发出顽强的搏击本能似的。相信这样的结果会打消一些人所谓“3+1”会失效不灵的担心，也让一些人不要只抱着或留意那些随大盘而动走弱的个股，就片面地以为没有在做抵抗寻机返上的蓄势个股，应该弃弱坚定信念去搜寻几乎天

天仍然有的“四个层次”循环的“3+1”个股的机会，特别是分时走势抗跌横盘。

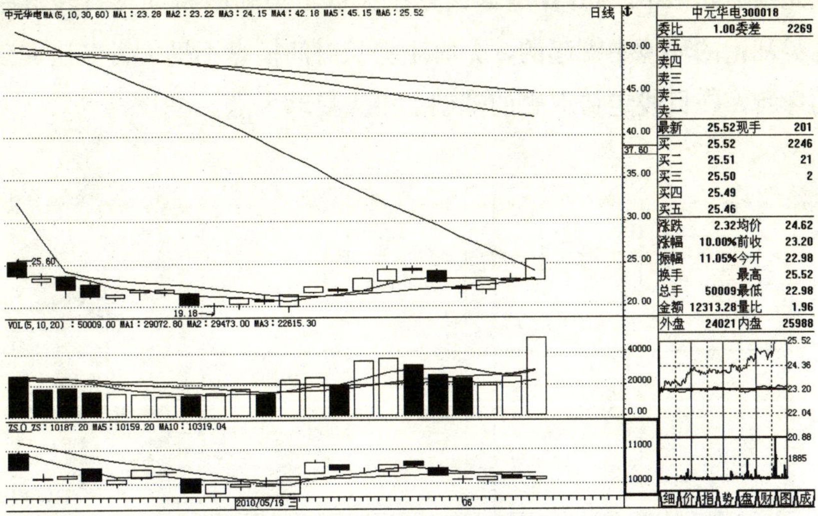

图 7-46　中元华电在抗跌横盘的支持下，稳步上升至涨停

现在好了，不仅股指期货的日线走势打下了双底图形的地基，局部也出现了由上市以来的第一次大形态的构筑，在“五弯十”中继形态的支持下，走上了上升趋势的轨道，笔者恰到好处地跟进了起涨，也用事实证明了只要回升必然会有大形态的出现，定给实际操作带来可以把握的机会。同步返升的沪深大盘走势如雨过天晴画出一片彩虹，阳光照耀下的个股纷纷扬扬踏起上升的脚步，恢复常态地踩着大小形态的支点勇往直前，这无不让广大的迪迷们兴奋地重新找回了感觉，其实用不着庆幸这只不过是该着了而已，如先期所料。

近日有传言股市要修改交易规则实行 T+0，如是那就更爽了，见抗跌横盘买也行，利用中、短期的分钟线操作也可，多出可应用的手法可赚钱的机会也会增多。前市买了，后市见不好卖掉，少了风云变幻眼见被砸的无奈。这也陡增了敢于在波段中整理小形态和打连升强势个股的胆量，增加了一定的可控手段，使博弈赢利的疆域大为扩展。若再取消涨跌幅限制就更增加了获利的空间，看似这些举措好像是在保护中小投资者，实则被主力利用后变得对中小投资人不公，放开诚然会对一些弄

不好的人要扩大损失，但对有方法有技术的人是利远大于弊。

公司原在编制中的“大炒家软件期货版”，由于股指期货的推出而加紧进行，相应配置的各项指标与功能也进入测试阶段，不久将要上市发售。相信，人工操作易于犯错、难以自制的商品期货、股指期货的操作，在软件指标功能严谨地规范下，能多准少误大概率地提高成功系数，尤其不选股可以只针对一个操作对象的月度合约，人工操作都比较容易盯住，何况再加上电脑半机械化并有着开平买卖指示的装备，不把长、中、短线的操作做到极致那才叫怪呢！

后 记

终于在较短的时间内把有四套终极解决方案的《完胜股市——股票、黄金与期货炒作套路及操作流程》完成了，顿时有一种如释重负并有所成就的感觉。夜以继日地写作和盘中紧张地选股操作，使自己的身体消瘦眼睛红肿了许多，这次集中投入精力与隔几年才出一部作品的紧迫感无法相比，一心想早日奉送给卡在瓶颈、急待寻找突破的我的众多迪迷们。我尽心尽力了，但愿我的努力不会白费，相信将会化作广大读者和用户实际操作中的进步，交易账单上的资金不断地累积增长，也使我最在意的口碑得到多一些的称誉。

四个人工炒作的套路，四个利用软件操作的流程，具体在“长、中、短线和飙股炒作的套路”中我都尽所能地讲解如何联系“四个层次”意识，结合“选时”寻找长、中、短线和飙股的炒作机会，以及从如何买入到怎样持股及卖出，无保留地给人工操作以全方位的指导，比“操作流程”诠释的更加细致入微，此举真的希望有人不用大炒家软件亦能炒好股票，不然何必呢？中国哪有一款股票软件能如此曝光底细(如果软件有基于正确的思想)，最好是掖着藏着少露点勾引投资者，能忽悠的越神秘越好越妙，我要是那样做会使人觉得大炒家软件的无比神化呀。

话又说过来，我是把股票的底、炒股的招都翻揭了出来，但即使有心照我教的方法套路去做，也不敢保证有几人光靠人工能操作好股票，连我本人都做不到应有的程度，况且半深不透的你们，因这里有个在操作过程中无处不在的“人无法战胜自己”的症结，会导致人工操作难以规范，最终怕使理想难易变成现实。不能不坦承人工操作缺乏计算机软件所具有的特性和优势，是个人本身任凭怎样也无法达到和做到的。因而我才发誓发狠要研发出软件，并不间断地创新优化升

级指标功能以达臻精，以求尽善尽美地体现我的理念方法的真正价值，为自己轻松大赚(不止是我的股市)；也为寄惠于陷于股市泥潭不能自拔的弱势群体；也为一生未能爬上个高官显要，至少也应在一领域做出非凡成就不枉人世走一趟。

扬名天下不是谁人夙愿！我要争取。金钱积累到花不完的份上就变得次要，饱暖不仅思淫欲也思追求，曾被调侃的人生理想反而会变成真实的向往，成为克己力行的最现实追求，为能追求国际金融市场的一席名位，为中华儿女争光，我愿耗尽余生心血。

既然我能把奥秘的股票操作都研究的透透彻彻，那聘来高手编软件实现明清的方法岂不是更不在话下，表面上人工操作在选股盲迟、持股卖出上的优柔寡断都不堪与软件自动规范化相比，隐形的因紧张在实盘中所忘却的理念意识，也许在利用相关指标功能时被唤起综合考虑，恰恰这方面的利害关系直对整个操作的成败。如果说看了“炒作套路”能一定程度地人为炒好股票，那利用大炒家软件跟随“操作流程”就能完胜股市，完美你的投资人生。

我是国内最早使用软件的那拨人(在营业部不算)，那时钱龙近 1 万元只收看行情。到有人看我出书劝我也出软件时自己却是排斥的，一是不懂计算机、对软件其他效能不了解，那时只是为了回家炒自在，二是也不信人工就炒不好股票，三是怕人说是为了赚钱有损名节，出书都被有的人埋汰的不轻。

可后来操作越来越觉得有些问题是人再努力也难以克服的，非得有个什么来帮助定夺或规范制约一下才好，再说选股也太费事太耽误时间了。为了实现我的想法，也为试着解除一下困惑，于是找了一家很有名的股票软件公司，不想收了材料却被婉拒了，过一阵在他们自己的软件上出了“分时横盘突破”，虽然很恼火也拿他们没办法，后又找了一家股票软件公司，因完成不了我的想法而没合作太久。这才找人加盟，天天泡在一起，面对面交待，不时地改来改去，人手不够再加人，编程中问题解决不了再高薪请高手，就这样“大炒家软件”一步一步由普及版到标准版、专业版、超级版，将来还有自动交易版，还将全球各市场只

要能弄来数据全都配上“大炒家软件”，这日子已经不远了。

在研制软件中，在为测试指标功能的实盘操作中，我越发体会到计算机是个好东西，软件程序不得了，确实是人脑不如电脑，手快不如鼠标快，这当然得有好的思想作编程依据，不好的编上也没用，也许有反作用。而且我这套理念和方法最适合编软件，指标和功能都能一一地实现，随着进一步地不断细究优化反复修改再加上创新，人工操作所存在的不足，皆能得到如愿以偿地改善，甚至有些地方可以被完全取代。就拿一个盯盘来说，彻底完好地解决了从持股到卖出炒股三大环节中，两大环节最不容易把握做到好处的大难题，这是个多么了不起的作用啊！何况还有“起涨 3+1”、“飙股指标”、“四个层次”、“分时选横盘”功能等等，简直是点到擒来不费吹灰之力，我为之欣喜兴奋，我要通过软件把欣喜传递给我广大的读者和与我有缘相识的人，让他们都兴奋。我感谢软件帮助完成了我“帮人帮到底”的心愿，仅通过书或其他方式恐难办到，谁做不到就会质疑我理念方法的不是，我岂不是好心赚个驴肝肺。

就是这样，还可能有人会把上述当成是忽悠，那也没有办法，我也不能为只管排斥不认事实不认理的人而放弃，我为自己的良心而做，为大多数相信我的迪迷们而做，无愧无悔。相信所有使用大炒家软件的用户学用适应以后，也会像当初看我的书一样看我的软件，来确认对我的为人、对我的人品没走了眼。

人工炒股欠善炒家软件补全无谓信与不信诚心货真无虚

国人炒股上亿奢赚小小比例钱没花完何必英名留世儿男

撰写《完胜股市——股票、黄金与期货炒作套路及操作流程》期间赶上可操作的实战案例实在有限，更多更精彩的实例待今后有机会遇着选做加以补充，付梓印刷和再版时会增多一些应时案例。或请到网站首页“软件指标应用案例”和“软件实战视频”中浏览更新的页面。